常志强 ◎ 著

隐忍谋天下

司马懿传

远方出版社

图书在版编目（CIP）数据

隐忍谋天下：司马懿传／常志强著. —— 呼和浩特：
远方出版社，2023.6

ISBN 978 - 7 - 5555 - 1571 - 5

Ⅰ.①隐… Ⅱ.①常… Ⅲ.①司马懿（179 - 251）-
传记 Ⅳ.①K827 = 361

中国国家版本馆 CIP 数据核字（2023）第 101461 号

隐忍谋天下：司马懿传

YINREN MOU TIANXIA：SIMA YI ZHUAN

著　　者	常志强	
责任编辑	孟繁龙	
封面设计	VIOLET Q1152979738	
版式设计	赵艳霞	
出版发行	远方出版社	
社　　址	呼和浩特市乌兰察布东路 666 号　邮编：010010	
电　　话	（0471）2236473 总编室　2236460 发行部	
经　　销	新华书店	
印　　刷	天津中印联印务有限公司	
开　　本	710 毫米 × 1000 毫米　1/16	
字　　数	210 千	
印　　张	15.75	
版　　次	2023 年 6 月第 1 版	
印　　次	2023 年 6 月第 1 次印刷	
标准书号	ISBN 978 - 7 - 5555 - 1571 - 5	
定　　价	49.80 元	

【序　言】

　　近年来，随着一些影视作品的推出，司马懿在历史上的地位逐渐引起了人们的关注。本书从汉末、三国一直写到晋朝建立，力求为大家多视角地呈现一个真实的司马懿。

　　东汉的衰败始于桓灵二帝，尤其是在汉灵帝时期，政治腐败，民生疾苦，内有"十常侍"祸乱朝政，外有黄巾起义动摇国本，在镇压起义的过程中又造成了各地军阀割据的局面，东汉政权名存实亡。汉灵帝去世后，继任者年幼，不能主政。大将军何进被宦官谋杀后，奸臣董卓祸乱朝政，废汉少帝，立汉献帝，引发各地诸侯不服，纷纷起兵讨伐董卓，天下由此大乱。此时的司马懿正值年少，在父亲司马防的安排下，兄弟八人一起逃回老家温县（今河南焦作市温县）暂居。之后战事蔓延，他们又迁往冀州。司马防因为在朝中任职，没有和家人一起逃走，继续留在京师洛阳。董卓撤到长安，司马防也随汉献帝和朝廷一起被裹挟到了长安。

　　建安元年（196年），汉献帝脱离董卓余党的控制，重返东都洛阳。曹操抓住机会，将汉献帝接到自己的地盘许昌，开始了"挟天子以令诸侯"。司马懿的父亲司马防也跟着来到许昌，生活渐渐安定下来，司马懿兄弟八人便从温县来到许昌与父亲团聚。司马懿因小有才名，受到了曹操的聘请。起初他托病拒绝了曹操的好意，等到曹操打败袁绍、统一北方，他看到大势所趋，才投到曹操门下。不过，在曹操主政时期，司马懿并未真正活跃在历史舞台上，才华并未展现，直到曹操让他跟随长子曹丕后，他才开始崭露头角。在他的谋划与帮助下，曹丕成功战胜竞争者曹植，赢得世子大位。不过，曹操临终遗言"司马懿非人臣也，必预汝家事"，使得之后魏国两代帝王曹丕、曹叡都对司马懿有所防范，既用他，又不时敲打他。

曹丕在位期间，司马懿一跃成为朝廷大员，地位仅次于曹真和陈群。在曹丕的授意下，司马懿积极活动，逼迫汉献帝禅位。自此汉朝灭亡，魏建立，之后蜀汉和吴也先后建国。蜀汉割据西南一带，吴占据东南，三国鼎立局面正式形成。为了实现父亲大一统的遗志，曹丕积极主张对外征伐，先后兴师伐蜀、伐吴，但成效甚微。在他御驾亲征吴期间，司马懿被任命为侍中，总摄朝政，留镇后方。由此可以看出曹丕对司马懿还是很信任的，可惜曹丕只做了 7 年皇帝就因病去世，临终前他指定了四位辅政大臣，司马懿位列其中。不过，曹叡继位后为了摆脱辅政大臣的掣肘，做到政由己出，陆续将三大辅臣曹真、曹休、司马懿外调，仅留陈群在自己身边。

在驻守雍凉期间，司马懿的主要贡献在于抵挡住了诸葛亮的北伐。诸葛亮前几次北伐时，司马懿没有参战，而由大将军曹真率兵迎战。后来曹真病逝，诸葛亮再次率领蜀军犯境时，司马懿终于有了用武之地，被任命为大都督前去迎敌。这一次可谓棋逢敌手，他以坚固的防守成功拖垮了蜀军，拖死了诸葛亮，使魏蜀之间的战争暂时告一段落，而他也因功官拜太尉。在老臣陈群去世后，他成为魏国的头号大臣，但他很善于伪装自己，为人低调谦和。此时的他虽然势力很大，但还不是权臣，仍然处于曹叡的掌控之中。在曹氏家族出现人才断层的情况下，曹叡既防备他，又不得不倚仗他。比如在辽东割据势力首领公孙渊造反时，曹叡派出的几个将领均无功而返，无奈之下，只得派老将司马懿出征。司马懿不愧为能征善战的好手，仅数月就平定了公孙渊叛乱，收复了辽东。

　　总的来说，在曹叡在位的几年间，司马懿一直在地方上领军，诸葛亮死后又奉命征讨辽东，几乎没有在朝廷中履行过辅政大臣的职责。不幸的是，曹叡比父亲曹丕更短命，三十六岁就病死了，而太子曹芳当时年仅八岁，这就导致曹叡临终前也不得不面对选择托孤之臣的难题。一般来说，托孤都会导致权臣与宗室之间的权力争夺。为了相互制衡，除了曹氏血亲曹爽，曹叡还选中了正领兵在外的司马懿。但也正是这一决定，为日后司马懿夺权埋下了祸根，使曹魏江山落到司马家族手里。

　　按照曹叡生前的安排，曹爽的权力比司马懿大一些，但却是徒有其名，因为曹爽在朝廷中的威望和资历远远不如司马懿。两人共同辅政期间，曹爽步步紧逼，不断压缩司马懿的政治空间。为了躲避曹爽的锋芒，司马懿采取的策略是退缩和忍让，屈居于曹爽之下长达十年之久，他称病不出，暗地里却在积攒实力和联络朝臣，准备伺机而动。当曹爽离开洛阳，陪曹芳到高平陵扫墓时，他果断起兵发动政变，以谋逆的罪名将曹爽一族及其党羽全部诛杀。从此，司马懿成了魏国唯一的权臣，魏帝曹芳则成了他的傀儡，任其摆布。

司马懿去世以后，他的儿子司马师、司马昭先后把持朝政，期间成功兼并蜀汉，为司马家族取代曹氏奠定了坚实的基础。历史总是惊人的相似，当年曹氏篡汉，是曹操铺路，曹丕实施；司马氏篡魏，是由司马懿打下基础，经过他的儿子司马师、司马昭进一步准备，他的孙子司马炎完成。司马炎开创西晋王朝后，又发兵攻灭吴国，结束了汉末三国的乱局，使国家重新回归统一。

目　录

Contents

第十一章　司马昭之心 / 213

第一章　生逢乱世

东汉末年，政治腐败，民不聊生，内有"十常侍"祸乱朝政，外有黄巾起义动摇国本，而在镇压起义的过程中又造成了各地军阀割据的局面，东汉政权已经名存实亡。汉灵帝去世后，很快就爆发了宫廷政变，大将军何进被宦官杀死，紧接着西凉刺史董卓入京乱政，废少帝，立献帝。自此天下大乱，各地诸侯相互征伐，董卓集团败落后，袁绍、袁术、吕布、孙策、刘备、曹操等势力又接踵而起……司马懿正是成长于这样一个混乱的时代。

一、"十常侍"之乱

东汉末年，面对汉桓帝留下来的一个千疮百孔的烂摊子，昏庸无能的汉灵帝即位后，沉迷酒色，宠信宦官，施行党锢及宦官政治，想方设法搜刮民财，使汉王朝的政治更加腐败。雪上加霜的是，全国旱灾、水灾、蝗灾频发，民生艰难。朝堂内有以张让①为首的"十常侍"②祸乱朝政，外有张角兄弟的黄巾起义，为了镇压民变，朝廷将权力下放给地方，结果又导致各地军阀割据，东汉政权名存实亡。

中平六年（189 年），汉灵帝病重。他有两个儿子，长子为何皇后

---

① 张让（？—189）：颍川（今河南禹州）人，东汉宦官，桓帝、灵帝时，历为小黄门、中常侍等职，封列侯，以强征暴敛、骄纵贪婪见称。

② "十常侍"：东汉灵帝时操纵政权的张让、赵忠、夏恽、郭胜、孙璋、毕岚、栗嵩、段珪、高望、张恭、韩悝、宋典等十二个宦官，均任中常侍。

所生，叫刘辩；次子为王美人所生，叫刘协。汉灵帝认为刘辩举止轻浮、缺乏威仪，而刘协由董太后①抚养长大，举止端庄，深得灵帝喜欢，他内心倾向于立刘协为太子，但这有违"立嗣以嫡长为先"的传统，所以迟迟下不了决心。

这年四月，汉灵帝驾崩，弥留之际将皇子刘协托付给自己信任的宦官、上军校尉蹇硕②。蹇硕想在大将军、何皇后的兄长何进入宫时杀了他，但何进在蹇硕的司马潘隐的暗示下称病不入，蹇硕的计划因此流产，而十四岁的皇子刘辩也得以顺利继承帝位，即汉少帝。刘协则被封为渤海王，后改封陈留王。何太后临朝听政，但朝政大权实际上由何进掌握。

何进外戚集团和宦官集团的矛盾愈演愈烈，终于导致了宫廷政变的发生。何进深知宦官为天下人所厌恶，加上痛恨蹇硕，于是暗中策划诛杀宦官。司隶校尉袁绍③也让何进的亲客张津劝何进说："黄门常侍权重已久，又与长乐太后专通奸利，将军应当选拔贤良的人才，整顿天下，为国家除害。"

何进深以为然，并把这个想法告诉何太后，但何太后得到过宦官的帮助，不同意何进的计划。何太后的母亲舞阳君及弟弟何苗也因接受了宦官的贿赂而从中作梗，他们对何太后说："大将军擅杀左右亲信，专权以弱皇上。"这样一来，何太后也认为何进居心不良。

为了逼迫何太后，何进、袁绍暗召并州牧董卓领兵入京，但何太后仍然不同意。中平六年八月二十五日，何进再次入宫请求何太后诛杀全体中常侍。张让、段珪等人听到风声，决定先下手，他们纠集数十人偷偷从侧门进入禁中埋伏起来。等到何进出来，张让等人假称太后召何进

---

① 董太后（? —189）：河间（今属河北）人，汉灵帝之母。因居于永乐宫，故通称"永乐太后"。因与何皇后争斗失败，忧惧成疾而死，谥号孝仁皇后。

② 蹇硕（? —189）：东汉宦官，壮健而有武略，深得灵帝信任，任西园军元帅，领导袁绍、曹操等八校尉，以监督司隶校尉以下诸官。

③ 袁绍（? —202）：字本初，汝南汝阳（今河南周口市商水县袁老乡袁老村）人，东汉末年军阀，出身东汉名门"汝南袁氏"，位居三公。

入宫，将何进斩杀于嘉德殿前。

何进被刺杀后，张让、赵忠等人无法收场。司隶校尉袁绍、典军校尉曹操等便同何进部将率兵攻入洛阳皇宫，将赵忠等宦官尽数诛杀，很多无辜的小太监也惨遭屠戮。

洛阳皇宫的战火还没有熄灭，并州牧董卓便以勤王戡乱的名义，悍然领兵入京。八月二十八日凌晨，董卓抵达显阳苑，听说中常侍张让等人劫持皇帝刘辩、陈留王刘协及一些大臣上了北芒山，忙率部追赶，并成功救回了刘辩等人。后来张让等人投水自尽。董卓向刘辩询问事变经过，刘辩语无伦次，半天都没有说明白，但陈留王刘协则对答如流。董卓觉得刘协比刘辩更有才能，而且他自认为与抚养刘协的董太后是同族，于是产生了废黜刘辩、改立刘协为帝的想法。此时，因为何进被杀，朝廷群龙无首，董卓与部下商议说："诸位，现在朝局混乱，大将军何进被宦官刺杀，袁绍等何进部将又诛杀了大量有权势的宦官。先帝刚刚过世，幼主新立，我想趁机图王霸之业，诸位有何良策？"

"将军，如今朝中没有强有力的政治势力与我们抗衡，文武百官皆是一盘散沙。依末将看，将军可以乘此机会在朝中树立权威。先帝有两个儿子，长子刘辩虽已继位，但尚年幼，在朝中毫无根基，赖以仰仗的何进也死了。将军现在当以雷霆手段，废黜少帝，改立先帝次子刘协为帝。群臣有敢不从者，斩杀之。如此，则将军之威可立，然后再以金钱贿赂朝中众臣，恩威并用，收服人心。"向董卓献策的是部将李傕①，李傕是董卓麾下第一猛将。

董卓觉得李傕的计策很好，于是一边派人招抚何进旧部张辽②等人，一边又引诱吕布杀害执金吾丁原，吞并了吕布等并州军阀的军

① 李傕（？—198）：字稚然，北地郡泥阳县（今陕西铜川市耀州区）人，东汉末年军阀、权臣，官至大司马、车骑将军。

② 张辽（169—222）：字文远，雁门马邑（今山西朔州市）人，马邑之谋发起者聂壹的后人，三国时期曹魏名将，长期镇守合肥，在合肥之战中差点活捉孙权，威震江东。

队。这样一来，董卓便掌握了洛阳的所有军权，并自封为司空，权倾朝野。

一个艳阳高照的午后，董卓设宴于洛阳温明园，遍请满朝公卿。酒至半酣，董卓把手中的酒杯往桌子上一摔，一改往日的和气，露出鹰狼一般的嘴脸，对百官说："据我观察，当今皇帝懦弱无威仪，不如陈留王刘协，刘协聪明果敢，堪为帝王。为了大汉的江山永固，我想立陈留王为皇帝，废黜现任皇帝，不知诸位意下如何？"

董卓此言一出，百官大惊失色，面面相觑。这时，尚书丁管挺身而出，责问董卓："你一个地方官，有什么资格在这里妄议废立大事，难道你想造反不成？"

董卓正想杀鸡儆猴，遂冷笑上前，亲自拔剑，杀丁管于席间。百官吓得面如土色，董卓挥舞着淌血的宝剑，大声喝道："今日之事，顺我者昌，逆我者亡。敢有不从者，就地正法。"百官惶恐不已，有气无力地附和道："唯董大人之命是从！"董卓见百官被自己制服，扔掉手中的宝剑，仰天大笑。

昭宁元年（189 年）九月初一，董卓召集百官，逼何太后下诏立刘协为帝，史称汉献帝。继位仅一个月的刘辩则被废为弘农王，成为东汉唯一被废黜的皇帝。

九月三日，何太后被毒杀，何太后之母舞阳君也被杀掉，何氏家族灭亡，东汉最后一个外戚专权势力被铲除。

二、名门之后

董卓以一个地方官的身份强行入京主政，逼迫汉献帝封其为相国，这一行为激起了天下诸侯的不满，曹操、袁绍、袁术[①]等实力派将领纷

---

① 袁术（？—199）：字公路，汝南郡汝阳县（今河南商水县）人，东汉末年军阀、袁绍异母弟，割据淮南并僭位于寿春，建号仲氏 。

纷举起讨伐董卓的义旗，各地响应者甚多。各路诸侯推举袁绍为盟主，集结军队向洛阳进发。董卓闻报大惊，急忙调集军队，扼守虎牢关①，准备迎敌。

新的战火即将点燃，洛阳城里人心惶惶。在当朝御史司马防的府邸里，司马防正在给自己的八个儿子讲话。其中，长子司马朗②年方二十岁，次子司马懿十三岁，三子司马孚③只有九岁。几十年后，司马朗、司马懿、司马孚兄弟三人都做了曹魏的高官。

"孩子们，马上就要打仗了。伯达（即司马朗），你带弟弟们回温县老家暂避，如果感觉温县也不太安全，就去冀州黎阳（今河南浚县、清丰一带），那里的守将是为父的好朋友，可以为你们提供方便。"司马防忧心忡忡地说。

"父亲，你也跟我们一起走吧。"说话的是司马懿，他身材高大，眼神锐利。

"父亲是朝廷御史，岂能擅离职守？我带你们走便是。"大哥司马朗应声道。史书记载，司马朗身高一米九，长得伟岸挺拔。

"司马家的未来就全靠你们了，去了温县或者黎阳以后，你们要像在洛阳一样好好读书。你们兄弟几个都要听大哥的话。"司马防说完长叹一声，走回自己的屋子。孩子们也各自散去。

司马家族是延续了四百多年的名门望族，其先祖司马卬是西楚霸王项羽麾下大将，反秦成功后被项羽加封为殷王。同时封王的还有刘邦、英布、章邯等。在东汉时期，司马卬的八代孙司马钧官拜征西将军，司马钧的儿子司马量和孙子司马儁都累官至郡太守。司马儁正是司马懿的祖父。

---

①　虎牢关：又称汜水关、成皋关、古崤关，位于今河南荥阳市西北部 16 公里的汜水镇境内，因周穆王在此牢虎而得名，是古京都洛阳东边的门户和重要的关隘。

②　司马朗（171—217）：字伯达，河内郡温县（今河南温县）人，东汉末年政治家，历任成皋令、堂阳长、元城令、丞相主簿、兖州刺史等职，所至皆有政绩，深受百姓爱戴。

③　司马孚（180—272）：字叔达，河内郡温县人，三国魏至西晋初年重臣，历仕魏五代皇帝，累迁至太傅。在司马懿执掌大权后逐渐引退，至死仍以魏臣自称。

当然，作为名门望族，司马家族的家教也非常严格。据记载，司马懿的父亲司马防在世的时候，对并称"司马八达"的八个儿子非常严厉，曾立"不命曰进不敢进，不命曰坐不敢坐，不指有所问不敢言"的家训。

一百年后，司马懿的孙子司马炎①登基称帝，开创了晋朝，将这个500年不败的大家族推上了历史巅峰。

温县距洛阳只有几十公里，司马朗仅用一天时间，便带着全家老小回到了温县老家。

此时虎牢关外战鼓隆隆、杀声震大，董卓的军队正与讨伐他的关东联军混战。

司马朗在温县密切关注时局的发展，他敏锐地觉察到待在温县也不安全，因为温县离洛阳太近，一旦战火蔓延，很容易遭殃。于是，他带领全家转移到冀州黎阳，驻守黎阳的将军和司马防是至交，司马家在黎阳得到了庇护。

正如司马朗所料，董卓抵挡不住关东联军的攻势，裹挟着朝廷和皇帝迁都到长安去了。司马防作为朝中大臣，也被董卓绑架到了长安。临行前，董卓的军队放火焚烧了洛阳城，留给关东联军一堆瓦砾。不过，这些讨伐董卓的军队也不是什么仁义之师，他们军纪废弛，劫掠百姓，临近洛阳的温县也被殃及。幸亏司马朗有先见之明，提前转移到冀州黎阳，由此躲过一劫。

随后几年，司马懿和他的兄弟们在黎阳春夏读书、秋冬射猎，过着还算安稳的生活。

---

① 司马炎（236—290）：字安世，河内郡温县人，晋朝开国皇帝，在位期间革新政治、振兴经济、厉行节俭、推行法治，史称"太康之治"。咸宁五年（279年）发动晋灭吴之战，实现全国统一。但此后骄奢淫逸，怠惰政事，分封诸王，为"八王之乱"埋下隐患。

三、董卓集团的败落

愁云惨雾笼罩下的长安古都，由于汉末以来黄巾猖獗、军阀混战，城池残破零落。董卓迁都到这里后，广征民夫，为汉献帝营造宫室，还征集民夫二十五万，在长安以西二百五十里处为自己修建了院邸郿坞，建筑等级与皇宫无异，并设有重兵把守。董卓的家眷都住在郿坞，董卓每日乘车往返，以铁甲军开路，甚是招摇。

这天朝会结束后，董卓宴请满朝公卿，司马懿的父亲司马防也在被邀请之列。酒至半酣，董卓对百官说："中原传来战报，以前讨伐我们的各路诸侯已经分裂，袁绍吞并了韩馥①之后，目前正在河北与公孙瓒②交战，战事十分胶着；江东军阀孙坚与荆州军阀刘表③混战，孙坚兵败被杀，元气大伤；曹操等人也在忙着扩张自己的地盘。我看我们在长安可以高枕无忧了。"司徒王允④举杯恭贺道："相国洪福齐天，是我等众人的靠山。"司马防也附和说："是啊，是啊！"董卓麾下大将李傕大声说："相国，待中原各地诸侯杀得两败俱伤时，我愿和郭汜将军率精兵数万入关，为相国平定天下。"董卓闻言大喜。

大家酒足饭饱，正欲散席，董卓手下悍将吕布进来大声向董卓报告说："末将奉命征伐北地，现已扫平贼寇，得胜而回。此战杀敌数万，俘虏敌军数千。"董卓十分高兴，对百官夸耀说："我有吕布和李傕、郭

---

① 韩馥（？—191）：字文节，颍川郡（治今河南禹州）人，东汉末年诸侯，曾任御史中丞，后被董卓派为冀州牧。
② 公孙瓒（？—199）：字伯圭，辽西令支（今河北迁安）人，东汉末年武将、军阀，汉末群雄之一。初平四年（193年）击杀刘虞，并挟持朝廷使者，被授权总督北方四州，成为北方最强大的诸侯之一。
③ 刘表（142—208）：字景升，山阳郡高平县（今山东微山）人，东汉末年宗室、名士、军阀，汉末群雄之一，西汉鲁恭王刘余之后。远交袁绍，近结张绣，内纳刘备，据地数千里，称雄荆江。
④ 王允（137—192）：字子师，太原郡祁县（今山西祁县）人，东汉末年大臣，董卓拥立汉献帝后，拜太仆、尚书令、司徒。

氾三大猛将，何愁天下不定？"吕布又问："俘虏怎么处理？"董卓一脸
杀气，道："都杀了！"司马防忙上前劝谏道："两军交战，诛杀对方将
领即可，何必对士兵斩尽杀绝呢。"董卓看了司马防一眼，勃然变色道：
"你只知其一，不知其二，这些贼军极为顽劣，如果不斩尽杀绝，后患
无穷。此乃军旅之事，你不必多言。"百官见状都不敢多言。

这个时候，董卓的女婿李儒又大步流星地走进来，递给董卓一封书
信。董卓拆开看后冷笑一声，喝道："将司空张温①拿下，斩首示众。"
两名甲士从宴席上将张温押下，张温大喊自己无罪，但董卓并不理会。
过了一会儿，甲士将张温的人头献上，百官都吓得面如土色，董卓则谈
笑自若，挥舞着手中的书信对百官说："张温勾结淮南军阀袁术，想要
谋害我，所以明正典刑，大家不必惊惧。"说完，哈哈大笑。百官魂不
附体，惴惴不安地离开了宴会。

在朝廷官员中，司徒王允威望较高，他平日里对董卓阿谀奉承，其
实心中早存诛杀董卓之心，只是苦无良策。

中原诸侯各自混战，董卓则在郿坞安享太平。一天，董卓部将李肃
来报："相国，朝中有事，皇上命我请您入朝商议。"李肃随董卓南征北
战，颇有战功，但一直没有得到提拔。在王允等人的策反下，他决定反
水，协助王允除掉董卓。董卓丝毫没有怀疑李肃的忠心，当即下令入
朝，由李肃率军护卫。

长安皇宫宫门大开，董卓乘车长驱直入，李肃骑马紧随，左右随行
的兵士都是李肃的部下。车驾行至北宫门时，宫门突然关闭，伏兵四
起，将董卓团团围住。董卓大惊，急忙跳下车来，发现李肃已不见踪
影，司徒王允手持诏书，立于对面的台阶上，吕布站在一旁。董卓还没
来得及开口，王允大声宣读皇帝诏书："董卓欺天罔地、祸乱朝纲、罪
恶滔天，特命王允、吕布等将其诛杀，以谢天下！"董卓大惊，喝问道：

---

① 张温（？—191）：字伯慎，南阳穰县（今河南邓州市）人，官至司隶校尉、太尉，封
互乡侯。曾为董卓、孙坚、陶谦等人的上司，奉命讨伐韩遂、边章、北宫伯玉的叛乱，威震
天下。

"吕将军，你什么时候和这些反贼勾结到一起的？"吕布没有回答，喝令军士动手，众人一拥而上，将董卓的肥胖身躯戳了数十个血窟窿。王允下令将董卓暴尸三日，不准任何人为他收尸。

董卓死后，董卓的亲信包括李儒都被吕布捕杀。李傕、郭汜、张济、樊稠①等人领兵在外，不在长安城内，躲过此劫。王允又派人到郿坞，将董卓一家老小全部诛杀，董卓的老母已经九十岁了，也被乱军杀死。郿坞中所藏金银财宝全部籍没充公。

由于董卓为政暴虐，不得人心，长安百姓得知他的死讯后，奔走相庆。在王允的主持下，汉献帝设宴招待百官，论功行赏。因王允和吕布功劳最大，献帝命二人主持朝政。

却说董卓部将李傕、郭汜、张济、樊稠四人驻兵在外，听说董卓被杀，连忙上表求赦。献帝问王允应该如何处置他们，王允说："董卓之所以嚣张跋扈，都是仰仗这四人之力，今虽大赦天下，却不可赦免他们四人。"司马防则持不同意见，他说："董卓虽然死了，但他的军队实力还在，只是暂时群龙无首而已。李傕、郭汜等将领皆骁勇善战，朝廷若不肯赦免他们，一旦他们领兵来犯，如何抵挡？"献帝转头看看王允，王允奏道："吕布将军麾下有精兵数万，足以抵挡李傕等人。"献帝毕竟年幼，没有主张，只好听凭王允做主。

李傕、郭汜求赦不成，只得聚众商议对策。谋士贾诩②献策说："长安初定，还很不稳固，二位将军可率军攻取长安，大事若成，便可奉朝廷以正天下。"李傕和郭汜采纳贾诩的意见，率五万大军直取长安，将长安围得水泄不通。吕布等人率军守城，战事十分激烈。长安被围困一段时间后，长安城内的董卓旧将李蒙、王方于深夜打开城门，接应叛军入城，吕布抵挡不住，出城逃命。王允不肯出城，决定以身殉国，被

---

①　樊稠（？—195）：凉州金城（治今甘肃永靖西北）人，东汉末年军阀、将领，官至右将军，封万年侯。

②　贾诩（147—223）：字文和，凉州姑臧（今甘肃武威市凉州区）人，东汉末年著名谋士、军事战略家，曹魏开国功臣。曹丕称帝后被拜为太尉，封魏寿乡侯。

李傕、郭汜杀死。李傕、郭汜纵兵灭了王允全家。

随后，李傕和郭汜拥兵自重，强迫献帝加封他们。于是，李傕被加封为大司马，郭汜被加封为大将军，二人把持朝政。贾诩劝李傕、郭汜起用社会名流，稳定政治秩序。年幼的汉献帝在长安城里坐卧不安，本以为董卓一死，倒霉的日子就结束了，没想到李傕和郭汜又卷土重来，继承了董卓的衣钵。在李傕和郭汜的胁迫下，献帝下令重新安葬董卓的尸首，为其"平反昭雪"。

没过多久，西凉军阀马腾①、韩遂②又率兵杀至长安城下，声言勤王讨贼。李傕和郭汜欲领兵出战，贾诩建议说："马腾和韩遂远道而来，粮草必然不济，我军不必出战，坚守即可，待敌军粮尽，自然退去。到时我军再乘势掩杀，可获全功。"李傕、郭汜依计而行，果然，不到一个月，西凉军粮草用尽，只得撤回。李傕和郭汜率军掩杀，马腾和韩遂大败而归。

四、挟天子以令诸侯

在长安的掌权者数次更迭之际，各地军阀则在极力扩张自己的势力，其中就包括曹操。自与袁绍等人一起讨伐董卓以来，曹操率领一支几千人的队伍转战各地，名义上依附袁绍。董卓被杀后，曹操有些迷茫，这时，他的好友济北相鲍信对他说："如果你想独立发展，应该占据黄河以南地区，脱离袁绍的控制。兖州（治所在今山东金乡西北）刺史刘岱③相对于其他诸侯，实力较弱，可以伺机将他兼并。有了兖州作

---

① 马腾（？—212）：字寿成。扶风茂陵（今陕西兴平）人，东汉末年割据凉州一带的军阀，伏波将军马援的后代。

② 韩遂（？—215）：字文约，凉州金城郡（今甘肃兰州西北）人，东汉末年军阀、将领，群雄之一。最初闻名于西州，被羌胡叛军劫持并推举为首领，以诛杀宦官为名举兵造反。后受朝廷招安，拥兵割据一方长达三十余年。

③ 刘岱（？—192）：字公山，东莱牟平（今山东福山西北）人，汉室宗亲，山阳太守刘舆之子，官至侍中、兖州刺史。

为根据地，你就进可攻退可守了，将来与其他诸侯争夺天下，也就有了资本。"曹操大喜，有了入驻兖州之心。

初平二年（191 年），张燕①统领的黑山军活动在河北、山西、山东一带，冀州（治所在今河北衡水市冀州区）和兖州的很多州郡都被占领了。袁绍召来曹操，对他说："早些年张燕发动农民起义，创立了黑山军，人数一度达到几十万。朝廷无力征剿，采取安抚的策略招安了张燕，多年来一直相安无事，现在他又重新起事，冀州的魏郡（治所在今河北临漳县）和兖州的东郡（治所在今河南濮阳市西南）已经失守，冀州方向的黑山军自有我来征讨，你率本部军去东郡征剿，协助兖州刺史刘岱平叛。"曹操欣然答应。袁绍又说："如果你能收复东郡，我会上表朝廷，表荐你为东郡太守。"

黑山军虽然人数众多，但没有作战经验。曹操善于用兵，经常能够以少胜多，不到一个月，他就从黑山军手里收复了东郡。刘岱和袁绍都上表朝廷，推荐曹操做东郡太守。在长安主政的李傕和郭汜也想借机收买曹操，于是就以献帝的名义下诏，任命曹操为东郡太守。

不久，黑山军残部卷土重来，围攻东郡的东武阳（今河南南乐县韩张镇一带）。当时曹操正领军在外，得知东武阳被围后，他没有直接去救援，而是率领大军去百里之外攻黑山军的老巢。黑山军首领闻讯大惊，急忙撤兵回救，曹操又出奇兵在半路设伏，将黑山军打得溃不成军。经此一战，曹操在东郡站稳了脚跟。此战很多黑山军士兵被曹操俘虏，但曹操没有杀害他们，而是将他们收编，扩充自己的军队。与此同时，袁绍在冀州的军事行动也取得了胜利。在对待降兵方面，袁绍的做法比较残忍，屠杀了很多被俘的农民军士兵。黑山军受挫，张燕率残部进入深山老林中躲避，打起了旷日持久的游击战。多年后，张燕率军归顺了曹操，曹操不计前嫌，封其为平北将军。

---

① 张燕：本姓褚，常山真定（今河北正定）人，东汉末年黑山军首领，身轻如燕、骁勇善战，被称为"飞燕"。官渡之战时投降曹操，被任命为平北将军，封安国亭侯。

初平三年（192年），黑山军的战火刚刚平息，蛰伏多年的黄巾军又死灰复燃，其最活跃的地区就在兖州。据史料记载：当时在兖州地界的黄巾军达数十万人，兖州的大部分郡县都被黄巾军占领。兖州刺史刘岱率兵与黄巾军作战，在一次战斗中被黄巾军包围，兵败被杀。刘岱战死后，兖州群龙无首，济北相鲍信对兖州官员们说："现在黄巾猖獗，州中不可一日无主，东郡太守曹操原为朝廷西园八校尉之一，与袁绍齐名，具有雄才大略，可以接替刘岱的职位，主政兖州，剿灭黄巾，保境安民。"鲍信的建议得到了大家的一致赞成，于是派人到东郡去请曹操，曹操就此坐上了兖州刺史的位置。东汉末年，全国一共有十二个州，兖州也算是一个大州，从此，曹操有实力与袁绍等人分庭抗礼了。

接管兖州时，曹操的部下文有荀彧①、程昱②、郭嘉③，武有夏侯惇④、夏侯渊⑤、李典⑥、乐进⑦、曹仁、曹洪、典韦、许褚。经过几个月的苦战，兖州地界的黄巾军被彻底肃清，曹操一直率军追杀至济北，共得降兵30多万人。之后，曹操从这些俘虏中择其精锐，改编为青州军。在曹操日后逐鹿天下的战争中，青州军作出了卓越贡献。

此时，风雨飘摇之中的东汉王朝已经四分五裂，在中原地区，袁绍占据冀州，公孙瓒占据幽州（治所在今北京大兴区西南），袁术占据淮南（治所在今安徽寿县城关镇），曹操称霸兖州，陶谦占据徐州（治所

---

① 荀彧（163—212）：字文若，颍川郡颍阴县（今河南许昌）人，东汉末年著名政治家、战略家，曹操统一北方的首席谋臣和功臣。官至侍中，守尚书令，封万岁亭侯。

② 程昱（141—220）：字仲德，兖州东郡东阿（今山东东阿）人，东汉末年至三国时期曹魏谋士、名臣、将领。

③ 郭嘉（170—207）：字奉孝，颍川阳翟（今河南禹州）人，东汉末年著名谋士，为曹操统一中国北方立下了功勋，官至军师祭酒，封洧阳亭侯。征伐乌丸时病逝，年仅38岁。

④ 夏侯惇（？—220）：字元让，沛国谯（今安徽亳州）人，汉末三国时期曹魏名将，多次为曹操镇守后方，历任折冲校尉、济阴太守、建武将军，官至大将军，封高安乡侯。

⑤ 夏侯渊（？—219）：字妙才，沛国谯人，汉末三国时期曹魏名将，擅长千里奔袭作战，官至征西将军，封博昌亭侯。

⑥ 李典：字曼成，山阳郡钜野县（今山东巨野）人，汉末三国时期曹魏名将，官至破虏将军。

⑦ 乐进（？—218）：字文谦，阳平郡卫国（今河南清丰）人，汉末三国时期曹魏名将，与张辽、于禁、张郃、徐晃并称为曹魏"五子良将"。

在今江苏睢宁县古邳镇）。这些封疆大吏都有称王称霸之心，彼此各耍手段，互相牵制。出于地缘政治的考虑，袁绍与曹操交好，公孙瓒与袁术、陶谦交好。曹操在兖州可以为袁绍制衡袁术和陶谦，使袁绍得以腾出手去对付幽州的公孙瓒。而对曹操来说，交好袁绍，他就没有了后顾之忧，可以从容地向南扩张。此间，袁术和陶谦都出兵袭击过兖州，但规模不大，都被曹军击退。

初平四年（193年），曹操的父亲曹嵩从老家举家迁往兖州，途经徐州时被陶谦的军队袭杀，全家老小皆遇难。曹操闻讯大怒，立即起兵攻打徐州。徐州军抵挡不住，节节败退。为了确保徐州不落入曹操手中，袁术派兵救援徐州，平原令刘备也被公孙瓒派往徐州去支援陶谦。双方激战数月，曹军不能取胜，虽然袁绍给曹操派来了援军，但因粮草不济，曹军只得回师兖州。

在第一次东征徐州的战役中，曹操为父报仇心切，每攻下一座城池，就下令屠城，前后有数万无辜百姓死于曹军的屠刀之下。曹操在徐州的暴行激起了兖州官员陈宫[①]、张邈[②]的强烈不满，当曹操第二次东征徐州时，他们暗中将吕布的军队接应到兖州，公然反叛曹操。

此前，吕布被李傕和郭汜击败，从长安逃跑，先后投奔过袁术和袁绍，袁术不信任吕布，没有收留他。袁绍收留过吕布一段时间，但吕布在帮助袁绍打败张燕的黑山军后，轻慢袁绍手下将领，袁绍大怒，企图诱杀吕布。吕布事先得到消息，率部出逃。在他穷途末路之际，陈宫和张邈将他迎入兖州。在陈宫和张邈的帮助下，吕布率兵攻取了兖州的大部分地区。兖州危急，曹操急忙领兵回救。

濮阳是兖州重镇，曹操进入兖州后，立即领兵攻打濮阳。吕布亲自率军迎敌，两军对阵，曹操喝问吕布："我与你向来无仇，为何要夺我

---

① 陈宫（？—199）：字公台，东郡东武阳（今山东莘县）人，东汉末年吕布的首席谋士，性情刚直，足智多谋。吕布战败后被曹操所擒，决意赴死。

② 张邈（？—195）：字孟卓，东平寿张（今山东东平县）人，东汉末年陈留太守，群雄之一，曾参与讨伐董卓，在汴水之战后归附曹操。

兖州？"吕布大笑道："汉朝的城池人人有份，偏你能占得兖州，我就不能占据吗？"曹操大怒，挥军冲杀过去，两军混战，互有死伤。战至日暮，吕布收兵回城，曹军退军三十里下寨。

濮阳城中的首富田氏素来与曹操交好，暗中派人送信给曹操，表示愿意接应曹操入城。当天夜里，田氏率领家兵数百，杀散城内西门守军，打开城门，放曹军入城。曹军入城后，曹操下令在城门处放火，以示有进无退的决心。吕布亲自率领一支精锐骑兵反扑，入城的曹军多为步兵，抵挡不住骑兵的攻击，只得再次退出城去。城门口火焰冲天，曹操冒烟突火而出，身体多处被火烧伤，好不容易才回到城外大寨，心中十分郁闷。

次日，吕布派部将高顺在城西扎下营寨，与城内守军形成掎角之势。不拔掉高顺，就无法攻城，曹操亲率大军攻打高顺的营寨，两军激战，高顺军渐渐抵挡不住。危急时刻，吕布率军从城内杀出，两下夹攻，再次大败曹军。

曹操屡战屡败，气愤不已。夏侯渊对曹操说："我军屡败，吕布今晚必来劫寨，应该做好准备。"曹操立即下令寨中虚立旌旗，将兵马埋伏于寨外。当天晚上，吕布果然率军前来劫寨，大军突入寨中，却是空寨，吕布心知中计，急忙下令撤退。这时一声鼓响，曹军伏兵四起，吕布折了一阵，率军突围而出。

就在曹操与吕布僵持濮阳的这段时间，已经六十三岁的徐州刺史陶谦病重，他将屯守小沛（今江苏徐州市沛县）的刘备召到徐州，对刘备说："上次曹军侵犯徐州时，将军远来救援，老夫十分感激，现在我病重将死，愿意将徐州拱手相让，你不可推辞。"刘备再三辞让，陶谦劝道："现在天下大乱，你是汉朝后裔，又宽仁厚德，理当奋力匡扶汉朝，重整天下。徐州富庶，兵马钱粮充足，可以作为起家的本钱。"关羽和张飞也劝刘备接受，刘备表面上勉强答应，实则内心非常高兴。过了几日，陶谦病逝，刘备接任徐州牧。消息传到兖州，曹操愤怒地对诸将说："我之前用了那么多钱粮兵马，都没有攻下徐州，而刘备未用张弓支箭，却坐得徐州，真是岂有此理！"荀彧见曹操震怒，劝道："刘备和陶谦虽然可恶，但我们现在还没有收复兖州，不深根固本，何以制天下？"曹操无奈，只得继续与吕布作战。

休整一段时间后，曹操亲自领军挑战吕布，吕布率军迎战，战不多时，曹操诈败，落荒而逃。吕布率主力奋力追击，长驱数十里，导致濮阳城中空虚，夏侯惇、夏侯渊率军奇袭，一举攻下了濮阳。吕布知道中计，只得放弃濮阳，领军退守定陶（今山东荷泽市定陶区）。曹操率大军追至定陶，再次大败吕布。

吕布惶惶如丧家之犬，想再去河北投奔袁绍，于是命人前去打探，探子回报说：袁绍部将颜良①正率五千兵马向兖州逼近，准备协助曹操攻击吕布。吕布大惊，忙与部将陈宫、张辽、高顺等星夜到徐州投刘备。刘备想收留吕布，但张飞和关羽不同意，他们对刘备说："吕布毫无信义，收留他是养虎为患。"刘备反驳说："吕布能征善战，我们将来可以利用他来抵御曹操。"最终，刘备还是收留了吕布，命他屯军小沛，小沛与兖州接壤，是抵御曹军入侵徐州的桥头堡。

此时在长安，李傕和郭汜已经辅政四年，李傕越来越跋扈，遇事喜欢独断专行，激起了郭汜的强烈不满，二人的矛盾逐渐激化。郭汜暗中策划兵变，企图杀掉李傕。计划泄露后，李傕先发制人，率兵攻打郭汜，两军在长安城外混战，因实力相当，一时难分胜负。混乱中，李傕将献帝劫持到了郿坞，郭汜见状，也派兵劫持了长安的文武官员，二人对峙。经过几个月的战斗，李傕和郭汜实力大损，张济领兵从弘农赶到长安，为他们二人讲和。张济也是董卓手下将领，与李傕、郭汜的关系都不错。李傕和郭汜听从了张济的说和，李傕放出献帝，郭汜也释放百官。之后，张济请献帝驾幸弘农，途中，李傕部将杨奉和国舅董承②各

---

①　颜良（？—200）：琅琊临沂（今山东临沂）人，东汉末年袁绍部将，以勇猛闻名，在白马之战中被关羽杀死。

②　董承（？—200）：冀州河间人（今河北献县）人，东汉末年外戚大臣，汉灵帝之母董太后的侄子，汉献帝嫔妃董贵人之父。

率一支兵马将献帝劫走，企图保着献帝重返东都洛阳。李傕和郭汜闻讯大怒，各自领兵追赶，但是没有追上。历经千难万险之后，献帝重返东都洛阳，颁布皇帝诏书，下令改元建安。

但洛阳残破不堪，既无宫殿，也无粮草，局势艰危。司马懿的父亲司马防上表让献帝给曹操发了一道诏书，请曹操来洛阳辅政。曹操接诏后，召集众将商议，荀彧献策说："洛阳已经不适合做帝都了，我们应该把皇帝接到自己的地盘上，然后挟天子以令天下。此事要马上行动，不要让其他诸侯抢先。"曹操点头称是。

在冀州，也有人劝袁绍把献帝接到冀州，挟持皇帝以操控天下。但袁绍认为献帝是一个没用的包袱，背在身上只会让自己束手束脚。他对部下说："如果我把皇帝接到这里，是我听他的，还是他听我的，汉朝已经名存实亡，皇帝只是一个摆设，要他何用！"

建安元年（196 年），曹操迎接献帝于许都（今河南许昌市建安区），将献帝纳入自己的掌握之中。从此，他挟天子令诸侯，征讨四方，威震天下。

献帝迁都时，司马懿的父亲司马防也一起来到许都，名为汉朝臣子，实际上沦为曹操的部属。司马防早年有恩于曹操，向灵帝举荐 20 岁的曹操为洛阳北部尉，曹操由此踏上仕途。

曹操在许都见到司马防时，问候道："司马公，多年不见，别来无恙啊？"

"汉室不幸，奸臣乱国，我这几年可谓九死一生啊！"司马防感慨地说。

"司马公当年举荐我为洛阳北部尉时，可曾想到孟德会有今日？"曹操不无夸耀地说。

"孟德有经天纬地之才，今日之成就，实不为过。"司马防附和道。

二人哈哈大笑……

司马防在许都安顿下来后，派人将家眷也接到许都。司马朗、司马懿、司马孚等兄弟八人重新与父亲团聚，一家人其乐融融。一天，曹操到司马家做客，见司马朗是个人才，就把他召到自己麾下任职。后来，司马朗官至刺史。十几年后，三十多岁的司马朗因病去世，没有看到司马家后来的兴盛。

献帝来到许都后，曹操为他营造了一座宫殿，献帝加封曹操为大将军、武平侯。随后，曹操上书献帝，表荐袁绍为太尉，此时袁绍在北方的势力越来越大，欲望也越来越膨胀，他拒绝接受太尉的官职。于是，曹操又上表献帝，请献帝改封袁绍为大将军，重新册封自己为司空。

曹操名为司空，实则总领朝政。他的部下荀彧被任命为尚书令，总理政事；程昱被任命为济阴太守；董昭①被任命为洛阳令，留守东都；满宠②为许都令，负责管理京师重地。夏侯惇、夏侯渊、曹仁、曹洪为将军，徐晃、李典、乐进为校尉，许褚、典韦为都尉。

五、江东"小霸王"孙策

在江东，孙坚之子孙策的势力也在不断壮大。孙策的父亲孙坚曾经在讨伐董卓的战役中第一个冲入洛阳城，在一口枯井中意外得到了传国玉玺，遂萌生了称霸天下的大志。不料在收兵回江东途中遇到荆州军阀刘表领兵拦截，孙坚大怒，率兵猛攻荆州，结果在荆州城外的树林里中了刘表的计，中箭身亡。孙坚去世时，长子孙策只有十七岁，次子孙权只有九岁。孙坚死后，部下各自逃散，只有部将程普③、黄盖④、韩当

---

① 董昭（156—236）：字公仁，济阴定陶（今山东菏泽市定陶区）人，东汉曹魏谋士、重臣、开国元勋。曹操受封魏公、魏王的谋划均出自他。历仕曹操、曹丕、曹叡三代，官至侍中、太常、光禄大夫、太仆等职。

② 满宠（？—242）：字伯宁，山阳昌邑（今山东巨野县）人，三国时期曹魏著名酷吏、将领，曾参与赤壁之战。

③ 程普（？—215年）：字德谋，右北平土垠（今河北丰润东）人，三国时期东吴名将，历仕孙坚、孙策、孙权三代，被尊称为"程公"，在"江表之虎臣"中位列第一。

④ 黄盖：字公覆，零陵泉陵（今湖南永州市零陵区）人，东汉时期东吴名将，赤壁之战的主要功臣之一，官至偏将军、武陵太守。

等人保护着孙策回到江东。由于无法立足，孙策后来带着程普等人归[①]附了淮南的袁术。袁术见孙策骁勇善战，多次派他出征，孙策也不负所托，为袁术立下不少功劳。

数年后，孙策长大，变得成熟起来。他不想继续寄人篱下为袁术卖命了。一次，袁术派他征讨庐江（今安徽潜山）太守陆康，孙策急行军数百里，以迅雷不及掩耳之势攻破庐江。班师回寿春后，孙策夜会袁术，对袁术说："我的家人都远在江东曲阿（今江苏丹阳），深受扬州刺史刘繇[②]压迫，我愿向明公借精兵数千，渡江救难省亲。恐明公不信，有亡父留下传国玉玺在此，可为质当。"袁术听说有玉玺，大喜过望，当即决定借三千兵马给孙策，让他去江东讨伐刘繇。孙策大喜，将玉玺交给袁术，自己带着旧将程普、黄盖、韩当等人率三千兵马离开淮南。他这一去便如困龙入海，摆脱了袁术的控制。

行军至历阳（今安徽和县西北），孙策遇到了自己的好友周瑜。周瑜和孙策同岁，二人从小认识，孙策对周瑜说："我这次回江东，想成就一番事业，你能助我一臂之力吗？"周瑜点头道："大丈夫当横行天下，我愿与兄共举大事。"同时又向孙策推荐了张昭[③]："江东有一人名叫张昭，有经天纬地之才，因避乱隐居于此，若得此人相助，大事可成。"孙策亲自去张昭家中邀请，张昭见孙策有英雄之气，答应出山相助。

孙策渡江后，刘繇也接到了消息，他大怒道："我原本屯于寿春，被袁术赶出淮南，才来到江东。这个该死的袁术，又派孙策来江东打我。"部将张英愿意迎战，刘繇便派他领兵数千，驻守牛渚。很快，孙

---

① 韩当（？—226）：字义公，辽西郡令支县（今河北迁安）人，三国时期东吴名将，被誉为"江表之虎臣"，官至昭武将军、冠军太守，封石城侯。

② 刘繇（156—197）：字正礼，东莱牟平（今山东牟平）人，东汉末年宗室、大臣，汉末群雄之一，齐悼惠王刘肥之后。先后与袁术、孙策交战，一度被朝廷加授为扬州牧、振武将军。

③ 张昭（156—236）：字子布，徐州彭城（今江苏徐州）人，三国时期东吴重臣，敢于直谏、性格刚直。

策的军队逼近牛渚，两军大战，本地豪强蒋钦、周泰各率一支兵马策应孙策，袭击张英，张英不敌，丢了牛渚。孙策缴获了很多粮草军资。

刘繇亲自率领大军来战孙策，派出部将太史慈①与孙策单挑，两人大战一百余回合，未分胜负。这时，周瑜暗自领一军从背后袭击刘繇，刘繇军大乱，孙策弃了太史慈，指挥军队夹攻刘繇。刘繇军大败，退守秣陵（今江苏南京）。孙策乘胜追击，将秣陵围住，断其粮道。刘繇坚守了一段时间，因城中缺粮，只得领兵突出城去，取道豫章（今江西南昌），投奔刘表去了。此战中，刘繇部将太史慈被俘，孙策不计前嫌，亲自招降了他。另有一名壮士陈武②率数百人来投，孙策大喜，领兵进驻秣陵，出榜安民。自此，孙策手下人才济济，为日后称霸江东奠定了基础。

兼并刘繇后，孙策的军队发展到了两万人。孙策聚集众将商议，准备攻取吴郡（今江苏苏州）。孙策的叔叔孙静说："吴郡被严白虎、严舆兄弟占据，嘉兴和乌程（今浙江吴兴南）也在他们手里，吴郡兵精粮足，不可轻敌。"孙策笑道："区区鼠辈，何足道哉！我要领兵去取吴郡，谁敢去取乌程和嘉兴？"蒋钦、周泰自告奋勇，于是，孙策命蒋钦率兵攻取乌程，周泰率兵攻取嘉兴。

孙策率兵来到吴郡城下，城上万箭齐发，军队无法向前。傍晚时分，孙策见城上防守懈怠，命令士兵架起云梯攻城，士兵们呐喊着冲向城墙，顺着云梯向上爬。吴郡守军不停地向下放箭、扔石头，孙策军伤亡惨重。孙策见强攻无效，只得收军回营。当天晚上，严白虎的弟弟严舆来到孙策营中谈判，对孙策说："我哥哥想与孙将军平分江东，各自收兵，两不相犯。"孙策面不改色，好言抚慰道："吴郡城池坚固，不易攻取，那我们就权且罢兵。至于平分江东，日后再说。"

① 太史慈（166—206）：字子义，东莱黄县（今山东龙口东黄城集）人，东汉末年名将，弓马娴熟，箭法精良，官至建昌都尉。
② 陈武（178—215）：字子烈，庐江郡松滋县（今安徽宿松县）人，东汉末年东吴猛将，"江表之虎臣"之一，负责统率精锐的庐江上甲。

说罢派人送严舆回城。严舆回到城内，向严白虎禀告，严白虎大喜，放松了戒备。

次日，孙策下令拔营，回师曲阿。诸将不解地问道："我军刚刚来到此地，就打了一仗，尚未分出胜负，怎么就撤军了？"孙策笑着说："我这是以退为进，我们今天下午撤军，晚上再折回来，杀他一个措手不及，吴郡唾手可得。"众将恍然大悟，佩服地说："将军善于用兵，夺取江东后，将来一定可以横扫天下。"严白虎在城上望见孙策军远去，派人去打探，发现孙策果然撤走了，哨兵追出 30 里后就回了吴郡。

第二天凌晨，吴郡守军还在睡梦之中，孙策突然引兵杀回，数千骑兵首先抵达城下，出其不意地攻入吴郡，城内守军来不及抵挡，纷纷逃散。严白虎兄弟被喊杀声惊醒后，听说城门已经失守，急忙率残部冲出南门，到会稽投奔王朗①去了。孙策也不追赶，亲自巡察四门，安抚百姓。几天后，蒋钦和周泰也分别攻下了乌程和嘉兴。孙策大喜，分兵据守各处。

在吴郡战役中，孙策又招纳了凌操、凌统②父子二人，这两人后来都成为江东悍将，骁勇善战。凌操后来在讨伐刘表的战役中战死，凌统一直追随孙权，为江东孙氏立下了汗马功劳。

会稽太守王朗本是一介书生，听说吴郡太守严白虎兵败来投，想要收留他。部下虞翻劝道："严白虎乃暴虐之人，不可收留。"王朗说："即使我们拒收白虎，孙策的军队也会来攻打会稽，不如收留白虎来帮助我们守城。"虞翻建议说："孙策是孙坚的儿子，骁勇善战，不如我们降了他吧。"王朗大怒，骂道："孙策只是一个毛头小子，我岂能降他！"

会稽城外尘土飞扬，孙策领兵进逼会稽城下，王朗打算领兵迎战，

---

① 王朗（？—228）：字景兴，东海郡郯县（今山东临沂市郯城西北）人，汉末至三国时期曹魏重臣、经学家。

② 凌统（189—217）：字公绩，吴郡馀杭（今浙江杭州市余杭区）人，三国时期东吴名将，在军旅中亲贤礼士，轻财重义，有国士之风。

严白虎说："孙策声势浩大，不可出敌，只宜坚守，待其粮草用完，必然自退。"王朗听从他的意见，下令坚守不战。孙策一连攻了几天都没有进展。周瑜献策说："会稽向东五十里有一座城池，名叫查渎，是王朗的屯粮之所。如果我军能够先攻取查渎，王朗在会稽也不能久守。"孙策大喜，马上让周瑜率军去取查渎。周瑜率军将查渎四面围住，昼夜不停地攻打。王朗知道后大惊失色，对严白虎说："查渎是我军屯粮之地，不可有失，必须分兵去救。"于是命严白虎领三千人马去救援查渎。严白虎领兵冲出城来，半路遇到孙策的埋伏，伤亡惨重。几天后，查渎也被周瑜攻下。王朗听说查渎失守，于深夜率一军突出会稽，逃走了。孙策将会稽郡收入囊中。

曹操在许都听说孙策攻下了江东数郡，兵势强盛，惊讶地说："孙策之才不亚于其父孙坚，是个英雄，将来一定会成为我的强劲对手。"

六、代袁术，灭吕布

在淮南称雄的是袁术，他兵多粮广，军事实力仅次于北方的袁绍，常怀称帝之心。

建安二年（197 年），袁术聚集部下商议说："以前汉高祖刘邦不过一介草莽，而有天下，今历年四百，气数已尽，我家四世三公，天下所归，又有传国玉玺在此，是天意让我正位九五，开创新朝。诸位以为如何？"众官听了面面相觑，主簿阎象谏阻道："主公所言差矣，昔日周文王三分天下有其二，依然忠于商朝。现在汉室虽然衰败，主公也不应该贸然称帝，否则天下诸侯将群起而攻之。"袁术大怒道："我自称帝，谁敢来伐我？"阎象说："兖州的曹操挟天子令诸侯，若闻主公称帝，必然前来讨伐。"袁术冷笑道："普天之下能与我抗衡的只有我大哥袁绍，他曹操算老几，他若敢来，我杀他个片甲不留。"阎象见状，不敢再劝。不久，袁术在寿春宣布称帝，建号仲氏，立子为东宫，大赦天下。

袁绍在冀州听说弟弟袁术称帝，勃然大怒，对部下诸将说："天下诸侯中以我的实力最强，袁术真是不知天高地厚。如今木已成舟，我看他怎么收场。"袁绍的长子袁谭说："叔父称帝，曹操手握天子，必不肯坐视，一定会派兵征讨淮南，我们应当如何应对？"袁绍说："我们保持中立，既不助袁术，也不助曹操。"

袁术称帝的消息传到许都，献帝大惊，曹操却笑了，他对朝廷百官说："我原以为袁术是个英雄，现在看来，他是一个蠢货。他敢冒天下之大不韪率先称帝，无异于找死。"随后，曹操奏准献帝，发兵十万南征袁术。临行前，曹操安排荀彧镇守许都，处理所有军国大事。同时以献帝的名义下诏给各地诸侯，请他们会帅淮南，和他一起征讨袁术。但诸侯无一响应，有的则虚与委蛇，表面上答应出兵，实际却按兵不动。

曹军浩浩荡荡地向淮南进发，时值秋天，田间麦熟，曹操下令军队路过麦田一律不准践踏，违者军法处置。一天午后，曹操策马前行，忽然麦田中惊起一只大鸟，战马受惊，奔入麦田中，曹操约束不住，践踏了一大片麦田。大军停住，曹操叫来执法官，问："我践踏了麦田，该当何罪？"执法官惶恐地答道："丞相纵然犯法，岂可定罪？"曹操反驳道："我自己制定的法令，自己违反，何以服众？"说完拔剑欲自杀，诸将急忙拉住。谋士郭嘉进言说："自古以来，法不加于尊，丞相如果自杀，三军由谁来统领？不如割发以代首。"曹操遂提剑割发一缕，命人传示三军，言：丞相犯法，本应斩首示众，现割发代首。三军悚然，都谨遵军令。当地百姓见曹操军纪严明，都称颂不已。

兵近淮南，袁术派大将领兵迎战，两军大战，袁术的军队不敌曹军，退入寿春城中坚守。曹操分兵四面围住，日夜攻打。袁术担心寿春失守，命部将李丰等人坚守寿春，自己率御林军渡过淮河暂避。

曹军围困寿春一月有余未能攻下，军中粮草不济，曹操心中忧虑，有班师回许都之意。郭嘉献策说："现在撤军将前功尽弃，主公明日可亲自督战，激励三军，奋力攻打。"次日，曹操亲临阵前，指挥三军攻城，有两员偏将畏缩不前，曹操亲自拔剑斩杀，下令："有畏缩不前者皆斩。"于是，三军奋勇向前，寿春终于被攻破了。进城后，曹操下令将袁术的宫殿烧毁，将寿春守将李丰等人斩首示众。

拿下寿春后，诸将想要渡过淮河去追击袁术。曹操对诸将说："我军的粮草已经用完，无法再战，只能先班师回许都了。"曹军主力撤走后，袁术又领兵夺回了寿春，但战乱后的寿春已经残破不堪，不复昔日景象。

在许都的司马府中，司马防的几个儿子坐在一起纵论时事。谈及袁术时，司马懿发表议论说："袁术已经元气大伤，将来能与曹丞相争天下的只有袁绍一人。数年之内，袁绍和曹操之间必有一场大战，战争的结果将决定天下的归属。"司马懿激情洋溢，侃侃而谈，好像自己就是当事人之一。

话说袁术尚未称帝时，曹操曾以献帝的名义给刘备发了一道诏书，任命刘备为徐州牧，让他率军讨伐淮南。刘备接诏后，亲自与关羽率三万大军远征淮南，袁术则派大将纪灵领兵五万迎敌，双方在淮南界首对峙，相持数月，不分胜负。

当时张飞留守徐州，一天，张飞酒醉，徐州城防松懈，吕布乘机夜袭徐州，赶走张飞，自己做了徐州之主。张飞率残部逃到淮南，与刘备、关羽会合，准备夺回徐州，不料却被纪灵的军队打败，一时无处安身。吕布在徐州听说刘备战败，感念刘备过去收留自己的恩德，便派人给刘备送信，请刘备暂居小沛。刘备无路可走，只好接受了吕布的邀请，率残部屯守小沛。自此，刘备和吕布的主宾地位颠倒了过来，吕布成了徐州的主人，刘备成了寄居小沛的客人。刘备心中非常恼火，但又无可奈何。

建安三年（198 年），吕布派部下陈登去许都见曹操，请朝廷加封自己为徐州牧，曹操没有答应。在许都，陈登向曹操大献殷勤，对曹操说："吕布狼子野心，诚难久养，现在可以乘他刚刚占领徐州，人心还没有归附，发兵征讨，若任其发展壮大，将来必为朝廷祸患。"曹操反问道："你是吕布派来的使者，为何反倒出言攻击吕布？"陈登说："我虽为吕布的下属，但也是朝廷的官员，不敢以私废公。朝廷若有举动，我可以作为内应。"曹操厚赏了陈登，并让他暗中联系刘备，共同对付吕布。陈登回到徐州后，对吕布说："曹操不肯授予徐州牧的官职。"吕布骂道："曹贼怎么说的？"陈登回道："曹操说，朝廷视吕布为雄鹰，不可将他喂饱，喂饱了，他就会离朝廷而去。喂不饱，反而能为朝廷所用。"吕布大笑道："曹操真是一个奸雄！"

刘备在小沛每天闷闷不乐。一天，许都送来曹操的一封书信，信中说："朝廷很快将发兵征讨吕布，希望届时玄德能够率兵策应，待夺取徐州后，我将上奏朝廷，表荐玄德为徐州牧。徐州本来就是玄德的。"刘备看完，给曹操写了一封回信，表示愿意协助曹军攻打吕布。

几天后，曹操以夏侯惇为先锋，领兵一万进军徐州。吕布探知消息，派大将高顺前去迎敌。两军在徐州界首相遇，夏侯惇和高顺大战四五十回合，高顺不敌，拨马回走。夏侯惇纵马追赶，被帮将曹性回身一箭，射中眼睛，夏侯惇用力拔箭，结果连眼珠一起拔了出来。他大叫："父精母血，不可丢弃。"随即放入嘴里吞下，曹军将士急忙将他救回本阵，高顺驱兵掩杀，曹军大败。

与此同时，刘备也在小沛伺机而动。陈宫对吕布说："大战一触即发，让刘备驻守小沛是个隐患，我们应先发兵攻取小沛，全据徐州，我愿和臧霸将军去守萧关。"吕布便派张辽、高顺去攻打小沛，命陈宫、臧霸去守卫萧关，自己领军与曹军主力决战。小沛城墙低矮，工事薄弱，刘备和关张守不住，只得弃城而走。半路上遇到了曹操的大军，曹操安抚刘备说："我这就亲率大军去征讨吕布，你与我同行，夺回徐州后，我保你做徐州牧。"刘备拜谢。

曹军入境后，曹操先派人与陈登联系，让他见机行事，暗为内应。吕布召集诸将议事时，陈登说："徐州四战之地，地形不利于防守，将军可将钱粮和家眷转移到下邳（今江苏睢宁县古邳镇），徐州城一旦失守，我军还可以在下邳坚守。下邳城防坚固，又有泗水之险，可以久守。"吕布采纳了陈登的意见，将自己的家眷和大部分粮草运送到下邳。

探马来报，说曹军正在攻打小沛和萧关，吕布便派陈登去萧关督战。陈登到了萧关，对陈宫和臧霸说："曹军主力已经抵达徐州，恐徐州有失，吕将军命二位放弃萧关，立即回救徐州。"陈宫和臧霸不知有诈，忙率兵返回徐州。这时，陈登又跑到小沛，对张辽和高顺说："吕将军有令，命二位速回徐州，集中兵力与曹操大军决战。"高顺和张辽也没有怀疑，当即从小沛率兵返回徐州。吕布见诸将纷纷率兵返回，大惊道："是谁叫你们回来的？"诸将说："是陈登传将军之命，让我们回来的。"吕布大怒，命人去找陈登，但陈登已经投奔曹操去了。吕布懊悔不已。

失了萧关和小沛，徐州孤城难守，吕布只得放弃徐州，退守下邳。曹军铺天盖地而来，将下邳围得水泄不通。陈宫献策说："曹军刚刚围城，立足未稳，我军可以主动出击，挫其锐气。"吕布不听，陈宫又献策说："将军可率一军出城驻守，我和诸将固守城内，以为掎角之势，可以久守。"吕布也不听，陈宫叹息而去。

曹军攻城甚急，吕布部将高顺献策说："下邳是一座孤城，难以久守，将军可派人去淮南联系袁术，请袁术发兵救援，袁术如果肯派兵来，两军夹攻，可以击退曹操。"吕布认为此计可行，于是，立即派人杀出重围，去淮南求救，使者到淮南见到袁术，袁术不屑道："吕布反复无常，朕不会发兵去救他的。"使者又说："唇亡齿寒，如果徐州全境沦陷，曹操必来侵犯淮南。"但袁术不听，将使者轰出城去。

下邳攻城战持续了两个多月，吕布依然在负隅顽抗，曹操打算回军许都，他对诸将说："下邳久攻不克，北有袁绍，南有袁术，都是我们的后顾之忧，不如先班师回朝，休整一段时间再战。"谋士郭嘉谏阻说："吕布屡败，锐气受挫，我军只要再坚持一段时间，就可以攻破下邳，否则就前功尽弃了。"曹操问有何良策，郭嘉说："现在是雨季，可以决泗河之水灌城，下邳城将不攻自破。"于是，曹操下令决泗河之水，数日之内，下邳四门都被水淹，曹操乘势发兵攻城，曹仁的军队率先突入下邳东门。曹军如洪水般涌进城内，在混战中，吕布被其部将宋宪、魏续擒获。陈宫、高顺、张辽等人也被曹军生擒。

曹操入城后，在白门楼摆宴，军士将五花大绑的吕布押上前来。吕布见了曹操，大叫道："绑得太紧，可以放松一点吗？"曹操笑着说："谁不知道你是头猛虎，能不绑得紧一点嘛。"吕布挣扎着对曹操说："我愿意投降明公，为朝廷效力。"当时刘备也在白门楼坐着，关羽和张飞侍立于侧。曹操犹豫不决，扭头问刘备："可以接受吕布的投降吗？"刘备面不改色，对曹操说："明公难道忘了董卓的故事吗？"曹操恍然大悟，下令将吕布缢死，并枭首示众。吕布大怒，回头骂刘备："大耳贼，大耳贼！"刘备的耳朵很大，所以吕布叫他大耳贼。

随后，高顺被推上前来，曹操问道："你愿意投降吗？"高顺沉默不语，曹操大怒，下令推出斩首。陈宫也被曹操处决，只有张辽没有被杀，被曹操收降。张辽是个难得的将才，在后来的征战中为曹操立下了汗马功劳。

班师回朝时，曹操将刘备带回许都。有一天在朝会上，献帝问及刘备身世，刘备自称是中山靖王之后。献帝令人拿出族谱，与刘备论资排辈，当朝认刘备为皇叔，自此，人皆称刘备为刘皇叔。有人劝曹操杀掉刘备，曹操却不以为然地说："刘备既然是汉朝皇叔，我以朝廷的名义指挥他，他就必须听从。"

建安四年（199 年）六月，穷途末路的袁术在淮南病死，临终前留下遗诏，表示愿意归帝号于袁绍。袁术死后，他的部将带着军队和玉玺前往河北投奔袁绍，经过徐州地界时遭到曹军袭击，人马被杀散，玉玺也被曹军夺走，献给了曹操。

七、袁曹官渡决战

建安七年（202 年），经过多年的征战，袁绍占据了北方的冀州、青州（治所在今山东淄博市临淄北）、幽州和并州（治所在今山西太原西南），成为当时天下最大的诸侯。黄河以北已经平定，下一个目标自然就是盘踞兖州的曹操。但曹操有皇帝在手，为了使出兵伐曹名正言顺，袁绍命部下陈琳①写了一道《为袁绍檄豫州文》。这篇讨曹檄文洋洋洒洒千余字，大意是汉朝衰败，曹操专权，祸国殃民。袁绍举义兵讨伐曹操。陈琳在檄文中把曹操三代骂了个遍，同时历数曹操之罪行，分析曹军的军势，策动曹操阵营中的反对派倒戈，最后重金悬赏曹操的首级。

檄文传至许都，曹操正患头风，卧病在床，看了袁绍讨伐自己的檄文，不禁出了一身冷汗，头风顿愈，一跃而起，对左右说："好文章，有文事者，必须以武略济之，陈琳文事虽佳，只恐袁绍武略不足啊！"

在许都的司马府中，司马防忧心忡忡地对家人说："袁绍和曹操即将开战，袁绍实力强大，曹操这次凶多吉少。曹操一旦兵败，我们这些在许都的官员又要经历一场浩劫了。"长子司马朗说："是啊，袁绍兵多将广，曹操恐怕不是对手。"司马懿却持不同看法，他说："我觉得曹操不一定会战败，袁绍的胜面虽然更大一些，但曹操善于用兵，自起兵以来，不乏以弱胜强的战例。袁绍和曹操之间的这次决战将决定天下的归属，如果曹操战败，我们就转投袁绍麾下。"

数月后，袁绍率三十万大军南下，曹操率七万大军迎敌。两军对垒，袁绍金盔金甲，威风凛凛，左右依次排列着张郃②、高览③、淳于琼④、韩猛等武将。曹操也在张辽、徐晃、曹仁、曹洪、李典、乐进等将领的簇拥下立于阵前。战场上静得可怕，曹操以鞭指着袁绍说："本初，你家四世三公，为何要领兵造反？"袁绍纵马向前，大声反驳道："曹孟德，你托名汉相，实为汉贼。我这次来，就是要灭了你，重振朝

---

① 陈琳（？—217）：字孔璋，广陵射阳（今江苏宝应）人，东汉末年文学家，"建安七子"之一。

② 张郃（？—231）：字儁乂，河间鄚（今河北任丘）人，东汉末年曹魏名将，本为袁绍大将，在官渡之战中投降曹操。其智勇双全，用兵巧变，善列营阵，善估形势，善用地形。官至征西车骑将军。

③ 高览：河北名将，本为袁绍部将，在官渡之战中与张郃一同投降曹操，被封为偏将军、东莱侯。与颜良、文丑、张郃并称为"河北四庭柱"。

④ 淳于琼（？—200）：字仲简，颍川（治今河南禹州）人，东汉末年官吏，曾任西园八校尉之一。

纲。"曹操大怒，挥兵出战，但因兵少，抵挡不住，退往官渡下寨。袁绍的军队也逼近官渡下寨。

从八月初到九月末，曹军和袁军相持日久，军力渐衰。曹操见取胜无望，有退兵之意，于是写信到许都征求荀彧的意见。荀彧回信为曹操打气说："袁绍把他的主力压在官渡，想与主公决胜负，若不能制，必为所乘。现在我军画地而守，扼其喉而使其不能进，时间长了，袁绍军中必生变故。如今正是用奇兵之时，主公千万不可动摇。"于是，曹操继续顽强死守，袁绍始终无法突破曹军的官渡防线。

袁绍军中有个谋士叫许攸。一天，冀州送来一封密信，说许攸的家属在冀州犯了重罪，有可能会牵连到他。许攸少年时与曹操是朋友，于是深夜逃出袁绍营寨，径直来到曹操营中投降。曹操听说许攸来了，来不及穿鞋，光脚出迎，将许攸请入帐中，问其破袁绍之策。许攸说："袁军的粮草都屯于乌巢（今河南延津县境内），孟德可以派兵夜袭乌巢，烧掉袁绍的粮草，袁军无粮，将不攻自破。"曹操大喜，下令重赏许攸。

一天深夜，曹操亲率1万骑兵，打扮成袁军模样，潜行至乌巢，一把火烧了袁军的粮草。袁军没了粮草，人心惶惶，决定速战速决，派大将张郃、高览攻击曹寨，但几场大战下来，曹军的官渡营寨岿然不动。袁绍派人往冀州催粮，但是一时无法筹措。曹操见袁军萎靡不振，率军猛攻袁绍军营，袁军毫无斗志，很快就被击溃。袁绍率残部八百余骑渡过黄河，逃回河北去了。袁绍麾下大将张郃、高览见袁绍大势已去，率兵投降了曹操。

在收缴袁绍军营时，曹操发现了大量书信，其中有很多是曹营将领写给袁绍的。如何处理这些投敌书信呢？有人劝曹操逐一核对姓名，全部诛杀。曹操犹豫了一会儿，下令将这些投敌书信全部烧毁，并对部下说："在袁绍强盛的时候，我尚且不能自保，何况其他人。"

官渡之战后，曹军渡过黄河，乘胜追击。在仓亭（今河南南乐县西三十五里），袁绍重整旗鼓，率十万大军迎战。仓亭之战持续了一个多月，正面交锋，曹军依然无法取胜。曹操根据战场形势，制定了背水一战、十面埋伏的战术。决战当天，曹操命许褚领兵出战，袁绍亲率大军迎战，许褚抵挡不住，且战且退，袁军紧追不舍。退到黄河边时，曹操大叫："我们已经没有退路，诸军何不死战？"曹军将士闻言，都回身奋力进攻，袁军的优势迅速缩小。这时，曹仁领一军从战场左翼杀来，夏侯惇领一军从战场右翼杀来，张辽、张郃领一军从背后杀来，袁绍大军顿时被团团围住。在儿子袁谭、袁熙、袁尚的保护下，袁绍拼命杀出重围，狼狈逃回冀州。

仓亭取胜后，曹操准备乘胜攻取冀州，不料许都传来战报，说刘备在汝南（治今河南息县）聚众数万，企图袭取许都劫走献帝。曹操大惊，立即下令班师，在汝南轻而易举地击败了刘备，刘备逃到荆州投奔刘表去了。

八、执掌江东的少主

孙策自霸江东，兵精粮足，威名远播，江南百姓皆称其为"小霸王"。建安四年（199年），孙策派兵袭取庐江，次年又派虞翻出使豫章（今江西南昌），招降了华歆①。江东一时声势大振，孙策上表许都报捷。曹操想结交孙策，便将曹仁的女儿许配给孙策的弟弟孙匡。不久，孙策又上表，求封大司马一职，曹操见孙策欲望膨胀，拒绝了他的请求。孙策为此心怀怨恨，常有袭击许都之心。有一次，曹操谈起孙策，颇为忧心。谋士郭嘉宽慰他说："孙策性格急躁、轻而无备，早晚必死于小人之手，主公不必忧虑。"

时有吴郡太守许贡，他作为孙策的下属，却心向朝廷，给曹操写信说："孙策骁勇，与项羽类似，朝廷宜外示荣宠，召归京师，不可使居

---

① 华歆（157—232）：字子鱼，平原郡高唐县人（今山东高唐县）；三国时期曹魏名士、重臣，历仕曹操、曹丕、曹叡三代，官至太尉，封博平侯。

外镇，以为后患。"不料信件被巡江军士截获，孙策看了书信，大怒，趁许贡还没有察觉，派人将他请到自己府中，将截获的书信扔到他面前，怒斥道："你想置我于死地吗？"随后命武士将许贡斩首示众，灭其三族。

一天，孙策带领数十人去城外的山上打猎，忽然树林中闪出一只鹿，孙策纵马上山追赶，军士紧随其后，孙策马快，将军士甩开了一段距离。他张弓搭箭，一箭射去，鹿应声而倒。他连忙跳下马来，向鹿的方向走去。这时，树林里突然闪出三名刺客，一起挥剑向孙策杀来。孙策出山打猎，没有带刀剑，手里只有弓箭，忙举弓迎战。这三人正是许贡的家客，埋伏于山中，想为许贡报仇。混战中，孙策身上多处被砍伤，只得弃弓逃命，一名刺客张弓搭箭向他射去，正中他的面颊。幸好孙策部下军士赶到，一拥而上，将许贡的三位家客砍为肉泥。

孙策身上多处受伤，而且伤势很重，回府后命人请神医华佗医治，但华佗去了中原，不在江东，只好请别的医生来看。医生对孙策说："箭未射中要害，但箭头上有毒，毒已入骨，须静养百日。如果怒气冲激，将很难治疗。"孙策为人最是性急，听说要休息一百天，心中烦闷不已。

休息了一个月时，孙策出府巡视，在大街上看见很多人向一个白头发老道下跪。老道士名叫于吉，自称能救死扶伤，深受当地百姓爱戴。他乘着轿子从大街上经过，沿途百姓纷纷下跪，口中高呼"于神仙"。孙策见状大怒，回到府中后立即派人将于吉拘捕下狱。一个道士被捕，在江东掀起了轩然大波，不仅江东百姓纷纷来到孙策府前请愿，而且孙策的部下将领也都为于吉求情。一个道士居然有这么大的能量，孙策十分震惊，对诸将说："我们都是征战沙场之人，天下哪有什么神鬼之说。于吉蛊惑人心，乃黄巾张角之流，必须将其明正典刑。"诸将苦劝，孙策仍坚持将于吉处死。

处理这件事时，孙策承受了很大的压力，多次怒气冲激，导致伤口崩裂。于吉死后，孙策病重。他的母亲吴国太坐在他的床边，对孙策说："因为杀害了于神仙，所以才病入膏肓。"孙策更加恼怒，对母亲说："儿子是箭伤未愈，怒气冲激，致使病重，与那妖道有什么关系。"

过了数日，孙策病危，让人请二弟孙权过来，对他说："大卜方乱，以江东之众，三江之固，大有可为。若举江东之众，与天下争衡，你不如我；若论举贤任能，使各人尽力以保江东，我不如你。我死之后，你要顾念为兄创业之艰难，善待麾下诸将，将江东基业发扬光大。"孙权闻言大哭，孙策又嘱咐道："现在不是哭的时候，你记住，以后遇到棘手的事情，内事不决问张昭，外事不决问周瑜。"嘱咐完，孙策闭目而逝，年仅二十六岁。

孙策死后，张昭请孙权登堂，接受文武官员参拜，并让孙静料理孙策的丧事。孙权长得碧眼紫髯、器宇轩昂。

周瑜率军驻守巴丘（今岳阳一带），听说孙策亡故，急忙回吴，哭拜于孙策灵前。孙权将孙策临终时说的话告诉周瑜，并询问治国安邦之策，周瑜说："自古以来，得人者昌，失人者亡。主公须广招天下贤才，以为我江东所用。"孙权请周瑜推荐人才，周瑜说："我有个朋友叫鲁肃[1]，此人足智多谋，仗义疏财，现在江东居住，可将此人请来，为主公效力。"孙权大喜，即命周瑜去请。

鲁肃为人文雅大度，孙权对他一见倾心，两人经常彻夜谈论，不知疲倦。一次，孙权问及天下大势，鲁肃回答说："曹操挟天子以令诸侯，雄踞北方，我们不可与其争锋。将军应当鼎足江东以观天下之衅，今乘北方多事，进兵荆州，剿除刘表，全据长江，然后建号帝王，以图天下。"

不久，鲁肃举荐诸葛瑾[2]入吴，一起辅佐孙权。诸葛瑾和鲁肃是朋

---

[1] 鲁肃（172—217）：字子敬，临淮郡东城县（今安徽定远）人，东汉末年杰出的战略家、外交家，为孙权提出了鼎足江东的战略规划。

[2] 诸葛瑾（174—241）：字子瑜，琅琊阳都（今山东沂南）人，三国时期东吴重臣、诸葛亮之兄，胸怀宽广，温厚诚信，深得孙权信赖，官至大将军，领豫州牧。

友，所以接受邀请来到江东。

曹操在许都听说孙策去世，孙权继立，便以朝廷的名义致书江东，加封孙权为将军、吴侯。

建安八年（203 年），孙权起兵数万，渡江攻打江夏郡。江夏为荆州九郡之一，是刘表的地盘，由刘表的部将黄祖镇守。孙权的军队虽然没有突破长江防线，但却重创了黄祖的守军。黄祖的部将甘宁①对刘表和黄祖不满，率部归顺了孙权。在后来的又一次江夏战役中，孙权在甘宁的帮助下攻入江夏，杀了黄祖。甘宁后来成为孙权麾下的一员悍将，立功无数。

---

① 甘宁：字兴霸，巴郡临江（今重庆忠县）人，三国时期东吴名将，官至西陵太守、折冲将军，名列"江表之虎臣"。

第二章　英雄初展足

建安初年，当曹操挟天子令诸侯时，司马懿也二十多岁了，他的父兄都在曹操手下任职。而他在曹操的多次征召下，也投到曹操门下，不过刚开始并没有受到重用，只是担任一些无足轻重的官职。其间，司马懿曾跟随曹操南征刘表兼讨孙权。在赤壁之战后，刘备攻占荆州，并向益州发展。与此同时，曹操也击败马超取得了汉中，司马懿建议曹操火速进军，趁刘备立足未稳之际夺取益州，但曹操没有同意。结果，刘备在四川迅速巩固了自己的力量，并于次年向汉中进军。在汉中争夺战中，曹操屡次败北，深悔自己当初没有听取司马懿的意见。

一、鹰视狼顾

军阀混战之际，司马懿渐渐长大了。到建安六年（201 年），司马懿已经 20 多岁。汉末，士人名流盛行取号之风，比较知名的有卧龙、凤雏、三君、四友、七子、八达等。司马懿兄弟八人并有才名，时人称之为"司马八达"。

南阳太守杨俊有识人之明，他和司马懿的父亲司马防是好友。有一次，杨俊到司马家做客，见到了少年司马懿，当场夸奖道："司马大人，您的八个儿子都很优秀，尤其是老二司马懿，他日必成大器。"

司马懿年轻的时候，给过他佳评的社会名流还有崔琰。崔琰是河北名士，先后效力于袁绍和曹操，和司马懿的大哥司马朗是好友。他见到司马懿之后，对司马防说："你这个弟弟聪明果敢，才略远在你之上。"

司马朗对崔琰的话不以为意。

男大当婚，司马懿二十三岁时，娶同郡豪族之女张春华为妻。张家也是名门望族，但张春华性格彪悍，喜欢舞枪弄棒，司马懿有点怕她。司马懿的长子司马师①、次子司马昭②都是张春华所生，并且后来都成为历史上的风云人物。

结婚后，司马懿被推荐当上了河内郡上计掾。上计掾是一个肥差，每年负责向朝廷上报本郡的财政、税收、人口、粮食产量等各项数据。司马懿在上计掾任上遇到了曹操的大谋士、尚书令荀彧。荀彧是曹操的臂膀，朝廷每有大事，曹操总是征询荀彧的意见。与司马懿有过一次交集后，荀彧在曹操面前盛赞司马懿说："司马懿办事严谨，很有才学，是当世不可多得的人才。"

曹操官拜司空后，想请司马懿到司空府工作。据《晋书·宣帝纪》记载：曹操下令征辟司马懿为司空府掾属，司马懿感叹汉室衰微，不愿意屈节于曹操，拒绝了曹操的征辟。关于这件小事，史家普遍认为：司马懿早期不愿追随曹操是有其深层原因的。当时，天下大势尚未明了，在北方的两大霸主中，袁绍势力最强，曹操无法与其匹敌。司马懿无法确定在随之而来的统一战争中，曹操能否打败袁绍统一北方。万一曹操被袁绍打败，自己跟着曹操干，前景就不妙了。还有一个原因是司马懿出身于世家大族，虽然比不上皇亲国戚，但也不算差。而曹操出身于宦官之家，他的祖父曹腾是东汉朝廷著名的宦官。加上曹操挟天子令诸侯，和董卓一样让皇帝如同家臣，这让天下诸侯都非常愤怒。在司马懿看来，曹操不但出身低微，而且所作所为令人不齿。

曹操派去征召司马懿的人回来禀告说："司马防的儿子司马懿拒绝了您的征辟，他说自己有风痹的毛病，身体疼痛，行动不便，无法

---

① 司马师（208—255）：字子元，河内温县（今河南温县）人，三国时期曹魏权臣，西晋王朝的奠基人之一。曾在新城之战中击溃东吴诸葛恪的大军，并且平定毌丘俭、文钦之乱。

② 司马昭（211—265）：字子上，河内温县人，三国时期曹魏权臣，西晋王朝的奠基人之一。正元二年（255年）继任大将军，专揽国政。

应召。"

曹操心中暗忖:"这个司马懿来不来,倒也无所谓。关键是司马家的政治站队问题,现在朝廷官员可以分为两个派别,一些人依然心系汉朝,看到我大权在握,颇为不满。还有·些人则是我的死党,他们只知有我曹操,不知道有汉朝皇帝。司马防是朝中重臣,有一定的政治声望,如果拒绝征辟的幕后推手是司马防,那就麻烦了。"

"多派几个人,把司马家监视起来,特别要留意那个司马懿,看他是真病还是装病。"曹操下发了指示,还找了一个亲信乔装成刺客,深夜闯进司马懿的卧室看个究竟,果然看见司马懿直挺挺地躺在床上。刺客又拔出佩刀架在司马懿身上,装出要劈下去的样子。司马懿的演技也很好,仍然一动也不动,只是瞪着眼望着刺客,就像真的患有风痹一般。这下刺客终于相信司马懿是真的有病,收起刀向曹操报告去了。

不过,曹操也没有就此相信司马懿真病了。有段时间,司马府外面经常可以看到几个鬼鬼祟祟的人,他们都是曹操派来的探子。司马懿只能假戏真做,每天卧床不起,只在夜深的时候出来活动一下腿脚,连家中的仆人都不知道他在装病。

就在司马懿装病期间,曹操和袁绍在官渡进行了决战,袁军大败,袁绍从此一蹶不振。两年后,袁绍病死,他的几个儿子互相征伐,曹操抓住机会,率大军一举消灭了袁绍的残余力量。自此,北方一统,曹操成为各地军阀中最强大的一个。

得胜回朝后,曹操被加封为丞相。司马懿知道曹操不会放过自己,所以,过了一段时间,他让人放出消息,说他的风痹症已经好了。于是,曹操再次发出了对司马懿的征辟令,在此之前,司马懿的大哥司马朗已经在为曹操工作了。据史书记载,曹操二次征辟司马懿时,对负责此事的部下说:"如果这次司马懿还不识好歹,就将他逮捕入狱。"

"司马懿正思为丞相效力,万死不辞!"司马懿这次的态度与上次迥然不同,曹操已经成为最有实力的军阀,投到他门下,再也没有什么政治风险了。

二、诸葛亮出山

提起司马懿，人们往往会想到他一辈子最重要的一个对手——诸葛亮，他们两人分属不同阵营，一直处于敌对状态，所以经常在战场上兵戎相见。

当司马懿在郡里担任小吏时，诸葛亮也在刘备的三顾茅庐下出山了。

话说刘备汝南兵败后，到荆州投奔刘表，刘表收留了刘备，让他领兵驻守新野（今河南进阳市新野县）。新野是荆州最北端的一个小县，刘备在新野时，有个叫徐庶①的人来投他，被任命为军师。曹操平定袁绍后，派大将曹仁从樊城进击新野，刘备的军队虽然不多，但是在徐庶的指挥下，成功地击退了曹仁的进攻。曹仁吃了败仗，回许都见曹操，说刘备军中有能人，叫徐庶。曹操命人打探，得知徐庶的母亲住在中原，就派人将她抓到许都，逼她写信给徐庶，将徐庶召到许都。徐庶得知母亲被曹操囚禁，决定离开刘备，去许都救母。

徐庶临走前，向刘备推荐了诸葛亮。据史书记载，诸葛亮是汉司隶校尉诸葛丰之后，诸葛亮的父亲诸葛珪官至泰山郡丞，英年早逝，留下了三个儿子：长子诸葛瑾、次子诸葛亮、三子诸葛均。诸葛珪去世后，诸葛兄弟由叔叔诸葛玄②抚养，诸葛玄与刘表是朋友，于是带着诸葛亮兄弟从老家琅琊（今山东临沂市）来到荆州襄阳，定居于卧龙岗。刘备问徐庶："诸葛亮的才学如何？"徐庶回答说："诸葛亮有经天纬地之才、鬼神不测之机。朋友聚会时，他常自比管仲、乐毅。"刘备闻言大喜，便叫徐庶将诸葛亮请来相见。徐庶说："诸葛亮是人中龙凤，必须你亲自去请。"

---

① 徐庶：字元直，颍川郡长社县（今河南许昌长葛东）人，东汉末年刘备帐下谋士，后归曹操。曹丕时官至右中郎将、御史中丞。

② 诸葛玄（？—197）：琅琊阳都（今山东沂南）人，东汉末年官员，曾为袁术属吏，官至豫章太守。

　　徐庶刚走，刘备便迫不及待地前往卧龙岗，但诸葛亮外出了，没有见到。不久，刘备第二次来到卧龙岗，见到了诸葛亮的弟弟诸葛均，诸葛亮依然不在家。刘备留书一封，请诸葛均转呈诸葛亮，信中说："备久慕高名，两次晋谒，不遇空回。窃念备汉朝苗裔，日睹朝廷陵替，纲纪崩摧，群雄乱国，恶党欺君，备心胆俱裂，虽有匡济之诚，实乏经纶之策。仰望先生仁慈忠义，慨然展吕望之大才，施子房之鸿略，天下幸甚！社稷幸甚！"

　　又过了一段日子，襄阳城外大雪纷飞，山如玉簇，林似银妆。刘备再次乘马来到卧龙岗，终于见到了诸葛亮。看见诸葛亮身材高大、面如冠玉、气质出众，刘备欣喜道："两次造访，先生都不在，这次终于见到先生了。"诸葛亮说："我看了将军留下的信，可惜我才疏学浅，恐负将军重托。将军还是另请高明吧。"刘备执意恳求道："先生不要推辞，大丈夫怀经世之才，终老于林泉之下，不是太可惜了吗？愿先生以天下苍生为念，出山相助！"在刘备的极力邀请下，诸葛亮终于同意出山。

　　刘备问诸葛亮安邦定国之策。诸葛亮建言说："自董卓乱国以来，天下豪杰并起，曹操势不及袁绍而能胜袁绍，不只是天时，也是人谋。现在曹操已拥有百万大军，挟天子令诸侯，确实无法与其争强。孙权占据江东已历经三世，地势险要，民众归附，又任用有才能的人，所以只能将他作为外援而不可去谋取他。荆州北靠汉水、沔水，一直到南海的物资都能得到，东面与吴郡（治所在今江苏苏州）、会稽郡（治所在今浙江绍兴城区）相连，西边与巴郡、蜀郡相通，乃兵家必争之地，但是它的主人却没有能力守住它，这大概是老天要拿它来资助将军，将军可有占领它的意思呢？益州（治所在今四川广汉）地势险要，土地广阔肥沃，自然条件优越，高祖凭借它建立了帝业。刘璋昏庸懦弱，张鲁①在北面占据汉中，那里人民殷实富裕、物产丰富，刘璋却不知道爱惜。有才能

---

　　①　张鲁：字公祺，祖籍沛国丰县（今江苏丰县），东汉末年割据汉中一带的军阀，五斗米道的第三代天师，雄踞汉中近三十年，后降曹操，官拜镇南将军，封阆中侯。

的人都渴望得到贤明的君主，将军是皇室的后代，声望很高，闻名天下，思慕贤才，如饥似渴，如果能占据荆、益两州，守住险要的地方，对外联合孙权，对内革新政治，一旦天下形势发生变化，就派一员上将率领荆州的军队直指中原一带，将军亲自率领益州的军队从秦川出击，老百姓谁敢不用竹篮盛着饭食、用壶装着酒来欢迎您呢？如果真能这样做，那么称霸的事业就可以成功，汉室天下也就可以复兴了。"刘备闻言大喜，对诸葛亮说："先生的规划令我茅塞顿开，先取荆州为家，再取益州以成鼎足之势，最后图取中原。"

在刘备未得诸葛亮之前，荆州名士司马徽①曾对刘备说："伏龙、凤雏，二人得一，可安天下。"伏龙便是指诸葛亮，凤雏是指庞统②，后来庞统也投奔了刘备。

在江东，孙权也广发檄文，招纳天下人才。吕蒙③、潘璋④、陆逊⑤等人相继投到孙权门下，这几人后来都成为江东名将。

三、初次从征的行军司马

在刘备图谋发展之际，曹操的南征计划意外促成了孙刘联盟。

建安十三年（208 年），在稳定了中原的局势后，曹操开始向南方发展，打算征讨荆州的刘表、江东的孙权，进而统一全国，彻底消灭地

---

① 司马徽（？—208）：字德操，颍川阳翟（今河南禹州）人，东汉末年名士，精通道学、奇门、兵法、经学，有"水镜先生"之称。

② 庞统（179—214）：字士元，荆州襄阳（今湖北襄阳）人，东汉末年刘备帐下谋士，与诸葛亮同拜为军师中郎将。

③ 吕蒙（178—220）：字子明，汝南富陂人（今安徽阜南吕家岗），三国时期东吴将领，历任横野中郎将、庐江太守、南郡太守，封孱陵侯。

④ 潘璋（？—234）：字文珪，东郡发干（今山东冠县东）人，三国时期东吴将领，"江表之虎臣"之一，在合肥之战、追擒关羽、夷陵之战、江陵保卫战中多次立下战功。

⑤ 陆逊（183—245）：字伯言，吴郡吴县（今江苏苏州）人，三国时期东吴政治家、军事家，为人深谋远虑，忠诚耿直，一生出将入相，统领东吴军政二十余年，被赞为"社稷之臣"。

方割据势力。

这天，曹操在丞相府的书房里，与军师荀彧商议南征之事。荀彧说："丞相，近日听说刘表病重，荆州政局不稳，可谓南征的大好时机。剿灭刘表之后，沿江东下，扫灭孙权，天下可定。"

此时，司马懿正坐在书房的一角，忙着为曹操整理公文。他听曹操和荀彧说起荆州之事，忍不住插了一句话："我听说刘备也在荆州，刘表派他镇守新野。"

曹操和荀彧笑着看了司马懿一眼，荀彧说："刘备驻军新野，只有几千兵马，不足为虑。"曹操说："文若，刘备是个英雄，他虽然寄居荆州，兵微将寡，但不可小视。这次南征，一定要乘势彻底剿灭他。"

"我大军南下，刘表和孙权可能会并力迎敌。"司马懿加入了谈话。

"仲达所言极是，如果刘表和孙权联合，真是我们的劲敌啊！"荀彧说。

"江东和荆州有杀父之仇，当年孙权的父亲孙坚在和刘表交战时阵亡，孙权对刘表极为痛恨。我认为，他们两家联合的可能性不大。"曹操说。

"大军压境，在生死存亡的关头，什么事情都有可能发生。"司马懿说。

"仲达见解不凡，丞相日后可以对他量才委用，让他做一个文学掾有点屈才了。"荀彧对曹操说。

"仲达，即日起你兼任行军司马。待讨伐刘表、孙权时，你随我一起出征。"曹操对司马懿说。

"仲达领命，多谢丞相提拔。"司马懿有些诚惶诚恐。

话说刘表在荆州执政多年，境内很少发生战事，老百姓安居乐业，荆州的经济也欣欣向荣。相比其他诸侯，刘表没有兼济天下的四方之志，只想坐守荆州。曹操和袁绍在官渡决战时，刘备劝刘表乘机北上，攻取许都。刘表没有听从。曹操远征塞北时，刘备又劝刘表北伐，与曹操争夺天下，刘表也没有听从。有一次，刘表对刘备说："我老了，不想再折腾了，坐守荆州九郡足矣。"

同年七月，曹操兴兵二十万，挥师南下。夏侯惇、曹仁为先锋大将，张辽、张郃、徐晃、夏侯渊、曹洪、李典、乐进等将领各领本部随征。许褚为中军护卫，与曹操、司马懿等同行。

这次是司马懿第一次随军打仗，他踌躇满志，随时准备向曹操献策。但曹操身边谋士众多，并不把司马懿放在眼里。大军师荀彧镇守许都，没有和曹操一起出征。随行的谋士有程昱、贾诩、荀攸①等人。这些人个个足智多谋，深为曹操所器重。

八月，刘表病死了，荆州的实力派将领蔡瑁②等人拥立刘表次子刘琮继位。当时刘琮只有十四岁，荆州的军政大权掌握在蔡瑁等人手中。

刘表死后，刘备的靠山也倒了，他孤悬新野，岌岌可危，忙与诸葛亮商议战守之策："先生，曹操率二十万大军南征，我们城小兵少，难以抵敌，该怎么办呢？"

"主公，曹军势大，不可迎敌。刘表的长子刘琦驻守江夏（治今湖北新洲城河西岸），我们可前去投靠，暂时栖身。我愿过江去见孙权，与孙权结为联盟，共同抗击曹操。若江北兵败，我们可渡江去投奔孙权。我的大哥诸葛瑾在江东辅佐孙权，可以帮忙说话。"

计议停当，刘备带着新野军民一万多人奔赴江夏，见了刘琦，陈说曹军入侵之事。刘琦分兵数千给刘备，让刘备驻守夏口（今湖北汉口一带），以为掎角之势。

曹军汹涌而来，荆州牧刘琮召集众将官商议。公堂上，荆州文武官员分两班而立，荆州名士蒯越③和蔡瑁立于班首。刘表刚到荆州时，得益于蒯越和蔡瑁的帮助，才在荆州站稳脚跟。长期以来，蒯越掌握荆州

---

① 荀攸（157—214）：字公达，颍川颍阴（今河南许昌）人，东汉末年谋士、荀彧之侄，被称为曹操的"谋主"，擅长灵活多变的克敌战术和军事策略。

② 蔡瑁：字德珪，襄阳蔡州（今湖北襄阳）人，东汉末年荆州名族，曾协助刘表平定荆州，后降曹操，历任从事中郎、司马、长水校尉，封汉阳亭侯。

③ 蒯越（？—214）：字异度，襄阳中庐（今湖北襄阳西南）人，东汉末期人物，原为刘表部下，后投降曹操，官至光禄勋。

的行政权，蔡瑁手握荆州兵权。刘表生前对他们二人很倚重。

"曹操吞并袁绍后，兵多将广，气势如虹。荆州地形开阔，无险可据，不可迎敌，为今之计，只有投降一条路。"蒯越直言不讳地说。

蔡瑁也附议道："蒯越说得有道理，曹军兵强将勇，我军久疏战阵，难以抵敌。不如归顺曹操，可保荆州平安。"

刘琮一听便急了，对蔡瑁和蒯越说："我刚刚接管荆州，就献出城池，必遭天下人耻笑。"

这时荆州从事王粲①也劝刘琮道："自古以来，逆顺有大体，强弱有定势。曹操以朝廷的名义征战四方，我们拒之不顺。曹军兵多，我军兵少，寡不敌众，战则必败，降则易安。请主公以荆州百姓为重，不要疑虑。"

荆州官员大多主张投降，刘琮无奈，只得同意。于是，曹军兵不血刃，进入荆州。曹操重赏了蒯越和蔡瑁、王粲等人。为了消除隐患，曹操假意委任刘琮为青州刺史，但在刘琮前往青州赴任途中，又派于禁②将其截杀。

占领荆州后，曹操竭力收服人心，他对荆州名士蒯越说："我不高兴得到荆州，高兴得到你。荆州之事，以后还要多多仰仗你。"

荆州官衙中，曹操和司马懿侃侃而谈。司马懿说："丞相，荆州虽然降顺，但刘备已经逃到夏口，与刘琦合兵一处。我料刘备和诸葛亮一定会与江东的孙权联合，丞相应早做准备。"

"我这就修书一封，派人送给孙权，敲山震虎。这次南征，我要连孙权一起干掉。"曹操说。

司马懿适时奉承道："在各路诸侯中，孙权最强。如果平了孙权，就剩下益州刘璋、汉中张鲁、西凉韩遂和马腾了，丞相的统一大业指日

---

① 王粲（177—217）：字仲宣，山阳郡高平县（今山东微山两城镇）人，东汉末年文学家，"建安七子"之一，与曹植并称"曹王"。

② 于禁（？—221）：字文则，泰山钜平（今山东泰安南）人，东汉末年曹魏名将，与张辽、徐晃等合称为"五子良将"，是曹操麾下外姓将领中唯一一个假节钺的人。

可待。"

"仲达漏了一个，辽东还有一个公孙康①。"曹操笑着说。

这次南征，司马懿经常和曹操待在一起，两人无话不谈。

四、孙刘联合抗曹

曹军南征势如破竹，孙权在江东坐不住了，让大将鲁肃到夏口拜见刘备，探听消息。在夏口，鲁肃见到了刘备和诸葛亮，客气地说："久闻皇叔和军师大名，今日幸得相见，鲁肃不胜欣喜。"

诸葛亮忙回道："我也久闻子敬大名，当年孙策和周瑜在江东征战，军中乏粮，周瑜听说子敬家中富裕，前往求助，子敬二话不说就慷慨资助了周瑜很多粮食。此事一时传为美谈。子敬真乃高义之人！"

"是啊，我也久闻子敬大名，敢问子敬此来何为？"刘备开门见山地说。

鲁肃略作沉吟，缓缓说道："我奉吴侯之命，前来探听曹军虚实。皇叔与曹军对峙多时，敢问曹军一共有多少人马？占领荆州后，曹操还有什么远图？"

刘备回答说："曹军号称八十万，实际上最多四十万。占领荆州后，曹操一定会挥师渡江，征服江南。"曹操的实际兵力没有刘备说的那么多，刘备这样说也是想要恫吓鲁肃和孙权，为自己即将展开的联吴抗曹计划铺平道路。

"皇叔退守夏口，有何打算，能守得住吗？"鲁肃对刘备的回答半信半疑，进一步试探道。

"我家主公是汉室宗亲，誓与曹贼决一死战。"诸葛亮抢先答道。

"你们现在还有多少兵力？"鲁肃问。

---

① 公孙康：辽东襄平（今辽宁辽阳）人，东汉末年辽东地区的割据军阀，辽东太守公孙度长子，在其父死后继任辽东太守。

"皇叔现统精兵一万多人，刘琦驻守江夏的兵力也有一万多人，我们手中还有三万兵力。"诸葛亮回答。

"恕我直言，就你们这点兵力，根本无法与曹军抗衡，不如与我们江东联合，共同抗击曹操，我家吴侯会派兵支援你们的。"鲁肃直言不讳地说。

刘备迫不及待地表示："我正有此意。"

"子敬这番回江东，我便与子敬一起渡江，去见吴侯，建立两家联盟。"诸葛亮笑着说。

于是，诸葛亮拜辞刘备，和鲁肃一起过江。江面上波光粼粼，诸葛亮和鲁肃谈笑风生。空中飞过一群大鸟，发出叽叽喳喳的叫声，搅了两人的雅兴。鲁肃张弓搭箭，一只大鸟应声而落。诸葛亮鼓掌叫好。历史上的鲁肃好击剑、善骑射，并非《三国演义》中描述的文弱书生形象。

到了江东，诸葛亮想先去拜见孙权。孙权公务繁忙，无法立即接见诸葛亮。于是，诸葛亮径直来到大哥诸葛瑾家中，兄弟两人已经几年没有见面，诸葛瑾热情地接待了弟弟。谈话时，诸葛瑾说："刘备势穷力孤，难成大事，你就留在江东和我一起辅佐孙权吧。"诸葛亮明白大哥的好意，他说："刘备对我有三顾之情，我不忍离去。他现在虽然落魄，但志存高远，深孚众望，早晚必成大事。"

次日，孙权召集江东文武官员，在大堂召见诸葛亮。张昭等人态度傲慢，根本不把诸葛亮放在眼里。诸葛瑾站在班部内，一言不发。

"诸位，曹操派人给我送来一封信，邀请我一起会猎于江夏，共擒刘备。"孙权此言一出，江东文武面面相觑。韩当、周泰、甘宁等武将出班奏道："曹操率大军南下，志在统一。刘备虽弱，但也是抵抗曹军的一道屏障。我们应该与刘备联合，共同抗击曹军的入侵。我等愿为江东决一死战。"诸葛亮目视韩当等江东武将，皆是英雄之士，个个器宇轩昂，不输关羽和张飞。

良久，张昭开口道："孔明先生，我听说你自比管仲、乐毅，今你主刘备孤客穷军，困守夏口。你有何解救之策？"

诸葛亮笑道："唇亡齿寒，我主虽弱，但仍有精兵三万。如果与江东结为联盟，必能击退曹军的进攻。曹操败了，南方的势力就会增强，将来才有争衡天下的资本。"

"孔明先生所言极是，他这次来江东，就是来和我们结盟的。"鲁肃接着说。

顾雍①久闻诸葛亮大名，有意刁难道："刘备和曹操争锋多年，期间也占据过大州郡，但为何屡战屡败？请先生赐教！"

诸葛亮冷笑一声，看着顾雍说："胜败乃兵家常事，昔日高祖与项羽争天卜，高祖经常打败仗，最后九里山（位于江苏徐山西北）一战成功，奠定王朝霸业。我主是汉朝皇叔，以匡扶大汉为己任，受点波折有什么奇怪的。"

"好了，你们就别说那些没用的话了。孔明先生，你从江北前线过来，曹操的南征大军一共有多少人？"孙权问道。

"回吴侯，加上新近投降的荆州军，曹军至少有三十万人。"诸葛亮回答。

"曹军的战斗力如何？"孙权问。

"曹军中很大一部分是袁绍和刘表的降兵，这些人都怀有二心，必不肯为曹操死战。"诸葛亮说。

"先生有何破曹良策？"

诸葛亮胸有成竹地说："曹军将士都是北方人，不习水战。其次，南北方气候不同，曹军远来，士兵不服水土，必生疾病。所以，曹兵虽多，但不足为惧，只要孙刘两家齐心合力，破曹不难。"

孙权听了连连点头。诸葛亮又补充道："西凉未平，马腾、韩遂为其后患。曹操并不像我们看上去的那样强大。"

当天晚上，江东大都督周瑜从柴桑（治所在今江西九江市西南）回

---

① 顾雍（168—243）：字元叹，吴郡吴县人，汉末至三国时期东吴重臣，为相十九年，多有匡弼辅正之词。

到建邺（今南京市），立即觐见孙权。孙权告知刘备派诸葛亮来江东结盟，周瑜非常赞赏诸葛亮的见解，劝孙权和刘备结盟。于是，在鲁肃、周瑜的极力撮合下，孙权和刘备结成抗曹联盟。

在长江以北，曹军三十多万人马沿江下寨，绵延百里。到了夜晚，曹军营寨中灯火通明，无边无际。中军大帐内，曹操秉烛观书，司马懿在旁边一边整理文书，一边对曹操说："丞相，听说孙权和刘备已经结成联盟，一场大战在所难免了。"

曹操放下手中的书卷，坚定地说："我此次南征，定要削平江东，平定四海。"

五、宴长江，战赤壁

占领荆州后，曹军休整了很长一段时间。考虑到要渡江作战，曹操命蔡瑁为水军都督，每日调练荆州水军。从北方带来的士兵也要参加渡江训练。同时命大将于禁督造战船，限期完工。

建安十三年（208年）冬十一月，战船打造完毕，渡江的水军也训练娴熟。曹操大喜，摆宴长江，犒赏三军。

是夜月明星稀，江面上战船星罗棋布，在位于中央的一艘大船上，五十四岁的曹操端坐船首。随征将领分坐两边。宴会开始后，曹操站起身来对诸将说："我自起义兵以来，败袁术、灭袁绍、擒吕布、定刘表、逐刘备，扫平中原，颇不负大丈夫之志。孙权不识时务，想以江东一隅之力与中原抗衡，必将败亡。扫灭江南后，我愿与诸位共享太平，有功将士各有封赏。"诸将皆拱手说："丞相虎威，必能横扫天下。"曹操命击鼓奏乐，船上歌舞喧天。

酒至半酣，曹操望着江南锦绣之地，不禁诗兴大发，高声吟道：

对酒当歌，人生几何。譬如朝露，去日苦多。
慨当以慷，忧思难忘。何以解忧？唯有杜康。

青青子衿，悠悠我心。但为君故，沉吟至今。

呦呦鹿鸣，食野之苹。我有嘉宾，鼓瑟吹笙。

明明如月，何时可掇？忧从中来，不可断绝。

越陌度阡，枉用相存。契阔谈讌，心念旧恩。

月明星稀，乌鹊南飞。绕树三匝，何枝可依？

山不厌高，海不厌深。周公吐哺，天下归心。

歌罢，曹操捋了一下胡须，仰天大笑。在场官员皆俯首说道："丞相真乃大纵之才，将来必能一统天下。"司马懿官职卑微，远远站在人群的末端，默默地感叹："想不到丞相的诗也写得这么好。"

呼啸而来的西北风横扫江南，大战一触即发。孙权任命周瑜为大都督，统领江南的所有军队，与曹军决一死战。周瑜提军抵近江边下寨，一日，帅帐点将，众将皆早早到来，唯独不见黄盖。黄盖是江东三世老臣，功勋卓著。周瑜在帅帐中踱来踱去，将领们面面相觑，不敢出声。过了一会儿，帐外一人健步走来，来人正是黄盖，他已经五十多岁了，花白的胡须垂于胸前，双眼炯炯有神。"黄老将军，你怎么才来？"甘宁、周泰对进帐的黄盖说。黄盖没有理会众人，傲然立于班首。周瑜的脸色很难看，盯着黄盖说："黄将军，今日帅帐点将，你为何迟到？"众将怀着忐忑的心情，都将目光投向黄盖。黄盖面不改色，傲然对周瑜说："我想什么时候来就什么时候来，我跟着孙老将军征战的时候，你还是个毛孩子呢。"众将闻言大惊。周瑜大怒，喝令斩黄盖。众将皆跪拜于地，为黄盖求情说："黄老将军德高望重，不能杀啊！"周瑜转身拂袖而去。

江东将领们都感到纳闷，黄盖和周瑜的关系平时挺不错的，从来没有见他们吵过架，今天这是怎么了？

这天晚上，黄盖的好朋友阚泽①驾一叶孤舟直抵江北的曹军大营。阚泽是孙权的一个幕僚，素来与黄盖交好。他来到曹军大营拜见曹操，对曹操说："我和黄老将军想投奔丞相久矣，今有黄盖书信一封，请丞相阅览。"曹操接过书信展开阅读，只见信中写道："黄盖仰慕曹公很久了，孙权无知，周瑜无能，江东必为丞相所得。丞相奉朝廷之名讨伐江东，南北统一是大势所趋，黄盖愿应天顺人，归降丞相……"

曹操反复将书信看了几遍，忽然拍案怒视阚泽道："好你个阚泽，竟敢来诈降！来人，把他拉出去斩了。"阚泽大呼冤枉，曹操解释说："黄盖既然投降，为什么信中没有约定日期？"阚泽为人机警，马上回复道："背主作窃，岂可定期？我和黄老将军会见机行事的。"曹操觉得阚泽的话也有道理，于是安慰了几句，放他走了。

次日，曹军安插在江南的探子回报曹操说："江东老臣黄盖和大都督周瑜关系不睦，昨日帅帐点将时，黄盖倨傲无礼，差点被周瑜斩首。"曹操本来对黄盖投降之事将信将疑，听了探子的回报，就信以为真了。

一天，曹操与程昱、司马懿等人闲聊。曹操随口问道："此战我军有必胜的把握吗？"程昱说："我军有三十多万人马，吴军只有十万，渡江之后我军必能横扫江南。"司马懿若有所思地说："丞相，正面交锋，肯定是我军占优，但如果吴军在我军渡江时用火攻，就胜负难料了。"听到"火攻"二字，程昱一愣，曹操则笑着说："仲达也知兵法，凡用火攻，必借风力。如今正值隆冬时节，只有西风北风，如果孙权和周瑜用火攻，是烧自己之兵也。"

建安十三年（208 年）十二月二十日，曹操发布了渡江总攻的命令。头一天，黄盖也派人给曹操下书，约定十二月二十日归降，请曹操派军接应。曹操接到黄盖的诈降书信，没有多想，决定按原定计划渡江攻打江东。

————————

① 阚泽（？—243）：字德润，会稽郡山阴县（今浙江绍兴）人，三国时期东吴学者、大臣，博学多闻，官至中书令、太子太傅，封都乡侯。

是日，东南风大作，数千艘曹军舰船逆风驶向江南。曹操坐在大船之上，迎风眺望南方。舰队行到湖北赤壁一带时，对面驶来数十只吴军舰船，船头插着"黄"字旗号。曹操远远望见，高兴地对左右说："黄盖来降，孙权势孤，老夫定能收取江南。"谋士程昱看了一会儿，对曹操说："丞相，今天是冬至，东南风骤起，如果吴军用火攻，我们怎么办？"曹操闻言大惊，有了退军之心。

"各船点火，全力向曹军战船驶去。"黄盖发布命令。吴军的船上装满了茅草、硫黄等引火之物，各船一起点火，霎时间，一只只火船顺风朝曹军舰船扑去。火借风力，风助火威。吴军士兵都撤到了后面的战船上，准备乘势攻打曹军。

"火，火，火……"惊慌失措的曹军士兵大叫。曹操见势头不对，急忙传令撤军，但为时已晚，吴军的数十只火船冲入曹军阵营，引燃了曹军的战船。周瑜在南岸望见曹军中计，马上率领吴军主力，乘风破浪杀入败退的曹军中。很多曹军士兵被烈火烧死，剩下的也成了惊弓之鸟，仓皇向江北逃窜。

曹操在众将的护卫下拼命突围到岸边，向北狂奔。这时，退守夏口的刘备趁火打劫，率兵两万追杀曹操的败军。被火烧得魂飞魄散的曹军无心恋战，纷纷丢下兵器和盔甲，向北方逃窜。司马懿也混于败军之中奔走，好几次被吴军追上，经过奋力死战方才逃脱。

赤壁一战，曹军损失惨重。稳住阵脚后，曹操命夏侯惇守襄阳、曹仁守南郡，自率一部分败军返回许都。司马懿跟着曹操一起回到了许都，此战他差点成了吴军的刀下之鬼，所幸他武艺还不错，不仅捡回一条性命，还亲手杀了十几个敌兵。

六、刘备乘乱取荆州

曹军败后，曹孙刘三家展开了对荆州八郡的争夺。荆州八郡分别是南阳郡（治所在今河南南阳市）、襄阳郡（治所在今湖北襄阳市）、南郡

（治所在今湖北江陵县）、江夏郡、长沙郡（治所在今湖南长沙市）、桂阳郡（治所在今湖南彬州市）、零陵郡（治所在今湖南永州市零陵区城区）和武陵郡（治所在今湖南常德市）。《三国演义》中经常提到荆州九郡，实际上，东汉末年的荆州只有八个郡。

南郡城下，吴军攻势猛烈，吴军主帅周瑜亲临督战，由于南郡守将曹仁防守严密，吴军久攻不下。一天，周瑜驱马直至南郡城下，城上箭如雨下，周瑜躲闪不及，手臂上中了一箭，翻身落马，吴军将士急忙将他救回。箭上有毒，回到寨中，经过医生悉心调治，周瑜才脱离了生命危险。

是日夜，曹仁以为周瑜中了毒箭，必死无疑，于是率兵劫寨。曹军冲入吴寨后，发现寨中虚立旌旗，无人把守。曹仁知道中计，急忙退兵，但吴军已从四面八方杀来。周瑜在军阵中大声喝道："曹仁匹夫，今天我叫你有来无回。"曹仁大惊，拼命杀出重围，来到南郡城下时，江东大将甘宁站在城头上笑着说："曹仁，南郡城我已取了，还不速速下马投降。"曹仁肝胆皆裂，只得率残兵往南阳郡而去。

在江夏，刘备奉刘表长子刘琦为荆州刺史，派关羽、张飞和赵云①南征长沙、桂阳、零陵、武陵四郡。四郡太守原本都是刘表旧部，不得已而降曹，现在曹操战败北归，他们便先后归顺了刘备。自此，刘备声势大振。荆州八郡中，刘备独占五个，曹操据有荆州最北部的南阳郡和襄阳郡，孙权仅占有南郡一个郡。战事结束后，刘备派人去见孙权，提出以自己的江夏郡换取孙权的南郡。南郡的战略地位非常重要，刘备若能占据南郡，就打通了向西发展的道路，可以伺机西征川蜀。而对孙权来说，南郡是孤城，江夏郡靠近江东，更容易坚守。鲁肃也劝孙权说："赤壁战败后，曹操必来报仇。南郡在最前线，很难守住，可以同意刘备的建议，用我们的南郡换他的江夏。一旦曹军再次南征，刘备将成为

---

① 赵云（？—229）：字子龙，常山真定（今河北正定）人，三国时期蜀汉名将，参加过博望坡之战、长坂坡之战、江南平定战，独自指挥过入川之战、汉水之战、箕谷之战，屡立战功。

我们防御曹操的一道屏障。"孙权觉得鲁肃言之有理，就同意了。很快，双方完成交割，江夏郡归孙权，南郡归刘备。历史上并没有刘备借荆州一事，孙权和刘备之间的交易也仅限于此。

刘备占领荆州的大部分州郡后，出榜安民，招贤纳士。不久，荆州名士马良①、马谡②兄弟来投，刘备用为从事。与诸葛亮齐名的凤雏先生庞统也来投刘备，刘备任命他为副军师，和诸葛亮一起参赞军机。其实庞统本来去江东想投孙权，并且有鲁肃的引荐。但孙权见庞统相貌丑陋，言语间狂妄自大，心中不悦，就没有接纳他。庞统无奈，只得改投刘备。

建安十五年（210年）春，铜雀台建成（几年前，曹操击败袁绍后，命人在河北漳河边修筑铜雀台，以彰战功）。曹操在铜雀台大摆宴席，宴请文官武将。他登上高台，对手下诸将说："今日我想看诸位射箭，有能一箭射中箭垛红心者，赏西川锦袍一件。如射不中，罚水一杯。"说完，曹操命人将锦袍挂于校场下的一棵柳树上。

游戏开始，曹休③驱马而出，往来驰骋，张弓搭箭，一箭射去，正中红心。曹操大喜，对诸将说："这是我们曹家的千里驹啊！"曹休正要取锦袍，一将飞马而出，翻身背射，也正中红心。曹操定睛一看，原来是名将张郃。张郃大叫："这锦袍还是给我吧！"大家都笑了。忽然，徐晃纵马而出，厉声对诸将说："射中红心不足为奇，看我单取锦袍。"言罢，拉弓向搭着锦袍的柳条射去，柳条很细，徐晃一箭射断柳条，锦袍飘落下来，徐晃飞马接住，披在自己身上，诸将无不喝彩。曹操在高台上望见，也笑得合不拢嘴。

铜雀台上乐声响起，觥筹交错。司马懿坐于文官最末位，前面分别

① 马良（187—222）：字季常，襄阳宜城（今湖北宜城南）人，三国时期蜀汉官员，因眉毛中有白毛，人称"白眉马良"。

② 马谡（190—228）：字幼常，襄阳宜城人，三国时期蜀汉官员、将领，才气过人，好论军计，诸葛亮对他颇为器重。

③ 曹休（？—228）：字文烈，沛国谯人，三国时期曹魏将领，曹操族子，被称为"千里驹"。经常跟随曹操四处征伐，官至大司马，封长平侯。

坐着荀彧、荀攸、程昱、贾诩等人。

酒至半酣，曹操命众文官作诗，司马懿也写了一首，恭维曹操的功绩。曹操逐一看完，对诸人说："诸公佳作都过誉了。我本愚陋，始举孝廉，后值天下大乱，归隐老家谯县。朝廷征我为典军校剔，开始戎马生涯。自从讨伐黄巾以来，纵横天下数十年，剿灭了袁绍、袁术、吕布等地方割据势力，统一了北方。我也位居宰相，位高权重。朝廷内外多有怀疑我有不臣之心者，我很纠结。但现在南方未宁，还不是我急流勇退的时候。希望诸位与我一起努力，实现国家的统一和繁荣。"台下众人皆起立，躬身向曹操致敬。

曹操一时兴起，提笔准备作铜雀台诗，这时，夏侯惇派人从襄阳送来紧急书信，说刘备已经取得荆州的大部分领土。曹操看信后大惊，落笔于地。

七、马孟起大战曹操

铜雀台宴席散后，司马懿随曹操回到丞相府，对曹操说："丞相在生死存亡之际，也未尝惊惧，今天得知刘备占据荆州，为何如此失态？"曹操忧虑道："刘备是一条困龙，久不得志，今得荆州，犹如困龙入海，以后必将成为我的劲敌。"

曹操说完，吩咐司马懿把地图拿来，一起分析天下大势。司马懿取来地图，平铺在地上。曹操指着西北方对司马懿说："在这里还有大大小小数十个军阀，其中实力最强的当属马超和韩遂。"自汉末以来，马腾和韩遂长期割据西凉。建安十三年（208 年），曹操以朝廷的名义宣召马腾入京，拜马腾为卫尉。马腾之子马休、马铁也一起入京，官拜骑都尉。马腾原有的部队则由长子马超统领。

"丞相，我听说马超年少成名，英雄无敌，善于用兵。北方的游牧民族称其为神威天将军。"司马懿说。

"是啊，这个马超比他父亲马腾厉害多了。听说他纵横边疆，罕逢敌手。"曹操感叹道。

"丞相，天下离乱之时，当先兼弱攻昧。汉中张鲁在各镇诸侯中实力最弱，应该先取张鲁，次及马超。现在马腾在朝为官，马超必不敢妄动。"司马懿用手指着地图上的汉中对曹操说。

"有情报说，刘备要取西川，我们必须尽快行动。先拿下汉中，再攻取川蜀。"曹操死死地盯着地图说。

建安十六年（211年）秋，曹操命大将夏侯渊为先锋，率兵数万进入关中。消息传到凉州（今甘肃武威市凉州区），马超和韩遂等人大惊。汉中和西凉州毗邻，马超怀疑曹操攻汉中是假，取西凉州是真。几经考虑，他决定联合韩遂等人进兵关内，阻击曹军。他对韩遂说："我父亲和弟弟都在许都，你儿子也在许都，都被曹操扣为人质。如果你愿意舍弃儿子，我也愿意舍弃父亲和弟弟，与曹操决一雌雄。"韩遂犹豫了好几天，最后同意了马超的建议，起兵与曹操对抗。

马超和韩遂一共集结了十万大军，发兵攻打潼关。这一突发情况打乱了曹操的部署，他暴跳如雷，决定暂缓攻打汉中，先解决马超和韩遂，扫平西凉州。同时，他又下令将马腾父子三人下狱，待扫平马超之后一并处死。

潼关的守将是曹洪，这时曹操的大军还没有抵达潼关，马超领兵攻打数日，但都没有什么进展。马超的部将庞德每日领兵挑战，百般辱骂。一天，曹洪见关外的西凉军懈怠，便打开城门，率三千人马杀出城去。庞德战不多久便诈败退走，曹洪引军追赶，追了十几里，马超率伏兵杀出，庞德也掉头杀回，两下夹攻，曹洪大败。马超和庞德乘势掩杀，曹洪立脚不住，只得弃了潼关。马超夺取潼关后，将战线向前推进。

潼关失守数日后，曹操亲率二十万大军抵达关前，马超和韩遂领军出迎。两军对阵，曹操出马唤马超答话，马超纵马而出。曹操对马超说："我本欲领军去讨伐汉中张鲁，你为何领军阻拦？"马超厉声说："我早已识破你的假途灭虢之计，废话少说，我们战场上见高低吧。"曹操见马超声雄力猛，暗暗称奇，随后又说："你父亲现在许都，你起兵造反，是为不忠不孝。"马超没有答话，直取曹操。曹操勒马急退，于禁出迎，与马超对战十余回合，不敌败走。张郃接着跃马而出，与马超交战，略显下风。曹操见状，下令全军出击，西凉军骁勇无比，打得曹军节节败退，曹操也险些被马超刺杀。

曹军退数十里下寨后，曹操下令三军坚守，不许出战。诸将对曹操说："西凉军皆使长枪，我们应该用弓箭迎敌。"曹操说："战与不战，皆在于我。叛军虽有长枪，也不是想刺就能刺的。"徐晃献策说："现在我军和叛军相持于潼关，渭北①空虚，我愿率一军暗渡蒲阪津②，袭马超之后。"曹操拊掌称善，命徐晃领军渡河。于是，徐晃领五千人马，秘密渡过渭河。

在潼关，马超对韩遂说："潼关坚固，曹军攻不下来。我料曹操必渡渭水，绕开潼关，与我们在渭北决战。"韩遂说："既然如此，你率一军出关巡河，待曹军半渡时击之。"于是，马超留庞德、韩遂守关，自己巡河战曹。

夜幕刚刚降临，曹操下令渡河，士兵们纷纷下船。曹操和许褚坐在一只小船上，快到对岸时，马超突然率军杀来，万箭齐发，曹兵纷纷落水。曹操下令回撤，许褚用盾牌遮护曹操，狼狈逃回南岸。马超得胜后，收兵入关。

数日后，渡过渭河的徐晃发兵偷袭马超，曹操乘机渡过渭河。时值寒冬，滴水成冰，司马懿对曹操说："天气寒冷，丞相可令军士担土泼水，一夜之间，寨栅可成。"曹操依计而行，果然在一夜之间筑起了一座冰城。

次日，马超领军在营外挑战，大叫："听说你们军中有虎侯，可敢与我一战？"许褚大怒，向曹操请战，曹操嘱咐他说："马超英勇，不可

---

① 渭北：古代地名，指渭河以北。渭河发源于甘肃省渭源县的鸟鼠山，由陕西潼关汇入黄河，流域包括甘肃、宁夏、陕西三省区。今天的渭北主要指陕西大部。

② 蒲阪津：位于山西永济市蒲州镇与陕西大荔县朝邑镇之间的黄河上。

轻敌，你出战时一定要小心。"许褚领命，两人大战百余回合，不分胜负。许褚杀得性起，索性脱了盔甲，赤裸上身，与马超恶战。马超抖擞精神，又与许褚大战百余回合，依然不分胜负。曹操担心许褚有失，下令鸣金收兵。马超回到营中，对韩遂说："我驰骋沙场这么多年，从未遇到如此强悍的对手，真不愧为虎痴。"

马超和曹操在渭北僵持了两个多月，互有胜负。一天，曹操闷坐营中，对诸将说："马儿不死，我不得安宁。"这时，张郃入营向曹操禀告："听说马超又增兵了，有两万羌兵前来助战。"曹操眉头一挑，忽然哈哈大笑起来。诸将惊讶道："敌军增兵，丞相为何反而高兴？"曹操笑着说："西北地远民强，如果大军远征，没有一两年是平定不了的。现在他们自己送上门来了，人数虽多，但人心不一，易于离间。我略施小计，就能剿灭他们。"大家听了都半信半疑。

潼关的城头上插着两面大旗，一马一韩。一天，韩遂的部将杨秋对韩遂说："在与曹军的对峙中，我军渐渐处于下风，不如暂且停战求和，过了这个冬天再说。"韩遂也有休战之意，便将自己的意图告知马超。马超的军队激战数月，也很疲困，需要休整。在韩遂的劝说下，马超同意与曹操休战。二人商定，休战之事由韩遂去和曹操谈。于是，韩遂便派杨秋去曹操营中求和，曹操答应了韩遂的请求。杨秋走后，司马懿对曹操说："丞相真的同意停战？"曹操笑着说："我们的军队也很疲惫，你有什么良策？"司马懿进言道："依我看，马超和韩遂各怀异心，可用离间计使他们互相猜忌，一击可破。"曹操拊掌大笑道："仲达良谋，与我暗合，贾诩也跟我这样讲过。"

次日，曹操勒马潼关城下，唤韩遂答话。韩遂单骑出关，和曹操在马上叙谈。他们年轻的时候相识于洛阳，有一些共同的经历。曹操笑着问韩遂："将军今年多大年纪了？"韩遂回答说："四十五岁了，老啦。"曹操感叹道："以前在洛阳时，你我皆青春年少，现在都老了，我已经五十多岁了。岁月不饶人啊！"两人欢声笑语，聊得十分热络。

马超听说韩遂和曹操在城外叙话，跑到韩遂营中，问道："今天，你和曹操都说了些什么？"韩遂说："没说什么，只谈了一些陈芝麻烂谷子的事情。"马超却不相信，韩遂很气愤，他实力不逊于马超，年纪比马超大，却处处受马超压制。部将杨秋不平，对韩遂说："马超依仗武勇，常有欺凌主公之心，长此下去，还不如降了曹操呢。"韩遂听了沉默不语。

过了两天，曹操修书一封，派人送给韩遂。韩遂拆开阅视，只见书信中有几处涂抹，心中不悦，抱怨曹操将草稿送来。有人将此事报告马超，马超再次来到韩遂营中，索要书信。韩遂将曹操的书信递给马超，马超见书信中多有涂抹，心中怀疑，对韩遂说："你为什么将书信中的紧要处抹掉，难道是怕我看到吗？"韩遂勃然变色，厉声对马超说："原书如此，你爱信不信。我懒得跟你解释。"马超恨恨而去。

由于马超的猜忌越来越深，韩遂深感不安，他的部将杨秋等人看不下去了，纷纷劝韩遂投降曹操，韩遂犹豫良久，终于同意了部将们的提议。一天，韩遂派人去曹操营中送信，表示愿意归顺朝廷，一起攻打马超。曹操大喜，与韩遂约定日期，届时派兵接应。

马超在韩遂营中布有眼线，所以韩遂的密谋很快就泄露了，马超怒而起兵攻打韩遂，韩遂火速派人向曹操求援。曹操亲率主力攻入潼关，和韩遂一起夹击马超。马超寡不敌众，军队被打得七零八落，他和庞德、马岱①率残部逃回西凉。曹操收复潼关，加封韩遂为西凉侯，任命杨秋为西凉太守。

马超逃回西凉州，结连羌人，反攻陇上②诸郡。曹操派夏侯渊、张郃与马超交战，再次大败马超。失势后的马超逃往汉中，投靠了张鲁。

至此，曹操的势力范围扩张到了西北地区。在此期间，孙权率兵攻打淮南重镇合肥，被曹操部将张辽击退。

———————————

① 马岱：扶风茂陵（今陕西兴平）人，三国时期蜀汉将领，马超的从弟。早年追随马超大战曹操，反攻陇上，围攻成都。官至平北将军，封陈仓侯。
② 陇上：泛指今陕北、甘肃及其以西一带地方。陇上诸郡包括陇西、南安、汉阳、永阳等大郡县。汉末凉州主治八郡二属国，后分凉州河西的酒泉、张掖、敦煌、武威、张掖居延属国五郡置雍州，所以在汉末，陇上诸郡县相当于三分之二的凉州。

八、刘备取西川

汉末天下大乱，群雄割据。益州牧刘焉①盘踞在川蜀，他去世后，他的儿子刘璋继续割据四川。四川是天府之国，民殷国富，但刘璋却是个暗弱之主。曹操打败马超之后，刘璋担心曹操进兵西川，于是派别驾张松出使许都，想和朝廷通进贡之好。张松身材短小，其貌不扬，素来瞧不起刘璋，有意将西川献予曹操。出发时，他还带上了亲自绘制的西川地图，上面详细标记着西川的地理形势，极有军事价值。

张松到了许都，在驿馆中住了十多天才见到曹操。曹操在丞相府接见了张松，杨修和司马懿侍立于侧。张松见到曹操后，揖而不拜。曹操见张松相貌丑陋、傲慢无礼，心中不悦，故意刁难道："你主刘璋多年不曾上贡，是什么意思？"张松从容答道："只因路途遥远，寇贼频发，所以无法入贡。"曹操怒道："我已扫平中原，何来寇贼？"张松斜着眼睛说："汉中张鲁、江东孙权、荆州刘备，这几个人都拥兵称霸一方，丞相何曾扫平天下？"曹操见张松有意和自己抬杠，心中不喜，拂袖而去。

曹操走后，杨修和司马懿对张松说："你出使到此，怎么如此不懂礼数！"张松敛容答道："久闻曹丞相礼贤下士，今日一见，完全不是那么回事啊！"

事后，司马懿对曹操说："张松虽然言语冲撞，但我看他并无歹意，丞相不应如此慢待他，以失远人之心。"曹操怒道："张松实在可恶，若不是看在刘璋的面子上，我早就把他轰走了。"

第二天，曹操请张松参加阅兵。张松放眼望去，只见数万大军整齐地排列在校场上，军容严整，盔甲鲜明，枪刀映日。曹操对张松说：

---

① 刘焉（？—194）：字君郎，江夏郡竟陵县（今湖北天门市）人，东汉末年汉朝宗室、军阀，汉末群雄之一，西汉鲁恭王刘余之后。

"你们西川的军队有这么雄壮吗？"张松故意顶撞道："我们西川广施仁政，不用甲兵。"曹操不悦，恫吓张松说："我大军到处，战必胜攻必取。你可知道？"张松不屑地说："丞相的战绩，我也听说过，濮阳败于吕布，亦壁败于孙权，渭南败于马超，真的是天下无敌啊！"曹操闻言大怒，下令把张松斩首。程昱赶紧上前劝谏道："丞相息怒，张松是刘璋派来入贡的，不能杀。"于是，曹操命人将张松乱棒打出。可怜张松被打得鼻青脸肿，狼狈逃出许都。

其实，张松两次面见曹操，并非恶意顶撞，只是想试一试曹操的气量。而曹操也并非气量狭窄之人，只是不喜欢张松的处事方式。

张松离开许都后，不想灰头土脸地回西川，于是绕道荆州，去拜见刘备。刘备非常热情地接待了他，张松十分感动，就将西川地图献给了刘备。回到西川后，张松对刘璋说："曹操是个奸贼，狂悖无礼，不可依靠。荆州刘备温厚，我们可以把刘备结为外援。"刘璋很信任张松，就同意了。不久，刘璋派部下法正①前往荆州，与刘备结好。刘备也遣使入川，和刘璋通盟。

建安十六年（211年），为了抵御汉中张鲁的威胁，刘璋邀请刘备入川。刘备领军数万进驻西川的葭萌关②，帮助刘璋抵御张鲁。建安十七年（212年），刘璋拒不供应刘备军粮，两人闹翻。刘备发兵攻打刘璋，进展不顺，军师庞统也在落凤坡不幸阵亡。刘备急调荆州的诸葛亮、张飞等人入川，诸葛亮和张飞分兵两路杀入西川，经过一年多的激战，刘备终于兵临成都城下，刘璋陷入了绝境。

在生死存亡之际，刘璋派人向张鲁求援。汉中和西川毗邻，张鲁唯恐唇亡齿寒，便派降将马超率兵攻打葭萌关，支援刘璋。刘备得知马超前来攻打，担心地对诸葛亮说："马超智勇双全，曾经在渭南之战中大败曹操，现在他领兵来救刘璋，真是我们的劲敌了！"诸葛亮说："我们

① 法正（176—220）：字孝直，扶风郿（今陕西眉县小法仪镇）人，东汉末年刘备帐下谋士，善于奇谋，被陈寿称赞可比曹操帐下的程昱和郭嘉。

② 葭萌关：古关名，位于四川广元市昭化区昭化镇。

和张飞一起去葭萌关，最好可以招抚马超。"于是，刘备命赵云与刘璋对峙，自己紧急赶赴葭萌关。

在葭萌关下，马超领兵挑战，张飞率军出迎，二人大战数百回合，不分胜负。夜晚，二人挑灯再战，也未见强弱。刘备在城上见马超英勇，恐张飞有失，急忙鸣金收军。随后几日马超天天都来挑战，刘备均坚守不出。

与此同时，诸葛亮派人到汉中打探，得知马超和张鲁关系不睦，决定设法招降马超。刘备见马超英勇，也很喜爱。

这天，马超按剑坐于帐中，刘备的使者李恢[1]求见，尚未开口，马超便发怒道："我匣中宝剑新磨，你有话便说，如果说不通，便请试剑。"但李恢并无惧色，他镇定地说："将军马上就要大祸临头了，还敢在此狂妄叫嚣。张鲁并不信任将军，如果你此战失败，回汉中一定会遭殃的。不如降了刘皇叔，刘皇叔宽仁厚德、待人以诚，是个真正的明主。"马超缄默不语，旁边的马岱也劝道："张鲁并非成大事之人，跟着他没什么前途，我们就降了刘备吧。"马超思忖良久，拉着李恢的手说："先生高见令我茅塞顿开，请先生代为转告皇叔，马超愿意归顺。"

马超归降刘备后，刘璋最后的希望破灭，只好硬着头皮投降了刘备。成都城门开处，刘璋率蜀中大臣三十余人出降。

九、随军征汉中

汉中和川蜀互为唇齿，刘备攻取四川后，称雄汉中三十多年的张鲁对自身处境十分焦虑。但他没有想到，自己还有一个更强大的敌人。曹操自从消灭袁绍后，兴兵下江南，于赤壁之战败于孙刘联军，从此，南北抗衡之势形成。刘备向西发展，夺取四川后，曹操坐不住了，他担心

---

① 李恢（？—231）：字德昂，建宁郡俞元县（今云南玉溪市澄江县）人，三国时期蜀汉将领，曾跟随诸葛亮讨平南中四郡的叛乱，拜安汉将军，封汉兴亭侯，领建宁郡太守。作为蜀汉第二任庲降都督，战后积极调配南中物资，有效地支持了蜀汉的财政。

刘备会进攻汉中，决定抢在刘备之前攻下汉中。

建安二十年（215 年）三月，曹操亲率十万大军，进攻汉中。七月，大军抵达阳平（今陕西勉县西北），张鲁的弟弟张卫率一万余人扼守阳平关，据山筑城。双方在阳平关展开了争夺战，曹军伤亡惨重，始终无法前进半步。

阳平关久攻不下，曹操非常着急。一天，他和许褚、司马懿三人在阳平关观察地形。在关前仰视关上，地势险峻、奇峰耸峙，敌军的防御工事皆依山势而建，很难攻破。看了一会儿，曹操心里有些发憷，对许褚和司马懿说："我早知阳平关如此险峻，就不来攻打了。"一身戎装、威风凛凛的许褚说："丞相既然已经率兵来到这里，就应该一鼓作气，不可半途而废。"司马懿则鹰眼转动，献策道："我有一计可破阳平关，这个地方如此险峻，强攻难以见效，来日丞相可托词军粮不济，传令退军。张鲁军必来追击，我军于险峻处暗设伏兵，打败追兵后，趁势直取阳平关，一举可下。"曹操笑着对司马懿说："你的意见与我暗合，英雄所见略同。"言罢哈哈大笑，纵马回营。

当天夜里，曹军依令而退，夏侯渊、张郃各率两万人埋伏于左右山谷之中。

"曹军退了，曹军退了。"汉中军士将消息报告给阳平关主将杨昂。杨昂与部将杨任商议，杨任分析认为："曹军远来，粮草不济，今与我军对峙一月有余，粮尽而退，我军可乘势追击，必获全胜。"杨昂便尽起阳平关之兵追击曹军，在经过一个山坳时，曹军伏兵四起，同时曹操又率主力杀回，三面齐攻，大败张鲁军。之后曹军乘胜追击，一直追到阳平关前，乘势取之。

阳平关失守后，张鲁聚众商议，部将皆劝他联合刘备抵抗曹操。张鲁叹气道："我早就想归命国家，今日兵败，正好投降。曹操雅量，必能厚待我。"

数日后，曹军兵临南郑（今陕西汉中市南郑区），张鲁率部下出降。曹操上表奏张鲁为南郑侯、征西将军，优礼相待。

汉中既定，曹操打算班师回许都，只留夏侯渊、张郃等人驻守汉中。这时，司马懿献策说："刘备以诈取四川，蜀人尚未归附，丞相应率得胜之师攻打西川，剿灭刘备。否则，假以时日，诸葛亮明于治国而为相，关羽、张飞、赵云等勇冠三军而为将，蜀国百姓安定下来，丞相再想攻伐西川就不容易了。"曹操对司马懿的话不以为然，他在军帐中走了一圈，对司马懿说："人苦不知足，得陇望蜀，大战之后军士疲劳，待休整一段时间之后再说吧。"司马懿闻言暗自嗟叹。

按说曹操是有实力拿下益州占领蜀地的，但他最终选择了退兵，除了士卒疲惫之外，还一个重要原因是后方不稳。正如法正对刘备分析所言："曹操没有损失一兵一马拿下汉中，却不趁机攻打益州，只是留下夏侯渊、张郃等人留守汉中，这并不是他没有兵力再取益州，绝对是其内部出现了大问题，他不得不回去。"

事实正是如此，自曹操挟天子令诸侯后，他外出征战一般不会超过两年。就在他出征汉中之前便发生了伏完和伏皇后事件，这也说明忠于汉室的人还不少，这些人潜伏在朝中，时刻准备反抗曹操，现在他离开许都已经八个月了，担心朝局有变。

另一方面，孙权也对曹操存在威胁。就在曹操平定汉中的关键时刻，孙权和刘备对荆州重新进行了分割，为了让孙权进攻曹操东线要地合肥，刘备作出了很大让步。尽管孙权的进攻被击退了，但如果曹操攻打西川，说不定孙权会乘虚而入，这样一来，曹操将面临两线作战，疲于应对。加上西川易守难攻，很容易陷入旷日持久的拉锯战，所以，曹操决定暂时罢兵，静观其变。

不过，从后来的事态发展来看，曹操的决策也许真的错了。

曹操回到许都后，群臣表奏献帝，请求加封曹操为魏王：

"陛下，黄巾起义之后，董卓造乱，天下分崩。赖曹丞相英明神武，先后剿灭袁绍、袁术、吕布、刘表等地方割据势力，削平天下，使得汉朝复存。现在，曹丞相威德加于四海，总括九州，古今罕有。理当进爵为魏王，请陛下定夺。"

坐在龙椅上的献帝如坐针毡，他知道这一天终会到来，曹操称王之后还会称帝，把他拉下马来。但不管曹操提出什么要求，他也只能同意。

十、淮南鏖兵

就在刘备向西川进军的同时，孙权也开始挥师北伐。

多年来，孙权一直觊觎淮南之地，希望能够将淮南收入囊中。若能打下淮南，就可以开辟北伐中原的基地，从而有机会一统天下。

建安二十年（215 年）八月，孙权乘曹操远征张鲁之机，率 10 万大军亲征淮南。这次出征，孙权带了大批能征惯战的将领，大将吕蒙、甘宁为先锋，周泰、凌统、徐盛①、董袭②、陈武等随征，老将程普、韩当、黄盖、丁奉③则在各处镇守，没有随行。军马渡江，孙权想直接攻打合肥，吕蒙献策说："今庐江太守朱光屯兵皖城（今安徽安庆市潜山），拱卫合肥，形成掎角之势。我军应以迅雷不及掩耳之势先攻下皖城，然后再取合肥。"孙权采纳了吕蒙的建议，发兵攻打皖城。

皖城的城墙不太高，吴军呐喊着杀到城下，城上箭如飞蝗，太守朱光亲自登城督战。江东大将甘宁身先士卒，第一个登上皖城城头，吴军蜂拥而上，皖城被攻陷。皖城囤积着曹军的大批军粮，皖城失守后，合肥岌岌可危。

镇守合肥的曹军主将是张辽，副将是李典和乐进。吴军攻下皖城后，李典和乐进都主张据守，张辽则认为应当主动出击，在逍遥津伏击吴军。

---

① 徐盛：字文向，琅琊莒县（今山东莒县）人，三国时期东吴名将，"江表之虎臣"之一，历任建武将军、安东将军、庐江太守。

② 董袭（？—217）：字元代，会稽余姚（今浙江余姚）人，三国时期孙吴名将，"江表之虎臣"之一。

③ 丁奉（？—271）：字承渊，庐江郡安丰县（今安徽霍邱县）人，三国时期孙吴名将，一生征战，历仕孙吴四位君主，见证了三国的盛衰兴亡。

通往合肥的路上烟尘滚滚，孙权一马当先，吕蒙、甘宁、凌统等人分列左右。曹军大将乐进领军迎战，甘宁与他战二十回合，乐进败走。吴军一直追到逍遥津北，曹军大将李典正埋伏在那里，他看见孙权也杀了过来，下令拆毁小师桥，截断吴军退路。此时渡河的吴军并不多，只有数千人。曹军大将张辽率两千骑兵从吴军侧翼包抄过来，乐进也转身杀回，曹军参战兵力共有七千人，吴军处于劣势，渐渐支撑不住。众将保着孙权，死命杀过桥南，董袭和徐盛驾舟相迎。而没有逃过河的吴军兵将大多战死，其余皆被俘。

逍遥津一战，张辽大败孙权，威名远播。传闻，江东孩童闻张辽大名，都不敢夜啼。

逍遥津战败后，孙权恼羞成怒，决定调集十万大军围攻合肥。张辽派人驰报，曹操接报后，问计于司马懿。司马懿进言说："合肥是淮南重镇，一旦失守，中原震动。丞相应该率大军亲征，确保淮南无事。"曹操也恐合肥有失，传令起兵20万南征孙权。

十天后，曹军主力到达合肥城外下寨。孙权召集诸将商议，甘宁献策说："曹军远来疲困，我愿领一百名骑兵前去劫寨，挫其锐气。"孙权惊诧地说："你领一百人去劫寨，不是羊入虎口吗？"甘宁笑道："如果失败，甘受军法。"当天晚上，甘宁领一百骑兵闯入曹操寨中，左冲右突，曹兵不知虚实，到处乱窜。杀至天明，甘宁率百骑从寨南杀出，手下一百人未折损一人。孙权夸赞甘宁说："曹操有张辽，我有甘宁将军，足以匹敌了。"

曹操主力大军抵达合肥后，孙权被迫退守濡须（今安徽无为县）水口，与曹军对峙。期间，曹军多次发起猛攻，双方互有胜负。交战中，江东名将董袭、陈武战死，孙权哀伤不已。

双方又僵持了一段时间，孙权致书曹操请求休战。曹操见吴军战斗力强悍，也不想再打消耗战，于是传令退军，由曹仁、张辽守合肥。孙权则留周泰、徐盛守濡须，领军返回江东。

十一、汉中得而复失

正如司马懿所料，曹操没有及时剿火刘备，无异于养虎为患。刘备夺得西川后，完成了先取荆州和益州的战略决策，下一步便是攻取汉中这块重要的地方。

建安二十三年（216年），蜀将张飞和魏将张郃大战于瓦口关（今四川阆中城东北处双山垭），张郃不敌，瓦口关失守。蜀将黄忠计夺天荡山①，汉中的门户洞开。

同年七月，刘备亲率十万大军出西川，来夺汉中。消息传到许都后，朝野震惊。司马懿上奏说："汉中若失，中原震动。大王休辞劳苦，必须亲自征讨。"曹操后悔道："汉中初定时，我要是听你的话，乘势攻打西川，就不会有今天的事了。"随即传令起兵二十万亲征。

刘备提军东征，命老将黄忠攻打定军山②。定军山的守将是夏侯渊，黄忠每日前去挑战，但夏侯渊坚守不出。定军山西面有一座高山，山上只有数百名魏军士兵把守。一天，黄忠率大队人马攻下了这座山。黄忠的副将法正献策说："曹操的主力大军已经抵达汉中，来日夏侯渊必然来攻山，到时老将军率人隐藏于半山腰，我居山顶。待曹军倦怠时，我在山顶举白旗为号，老将军率军冲下山去，以逸待劳，居高临下，必能击败夏侯渊。"

次日，夏侯渊果然亲自率兵来攻山，叫骂了一上午，不见蜀军有任何动静。午后，魏军兵士都累了，或卧或坐。法正在山顶上看得一清二楚，命军士招展白旗，黄忠在山腰看到信号，立即披挂上马，率部杀下山来。一时间，鼓角齐鸣，如山崩地裂之势。夏侯渊见蜀军杀下山来，

---

① 天荡山：位于汉中盆地西端，在陕西汉中市勉县城北，与定军山遥遥相对，地势险要，与定军山、古阳平关成掎角之势，为汉中盆地西部门户，西控川陕要径，北扼陈仓古道南口，是古代控制秦、蜀间通途和陈仓道南口而确保汉中盆地安全的重要军事屏障。

② 定军山：位于陕西汉中市勉县城南5公里，是三国时期的古战场，有"得定军山则得汉中，得汉中则定天下"之说。

立即整军迎敌。混战中，黄忠遇到夏侯渊，手起刀落，将夏侯渊斩于马下。魏军见主将战死，纷纷逃窜。黄忠乘势攻取了定军山。

曹操抵达汉中后，听说夏侯渊战死，怒不可遏，命人往北山搬运粮草，准备与刘备决战。探马报到蜀营，诸葛亮对刘备说："曹军往北山搬运粮草，是为了应付军需。可派黄忠袭击北山，烧其粮草，迟滞曹军的进攻。"刘备马上命人传令于黄忠。

黄忠自斩了夏侯渊，信心百倍。这天夜里，黄忠在夜色的掩护下突袭北山，想要烧毁曹军的粮草。曹军已有准备，张郃、徐晃率军将黄忠包围。关键时刻，蜀将赵云领兵杀来，救下了黄忠。张郃和徐晃穷追不舍，一直追到赵云的营寨外。赵云的营寨前临汉水，后靠大山，地势险要。魏军杀至营前，蜀营万箭齐发，鼓角齐鸣。当时天色昏暗，张郃和徐晃不知蜀军虚实，连忙下令退兵。赵云和黄忠乘势掩杀，反败为胜。

面对前线接连失利，曹操大怒，亲率大军逼近汉水，赵云孤军难立，只得退到汉水以西。两军隔着汉水对峙，诸葛亮决定用疑兵计迷惑曹军。每天深夜，曹军将士正酣睡时，蜀军便在对岸的山谷里击鼓鸣锣，一连数日，令曹军寝食难安。曹操心生怯意，下令退兵三十里。这时，刘备和诸葛亮率领蜀军主力渡过汉水，背水结营。曹操心中疑惑，率军和刘备决战，但曹军刚发起进攻，蜀军就主动撤退了。曹操不敢追击，还没等他缓过神来，蜀军又杀了一个回马枪，双方正激战时，马超和魏延领军从曹军侧翼杀来，曹军大败，退至斜谷（位于陕西秦岭眉县段）界口，锐气尽失。

曹操和刘备在斜谷口相持了一个多月，曹操次子曹彰领兵五万前来助战。曹彰英勇无比，刚刚平定了北方的叛乱，听说父亲在汉中败阵，便领兵前来助战。见到曹彰，曹操十分高兴，下令进兵，两军再次大战，但鏖战数日仍不能取胜。

一天，曹操闷坐营中，夏侯惇前来请示晚间口令，曹操随口说："鸡肋。"主簿杨修知道后，对夏侯惇说："丞相准备撤兵了，今天晚上可以提前收拾行装。"夏侯惇不解，杨修解释说："丞相以鸡肋为今夜口令，鸡肋者，食之无肉，弃之可惜。今与刘备相持日久，不能取胜，再打下去已经没有意义了。明日，丞相一定会传令退军的。"夏侯惇听了，连声赞叹杨修才思敏捷。

司马懿与杨修素来不和，听说此事后，他立即去见曹操，将杨修说的话密报曹操。曹操听后大怒，亲自巡视各营，果然看见各营将士正在收拾行装，准备回家。盛怒之下，曹操唤来杨修，严加责问，杨修直言鸡肋之意，曹操骂道："两军相持，你竟敢如此乱我军心，不杀你，不足以明军法。"由于杨修平日喜欢卖弄聪明，到了生死关头，没有一个人为他求情。司马懿冷眼旁观，暗自嗤笑。

杨修死后，曹操又和刘备打了几仗，蜀军士气旺盛，曹军毫无胜算。终于，曹操下令退兵，在撤退途中，他还差点被蜀将魏延一箭射死，狼狈至极。

汉中大捷后，刘备兼有东西两川和荆州，实力强大。诸将皆劝刘备称帝，以名正言顺地讨伐曹操。刘备不肯，诸葛亮想出了一个折中的办法，建议刘备进位汉中王。建安二十四年（219 年），刘备在汉中自立为王，加封关羽为前将军、张飞为后将军、马超为左将军、黄忠为右将军，魏延为汉中太守。诸葛亮为百官之首，总理军国大事。

自立为王后，刘备上表一道，派人送到许都。曹操看后怒骂道："刘备一个织席贩履的小儿，也敢自立为王，我早晚要灭了他。"司马懿冷静地对曹操说："现在刘备和孙权的势力都很强，三国鼎足之势已成，灭掉其中任何一国都很艰难。丞相应该派人和孙权搞好关系，将刘备孤立起来，待时机有利时再出兵征讨。"曹操点头称是。

十二、关羽失荆州

时隔多年，曹操派满宠为使，出使江东。满宠来到江东，对孙权说："刘备一直以来都有争夺天下的大志，占据东西两川后，如虎添翼，必将成为魏吴两家的祸患。丞相让我致意吴侯，请吴侯起兵取荆州，丞相则兴兵取汉中，使刘备首尾不能相顾。事成之后，吴侯可得荆州，丞相得汉中。"

满宠走后，孙权与大臣们商议，张昭说．"刘备和曹操都是当世枭雄，哪个都不好惹，我们还是先静观其变吧！"诸葛瑾说："三国之中，曹操最强。我们在外交上依然应该恪守联刘抗曹的原则。刘备入川后，荆州一直由关羽镇守。听说关羽有一个小女儿尚未婚嫁，我愿去荆州跑一趟，为主公的儿子提亲。如果关羽愿意结亲，我们就联刘抗曹。如果关羽不愿意，我们就伺机夺取荆州，与曹操遥相呼应。"孙权点头表示同意。

诸葛瑾过江来到荆州，拜见关羽。寒暄一番后，诸葛瑾开口向关羽提亲，关羽闻言勃然变色，大怒道："我虎女怎肯嫁孙权犬子！"诸葛瑾听了大吃一惊，没有再说什么，扭头就回江东。从此，荆州和江东交恶，孙权对关羽恨之入骨。

而刘备在汉中击败曹操大军后，建安二十四年（219年）六月又派孟达、刘封攻占汉中郡东部的房陵（今湖北房县）、上庸（今湖北竹山县西南）等地，势力有所扩展。这天，刘备坐在成都的大堂上，诸葛亮上奏说："大王现在实力雄厚，可先命关羽率荆州之兵北伐，然后，大王统兵出汉中，与曹操逐鹿中原。"刘备不无担忧地说："孙权虎视荆州久矣，如果派关羽北伐，恐怕孙权会乘虚而入。"诸葛亮笑着说："今非昔比，只要关将军在前线连战连捷，估计孙权不敢有异动。"于是刘备传令荆州，命关羽起兵北伐。

关羽接令后大喜过望，这几年来，刘备和张飞征战不休，相继攻下了蜀中和汉中，而他坐守荆州，已经几年没打仗了，心里正痒痒呢。七月，关羽召集荆州诸将，命糜芳、傅士仁为先锋，整军备战。

一天，荆州军营失火，大火烧毁了很多粮草和辎重。关羽大怒，召来糜芳和傅士仁，责骂道："我令你二人为先锋，大军尚未出征，自家军营里先着了火，要你二人何用？来人，拉出去斩了！"糜芳和傅士仁跪地求饶，众将也在一旁苦劝，关羽这才饶了他们，并让他们镇守南郡，改任廖化①、关平为先锋，北伐襄阳。这事让糜芳和傅士仁对关羽心生怨恨。

廖化和关平率荆州军直奔襄阳城下，襄阳守将曹仁打开城门迎战。双方战了多时，廖化和关平不敌，率军回撤。曹仁紧追不舍。次日，两军再战，荆州军诈败，退兵数十里。曹仁乘胜追击，战了两日，都没有见关羽，曹仁心中疑惑，急忙率军返回襄阳，结果发现襄阳城头上已经飘起了关羽的旗号。原来，关羽派廖化、关平引诱曹仁出城作战，待曹仁远去时，乘机攻下了防守空虚的襄阳。曹仁失了襄阳后只得退守樊城，派人驰报曹操，请求支援。

襄阳失守，樊城危急。曹操召集群臣商议，司马懿出班奏道："关羽出兵北伐，荆州必然空虚。丞相可派人致书孙权，请孙权袭取荆州，樊城之围可解。"曹操说："尽管如此，援军还是要派，于禁将军，你领兵去救援樊城吧！"随后，曹操命庞德为先锋，和于禁一起领兵。

曹操使者来到江东，孙权便欲起兵攻取荆州。大都督吕蒙献策说："关羽虽然远征在外，但在荆州仍留有重兵把守。我有一计可使关羽放松警惕。从今天开始，我诈病在家，关羽听说后，一定会调荆州驻军北伐樊城，到时我们再出兵过江，荆州一举可定。"孙权认为此计可行，于是让吕蒙在家养病，委任陆逊为大都督，接替吕蒙。这一消息传到北伐前线，关羽高兴地说："江东诸将中，只有吕蒙最有才能。现在吕蒙

---

① 廖化（？—264）：字元俭，荆州襄阳郡中卢县（今湖北襄阳市）人，三国时期蜀汉将领，以果敢刚直著称，官至右车骑将军，假节，领并州刺史，封中乡侯。

病了，我就没有后顾之忧了。"随即下令将荆州一半以上的守军调到樊城前线。

关羽攻占襄阳的捷报传到成都后，诸葛亮对刘备说："如果关将军能够攻下樊城，我们就出兵汉中，挥师关中，完成统一大业。"由于多年来孙刘两家虽然矛盾不断，但一直是联盟关系，所以刘备和诸葛亮都没有采取相应措施去防备孙权。

不久，于禁和庞德率援军赶到樊城以北，安营下寨。次日，庞德领兵出阵，对阵门旗下。庞德厉声对关羽说："我奉魏王之命，特来取你首级，早点下马受降，饶你一命。"关羽大怒，直取庞德。双方大战百余回合，不分胜负。关平担心父亲年老，体力不支，忙下令鸣金收军。回到营中，关羽对诸将说："庞德确实是一个劲敌。"庞德回营也对诸将说："久闻关羽英雄，今日与其交手，果然名不虚传。"于禁告诫庞德说："关羽虽然已经五十多岁了，但勇武不减当年，你一定要小心。"

两天后，庞德与关羽又在阵前交锋，战五十余回合，庞德诈败而走，关羽尾随其后。战马奔驰间，庞德突然张弓搭箭，回身一箭射来。关羽躲闪不及，正中左臂，忙拨马回转，庞德追赶，幸好关羽的马跑得快，庞德追不上。回到营中，医生为关羽治伤。关羽恼怒地对诸将说："庞德匹夫，我誓报此一箭之仇。"关平劝道："父亲是三军主将，为何一定要和庞德争个高下，如果有个闪失，岂不误了大事。"

庞德射伤关羽后，每天领兵挑战，关羽均坚守不出。时值秋天，阴雨连绵。一天，关羽亲自察看地势，望见魏军屯扎于樊城之北的山谷中，大喜道："现在秋水泛涨，我军可派出一队人马去上游筑坝截水，然后在高峰期放水，魏军的营寨一定会被大水淹掉的。"诸将领命，分头去做准备。

不久后的一个雨夜，关羽下令放水，顷刻间凶猛的洪水倾泻而下，大水漫过魏军营寨，正在睡梦中的许多魏军将士稀里糊涂就被洪水冲走了。于禁和庞德的营寨扎在小山头上，没有被洪水淹没。至天明，洪水渐渐退去，关羽率水军乘战船杀至。于禁站在一个小山头上，四顾无路，只得投降。关羽命人将于禁押往荆州大牢。庞德则率领残部死战，但终因寡不敌众被擒获。

军士将庞德押到关羽帐内，庞德怒目相向，立而不跪。关羽劝庞德说："我敬你是个英雄，如果你愿意投降，可以免死。我还可以向汉中王保荐你。"庞德厉声对关羽说："我受魏王厚恩，岂有归降刘备之理。要杀便杀，别废话。"关羽大怒，喝令将庞德斩首，庞德面无惧色，慨然就义。

这一战，于禁被擒，庞德被斩。消息传到许都，曹操忙召集大臣商议，他说："许都离樊城太近，如果关羽破了樊城，许都难保。我想迁都到河北去，你们以为如何？"司马懿出班奏道："区区关羽，只有数万人马，不足为惧。魏王可再派援军前去，定能大破关羽。若贸然迁都，中原震动。"曹操问他："你可有良策？"司马懿说："大王可再修书一封，催孙权早日袭取荆州。荆州有失，关羽自然会退兵，樊城之围可解。"曹操依计而行，立即修书一封，派快马送往江东。

这次于禁投降让曹操很没面子，他对众人感叹说："于禁跟着我南征北战数十年，其气节竟然不如庞德。庞德虽然归顺时间不长，但果然忠勇。"

几乎同一时间，刘备也得到了关羽的捷报，他高兴地对诸葛亮说："如果云长能够兵临许都城下，我就率军出关，直取长安。"诸葛亮说："果真如此，大汉中兴有望。"

秋季多雨，关羽乘机引水灌城，连日来，樊城周围水深数尺，城墙在洪水的浸泡中有坍塌之势。樊城守军人心动摇，众将着急地对曹仁说："现在洪水泛滥，形势危急，就算关羽的军队不来攻城，我们也撑不住了，不如乘船撤军。虽然失了樊城，但还可以保存我军实力。"曹仁一时犹豫不决，满宠谏阻说："山水骤至，岂能长久，过几天就会退去。将军一旦弃守樊城，必然危及许都。事关全局，我军必须死守樊城。"曹仁听了决定继续坚守，他亲自上城巡视，召集众将发誓说："我奉魏王之命，坚守此城，誓与此城共存亡，如有再言弃城者皆斩。"魏军见主将如此，只得拼死坚守。

这个时候，东吴也加紧了谋取荆州的行动。在江东陆口营中，陆逊对吕蒙说："荆州虽然兵力薄弱，但关羽出征前命人沿江筑起烽火台数十座，每座烽火台上都有几十个士兵把守，我军一旦过江，荆州军必然举火。两天之内，关羽必然率军回救。"吕蒙沉吟片刻，对陆逊说："破烽火台并不难，我早就想好了。我军可先派出小股部队，扮成客商渡江，出其不意地拿下烽火台上的荆州军。只要我们能迅速占领荆州，就算关羽回来，也是死路一条。"

吕蒙与陆逊计议停当。一个月黑风高的夜晚，江面上大雾弥漫，吴军兵士皆穿白衣，乘坐数十条快船来到对岸，当烽火台上的荆州军士盘问时，谎称是客商，因为江中阻风，想暂借烽火台一避，并答应将船上的财物分给守台军士。荆州军士贪财，便同意了他们的要求。吴军兵士上了烽火台后，突然发难，将守台军士全部拿下。沿江数十座烽火台就这样被吴军攻占了，台上的军士根本来不及举火。

天亮后，吴军主力顺利过江，兵临南郡城下，傅士仁和糜芳准备不足，无力抗敌。他们与关羽素来不和，情急之下，竟然主动打开城门，向吴军投降。入城后，吕蒙下令："如有妄取城中百姓一物者斩首。"此外，凡随关羽出征樊城的将士家眷，吕蒙也一律给予优待。他这样做是为了瓦解关羽军心。

此时，身在樊城前线的关羽还不知道荆州已经失守。在樊城前线，曹操派徐晃支援曹仁。徐晃一马当先，率军杀入关羽营中；憋了几个月的曹仁也按捺不住了，亲自领兵杀出城来，和徐晃一起夹击荆州军。荆州军抵挡不住，只得后退三十里下寨。关羽吃了败仗，心中郁闷，和马良在营中下棋消遣，忽有荆州败兵来报："关将军，荆州已经被东吴吕蒙攻取，南郡和公安全部落入敌手。"关羽大惊，推开棋盘，喝问道："沿江上下有烽火台数十个，为何不举火？"士兵回答说："吕蒙让军士扮作客商，深夜靠近烽火台，一举拿下了守台军士，所以未能举火。"关羽怒骂道："吕蒙贼子，竟敢在背后偷袭我。"他当即下令回师，想趁吕蒙立足未稳夺回荆州。

在关羽回师途中，将士们军心涣散——吕蒙占领荆州后，唆使荆州将士的家属给军中的亲人写信，说家里一切安好，吕蒙极其厚待。因此，荆州军皆无战心。这时，徐晃又率魏军从背后掩杀，荆州军士纷纷逃散。兵败如山倒，关羽前有吴军，后有魏军，陷入了绝境。

在北线，曹操传令徐晃停止追击关羽。随后，在荆州以北，吕蒙与关羽展开了决战，吴军兵士个个奋勇，关羽的军队士气低落，不堪一击，不久就被吴军打败了。关羽退守麦城（今湖北当阳市两河镇境内），吴军分兵将麦城围住。半夜时分，关羽率残部杀出麦城，狼狈逃窜，奔到临沮（今湖北宜昌市远安县）时被吴军追上，关羽不幸被抓。孙权得知后，下令就地斩首，一代名将关羽就这样兵败身死。

关羽败退麦城时，蜀将刘封、孟达驻守上庸。上庸离麦城不远，刘封想去救援，孟达却不同意，他说："我听人说，汉中王称王后，想立将军为世子，关羽极力反对，因此作罢。难道你今天还想去救关羽吗？"刘封是刘备的义子，听了孟达的谗言，很是生气，就没有去解救关羽。

孙权杀了关羽后，派人将关羽的首级送给曹操，曹操见到关羽的人头，想起以前的往事，感伤不已。司马懿上奏说："魏王，孙权将关羽的首级献给大王，是想嫁祸给大王。刘备和关羽情同兄弟，刘备若知关羽遇害，一定会竭力报仇的。"曹操自然也明白这一点，于是下令将关羽的首级厚葬。

这场战争最大的受益者是孙权，他得到了昔日由刘备占领的荆州，实力大大增强。而魏军在樊城虽然杀得天昏地暗，但也只是击退了关羽的进攻，并没有夺得一寸土地。

战后，曹操认为荆州一带靠近边境，难以安定，准备把百姓和屯田的人迁往内地。司马懿却认为不能这样做，他说："荆楚一带一直兵荒马乱，人心惶惶，关羽刚刚败亡，原先为恶的人正藏窜观望，如果把安分守己的百姓迁走，会让他们失望，先前逃避战乱的人也不敢回来了。"曹操采纳了他的建议，不久，外逃的百姓陆续返回，荆州一带逐渐安定下来。

第三章　新朝功臣

在曹操掌权时期，司马懿没有太多的作为，但他和曹丕关系很好，是曹丕的亲信，还帮助曹丕在世子之争中取胜。曹丕继任魏王后，司马懿联合其他大臣，逼迫汉献帝禅位给曹丕。这期间，刘备为了替关羽报仇，不顾众臣反对，东征孙吴，却在夷陵之战中一败涂地，不久病逝于白帝城。曹丕想乘机伐蜀，司马懿献上五路伐蜀之策，但被诸葛亮巧妙破解，还与东吴结成联盟，稳定了蜀汉朝政。曹丕恼羞成怒，决定亲自率兵伐吴，并将出征后的军国大事全部委托给司马懿，将其比作萧何，由此可见曹丕对司马懿的信任和倚重。

一、曹丕一党

曹操把献帝迎到许都后，在二十多年的南征北战中，先后以武力消灭了陶谦、吕布、张绣、袁术、袁绍、刘表、马腾、张鲁等割据集团，而他的地位也一天天提升，从司空、丞相到魏公、魏王。到建安末期，他登上魏王宝座已经好几年了，但还没有立世子，而他的岁数也不小了，平时常患头风，行将就木，所以确立世子人选成了当务之急。

曹操一共有二十五个儿子，长子曹昂为丁夫人所生，十七岁时战死沙场。卞夫人生了四个儿子，即曹丕、曹彰、曹植、曹熊。除四子曹熊体弱多病外，其余三个都很优秀。次子曹彰勇冠三军，是一位不可多得的将才；三子曹植是文学天才，诗文冠绝天下，但性格轻浮，嗜酒疏狂。唯有长子曹丕文武全才，而且颇有城府，是继承曹操大业的最佳人选。不过，曹操本人偏爱曹植，一度想立曹植为世子，但又犹豫不决。

世子大位虚席以待，曹植和曹丕二人都跃跃欲试。暗中支持曹植的有大学士杨修、丁仪①等人；支持曹丕的有司马懿、陈群②、吴质③、朱铄④，历史上将他们并称为"太子四友"。其实，骁勇善战的曹彰也有继承王位的野心，只是朝中没有官员支持他，曹操也从来没有考虑过他。

曹操对曹丕、曹植的考察是多方面的，据史书记载：每逢曹操出征，几个儿子前来送行，曹植出口成章，对曹操极尽歌功颂德之能事；而曹丕则痛哭流涕，嘘寒问暖。时间长了，曹操认为曹植华而不实，曹丕为人仁孝。其实，这是司马懿教曹丕的，目的就是要博取曹操的好感。

有一次，曹丕暗中邀请吴质到自己府中议事，为避人耳目，他让吴质暗藏于运送绢帛的车中。有人提前将此事报于曹植，曹植就给曹操打了小报告。第二天，曹操派人在曹丕府前盘查，曹丕十分惊慌，问吴质应该怎么应对，吴质说："这个简单，你命人再拉几车绢帛入府就是。"于是，曹丕又命人拉了几车绢帛入府，进入府门时，曹操派来的人上前盘查，发现车上只有绢帛，没有人。曹操闻报大怒，认为曹植想要陷害曹丕。

为了考察儿子们的才学，曹操经常自己出题，让曹丕和曹植解答。在这方面，每次都是曹植占有优势。后来，曹丕听取陈群的意见，暗中收买了曹植府中的人，才知道这些试题都是杨修提前泄露给曹植的。杨修是曹操的近臣，善于揣摩曹操的心思，所以能够预先知道曹操出的题

---

① 丁仪（？—220）：字正礼，沛国谯县人，汉魏之际文学家，被曹操聘任为西曹掾。

② 陈群（？—237）：字长文，颍川郡许昌县（今河南许昌东）人，三国时期曹魏重臣，魏晋南北朝选官制度九品中正制和《魏律》的主要创始人。

③ 吴质（177—230）：字季重，兖州济阴（今山东菏泽市定陶区）人，三国时期著名文学家、曹魏大臣，官至振威将军，假节都督河北诸军事，封列侯。

④ 朱铄（？—约226）：字彦才，沛国谯县人，三国时期曹魏将领，建安后期成为曹丕僚属，是曹丕的重要谋士之一。

目。曹丕将此事密报于曹操，曹操震怒，严厉斥责了杨修，同时对曹植又添了几分恶感。

几个回合下来，曹植连连落败，心中极为不满。一天，曹植酒醉，驾车冲撞司马门，耍起了酒疯。司马门的将士们拦挡不住，急忙报告曹操。司马门是皇帝才可以走的御道，曹操权倾天下，都没有如此放肆过，曹植居然如此癫狂，令曹操非常失望。司马门事件后，曹操对左右说："司马门一事，使我异目视此儿也。"从此对曹植更加疏远。

建安二十二年（217年），曹操日益老迈，知道继承人的事情不能再拖下去了，于是问贾诩道：

"文和，你觉得我应该立谁为世子呢？是子建（曹丕），还是子桓（曹植）？"

贾诩沉默不答。曹操追问道："文和，你怎么不回答我的问题？你不要有顾虑，尽管说出你的心里话。"

贾诩沉思片刻，缓缓地对曹操说："我刚才正在想袁本初（袁绍）父子和刘景升（刘表）父子的事。"

曹操闻言顿悟，对贾诩说："你可真是一只老狐狸。"

贾诩的回答一下就解除了曹操的顾虑。袁绍和刘表当年就是因为废长立幼才导致兄弟阋于墙，最终失败的。

数日后，曹操大会文武，正式立曹丕为世子，同时封曹植为临淄侯、曹彰为鄢陵侯。

建安二十五年（220年）正月，一代枭雄曹操走到了生命的尽头。临终前，他召见曹丕嘱咐后事。他对曹丕说："我纵横天下三十余年，打下了这片江山，你一定要好好珍惜。司马懿是个天下奇才，有鹰视狼顾之相，你可以重用他，但不可授予他兵权。陈群有治国理政的才能，可以重用。曹休、曹真①有杰出的军事才能，可让他们出镇边关。你的

---

① 曹真（？—231）：字子丹，沛国谯县人，三国时期曹魏名将，曹操养子，曹魏军队的最高统帅之一。曹丕病重时接受遗诏，成为辅政大臣之一。曹叡即位后拜大将军，进封邵陵侯。率军抵御蜀汉诸葛亮的进攻，迁大司马。

几个兄弟，一定要善待，不要同室操戈。"说完，曹操瞑目而逝，享年六十六岁。曹丕悲喜交加，在邺城登上了王位。

曹彰得知曹操去世，领兵数万赴邺城奔丧。曹丕急忙命司马懿前去安抚。司马懿纵马出城，恰好遇见曹彰，曹彰盔甲鲜明，厉声问道："先王玺绶在哪里?"司马懿在马上欠身说："家有长子，国有储君，魏王的玺绶不是你应该问的。你大哥曹丕已经继位，你到底是来争位的，还是来奔丧的?"曹彰一时语塞，随后独自一人入城奔丧。见到曹丕后，他急忙下拜，兄弟二人抱头痛哭。

和曹彰不同，曹植听说父亲去世后，终日饮酒，也不赴邺城奔丧。曹丕十分愤怒，命许褚将曹植绑赴邺城，想杀了他。经陈群和司马懿力劝，并且卞夫人亲自出面求情，曹丕方才作罢。但为了杜绝后患，他下令将曹植的党羽丁仪等人全部处死。

二、逼献帝禅位

曹丕继承魏王爵位后，改建安二十五年（220 年）为延康元年。此时三国格局已经基本形成，群臣都忠于曹氏，初登高位手掌大权的曹丕，心中不免有些激动和志得意满，认为代汉自立的时机已经成熟，于是和心腹谋划此事。

这天，邺城的魏王宫里一派喜气，曹丕一身正袍，威风凛凛地对陈群和司马懿说："二位爱卿，我想代汉自立，但现在朝廷里还有一些人心向汉室，从中作梗。二位是我的心腹，有何良策?"

"自古得人心者得天下，我有一策，可使天下士族归心。"陈群胸有成竹地说。

"爱卿有何良策，快快道来。"曹丕有点迫不及待地说。

"先王在位时，没有规范的官吏选拔制度，奉行唯才是举。大王可创立九品中正制，在各郡设中正官，由中正官来推举选拔人才，择优录取，选拔时可以从家世、德行、才学三方面进行考查。"陈群娓娓道来。

曹丕又问："那中正官由什么人来担任？"

"由各地德高望重的人担任。"陈群说。

"那庶民岂不是永世不得为官了？"司马懿插嘴道。

"自古以来就是士人做官、庶民种地，有什么错吗？现在最重要的是，大王必须赢得天下士族的支持，才能顺利称帝。"陈群振振有词地说。

曹丕在王宫大殿内踱来踱去，良久才问道："先王在世时，迟迟不肯代汉自立，主要是怕世人议论篡逆之名，这个应该如何化解？"

陈群没有说话，司马懿进言说："古有禅让之礼，昔日尧禅让于舜，舜禅让于禹。大王可仿效尧舜故事，命人在洛阳建一座受禅台，请天子登台，将皇位禅让于大王。如此可绝天下之流言蜚语。"

"仲达之言，实为上策。"曹丕有茅塞顿开之感，拍着司马懿的肩膀兴奋地说道，"九品中正制即日实行，由长文负责。劝天子禅让一事就交给仲达你了。"

次日，献帝大会群臣，司马懿出班上奏道："陛下，汉室陵迟已久，赖先魏王神武，征讨四方，扫灭群雄，使得汉家江山苟延残喘至今。陛下应感念魏王之德，将江山禅让于魏王，以副众望。"

司马懿刚刚说完，群臣皆附和道："仲达之言极是，臣等附议。"

面对群臣的逼宫，献帝处之泰然，他早就不想当这个有名无实的皇帝了，现在终于可以解脱了。

"司马懿听旨，朕命你草拟禅位诏书，将帝位让于魏王曹丕。你去办吧！"说这些话时，献帝出乎意料的平静。几十年了，他一直受曹操控制，现在曹操死了，他不想再被曹丕控制了，索性交出皇位，图个清静。

司马懿领旨，将提前写好的诏书亲自送到魏王宫，曹丕跪地听旨。诏书说："朕在位三十多年，遭遇天下大乱，朝不保夕，幸赖魏王曹操庇护，使得社稷复存。今新任魏王曹丕德被四海，堪承大统，朕愿让位于曹丕，以副天下之望。希望魏王不要推辞。"

圣旨宣读完毕，曹丕便要上前接旨，司马懿笑着将圣旨藏于背后，对曹丕说："大王现在不可接旨，应该写一封言辞恳切的推辞文书，连续辞让三次，方可奉诏。这样，天下人就不会再议论大王篡夺汉室江山了。"曹丕愣了一下，高兴地道："仲达高见，这事就辛苦你了。"

司马懿随即来到皇宫求见献帝，递交曹丕的辞让文书。献帝读罢，不解地说："魏王推辞，这是什么意思？难道魏王不想当皇帝？"看着献帝满脸疑惑，司马懿淡淡地说："魏王不是不想当皇帝，陛下多让他几次，他就会答应的。"献帝这才醒悟过来，按司马懿的吩咐，又拟了一封禅位诏书，叫人送与曹丕。反复三次之后，曹丕最终接受了献帝的禅让。

建安二十五年（220年）十月二十九日，献帝和曹丕一起登上洛阳城西的受禅坛，举行了隆重的禅让仪式，正式将帝位让于曹丕。当献帝将皇帝玉玺递到曹丕手里时，百官皆山呼万岁。曹丕庄重地宣布建立魏，改元黄初，追谥父亲曹操为太祖武皇帝。

随后，曹丕大封群臣：贾诩为太尉，华歆为司徒，陈群为尚书令，司马懿为侍中、尚书右仆射。曹丕还加封司马懿为安国乡侯，其他文武官员各进爵一级。废帝刘协被封为山阳公。

三、刘备建号东征

曹丕篡汉自立的消息很快便传开了，汉中王刘备与诸葛亮、许靖[①]等大臣商议对策，众人皆拥戴刘备称帝。刘备推辞道："曹丕刚刚篡逆，如果我也称帝，跟曹丕有什么两样。"诸葛亮说："大王本是汉朝皇叔，今汉帝刘协被曹丕废黜，天下无主，大王理应趁此践位帝王，以继承大

---

① 许靖（？—222）：字文休，汝南郡平舆县（今河南平舆县）人，三国时期蜀汉重臣、名士、评论家，以品评人物而闻名于世。曾为益州牧刘璋部下，历任巴郡、广汉、蜀郡太守。刘备称汉中王后，被任命为汉中王傅。

汉的衣钵，中兴汉朝。"许靖也持相同意见。刘备架不住众人苦劝，就同意了，宣布将择一吉日称帝。

黄初二年（221年）四月，刘备在成都举行了隆重的登基仪式，改元章武，史称蜀汉。同时封诸葛亮为丞相、许靖为司徒、谯周①为光禄大夫，张飞、马超、赵云等将领各有封赏。

成都的金銮殿里，气氛凝重，刘备高坐龙椅之上，义愤填膺地说："孙权夺我荆州，害死了朕的大将关羽，此仇不共戴天。朕欲起倾国之兵，东征孙权，即日起兵。"诸葛亮出班奏道："不可，汉贼是曹丕，不是孙权，今曹丕篡汉，天卜共愤，陛下可早图中原，恢复汉室。如果不伐魏而伐吴，兵势一交，岂能骤解。"赵云也出班劝谏说："汉贼之仇是公事，陛下不可因私废公。"刘备听了脸色十分难看，从龙椅上一跃而起，坚决地说："朕意已决，卿等不要再劝了，各自准备出征吧！"

刘备御驾亲征，丞相诸葛亮辅佐太子刘禅留守成都，老将黄忠为前部先锋，赵云为后军，刘备自居中军，起兵十万，浩浩荡荡地向东吴杀去。

消息传到东吴后，孙权派人赴洛阳联络曹丕，准备联手对付刘备。

在洛阳，孙权的使者向曹丕呈上国书，表示孙权愿意臣服曹魏，以换取曹魏的支持，希望曹丕派兵攻打汉中，以牵制蜀汉的兵力。曹丕很高兴地答应了孙权的要求，并加封孙权为吴王，加九锡②。谈完正事，曹丕问使者："你家主公孙权是个怎样的君主？"使者回答说："聪明、仁智、雄略之主。"曹丕不信，使者解释说："我家吴侯把鲁肃从凡人中选拔出来，这叫作'聪'；发现了吕蒙，从行伍当中把吕蒙提拔起来，这叫作'明'；逮住了于禁却不杀他而把他送回来，这叫作'仁'；取荆州兵不血刃，这叫作'智'；据三江虎视天下，这叫作'雄'；甘于向陛

---

① 谯周（201—270）：字允南，巴西西充国（今四川西充槐树镇）人，三国时期蜀汉学者、官员，在蜀汉任官期间以反对北伐战略而闻名。

② 九锡：中国古代皇帝赐给诸侯、大臣有殊勋者的九种礼器，是最高礼遇的表示。

下屈服，这叫作'略'。"曹丕又问使者："孙权懂得治学吗？"使者说："吴侯很喜欢读书，博览群书，不过他考虑的是天下大事，率领的是百万雄师，所以他读书只抓要领，不会像书生那样寻章摘句。"曹丕又开玩笑说："朕想兴兵伐吴，你以为如何？"使者说："大国有征伐之兵，小国有防御之策。"曹丕听了哈哈大笑，连连夸奖使者能言善辩。

退朝后，司马懿觐见曹丕，献策说："陛下可乘吴国危急，派军下江南，与刘备夹击孙权，吴国必亡。吴国一亡，刘备就孤立了，也就好对付了。"曹丕却不同意司马懿的意见，他说："朕既不帮助孙权，也不帮助刘备，朕要坐收渔人之利，待刘备和孙权杀得两败俱伤之时，再决定先讨伐哪一个。"司马懿点头称是。

这个时候，刘备又痛失另一个大将张飞。原来，张飞听说关羽被东吴斩杀，急于报仇，无故鞭打部将，酒醉后被部将杀死。刘备闻讯更加悲痛，催促兵马速行。

面对来势汹汹的蜀军，孙权派孙桓①、朱然②领兵五万迎敌，与刘备大战于秭归，吴军大败，秭归失守，孙桓领败军退守夷陵（今湖北宜都北）。孙权闻讯，又命韩当、周泰为大将，统兵十万与刘备决战，但韩当和周泰也抵挡不住蜀军的攻势，节节败退。关键时刻，孙权果断起用陆逊为大将，陆逊是孙策的女婿，熟读兵书，善于用兵。陆逊上任后，命令吴军坚壁高垒、死守阵地，不主动出战。蜀军的进攻势头渐渐被遏制。

时值夏季七八月份，天气炎热，蜀军兵士苦不堪言。一天，刘备巡视各营，决定将各军营寨移到林木繁茂之处暂且避暑，等秋季再发动新一轮攻势。于是，蜀军纷纷移营，前后连营达七百余里。

曹丕得知这一消息后，大笑道："刘玄德必败，岂有连营七百里而

---

① 孙桓（198—223）：字叔武，吴郡富春（今浙江杭州市富阳区）人，三国时期东吴将领，仪容端正，器怀聪明，博学强识，能论议应对，孙权常称其为"宗室颜渊"。官至建武将军，封丹徒侯。

② 朱然（182—249）：字义封，丹阳故鄣（今浙江安吉）人，三国时期东吴将领，夷陵之战中与陆逊合力大破刘备。官至左大司马、右军师。

能拒敌的？刘玄德不懂兵法啊！"一旁的司马懿也笑着说："蜀军营寨皆分布于林木茂盛处，若吴军用火攻，必然一败涂地。"

战势的发展正如曹丕和司马懿所料，和蜀军相持一段时间后，吴军主将陆逊升帐点兵，命吴军将士各带茅草一把，靠近蜀军营寨时顺风举火。一个月黑风高的夜晚，天地一片通明，吴军放火烧了蜀军的营寨，蜀军大败，吴军乘势掩杀。刘备率败军退守白帝城，从此一病不起，于黄初四年（223年）病逝，终年六十三岁。临终前托孤于诸葛亮，请他尽力辅佐刘禅。

继赤壁之战打败曹操后，孙权又取得了一次战略性的胜利，巩固了荆州地区。

四、流产的五路伐蜀

刘备的死讯传到洛阳后，曹丕高兴对群臣说："蜀军夷陵兵败之后，刘备也病死了，朕欲乘势伐蜀，卿等以为如何？"太尉贾诩谏阻说："刘备虽然死了，但诸葛亮还活着，刘备的儿子刘禅已经继位。蜀汉民强地险，不可贸然发动进攻。"司徒王朗也不同意出兵，他说："自汉末以来，天下大乱，战争已经持续了数十年，中原地区地广人稀，陛下应当息兵养民。十年之后，兵强马壮、粮草丰足，再行征伐。"

这时，司马懿愤然出班，驳斥道："不乘此时伐蜀，更待何时？"曹丕听了面露喜色，说："吴蜀两国旦夕犯境，哪有闲暇等待十年，还是仲达明白朕的心思。仲达，你可有伐蜀良策？"司马懿向前一步，从容说道："若只起中原之兵，很难取胜，可起五路大军，四面夹攻，令蜀军首尾不能相顾，大事可成。"曹丕有些疑惑："何来五路大军？"司马懿笑着说："陛下可修书一封，差人往辽东鲜卑国，见其国王轲比能，多送金帛，让他发兵数万，从旱路取西平关；再修书遣使往孟获处，让他起兵十万，攻打益州（今云南晋宁东）、永昌（今云南保山）等地；然后派人入吴，让孙权起兵十万，攻两川峡口，径取涪城（今四川三台西北）。另外两路，可命上将孟达统兵数万，攻打汉中西部；大将军曹真则领兵十万，直叩阳平关。五路兵马齐头并进，看他诸葛亮如何抵挡？"曹丕当即决定采纳司马懿的计策。

军情火急，成都的刘禅屁股还没坐稳，就遭到了曹魏五路大军围攻，急忙请诸葛亮商议对策。诸葛亮笑着对刘禅说："陛下不必忧虑，臣已有退兵之计。可使马超率一军救援西平关；使魏延率一军抵御孟获；使赵云领一军往阳平关坚守，抵御曹真；其他两路敌军不足为虑，他们见三路兵败，必不敢来犯。"刘禅听了茅塞顿开，称赞诸葛亮说："丞相真是神机妙算啊！"

为避免泄露军机，成都的蜀汉官员大都不知道诸葛亮的退兵之计。

轲比能率数万羌兵进攻西平关，马超领兵据守，羌人敬畏马超，不战而退；孟获率兵十万攻打益州边境，被蜀将魏延[①]用疑兵之计杀退；曹真率军 10 万犯阳平关，蜀将赵云领军坚守不出，曹真无功而返；孟达和孙权本是墙头草，见其他三路兵败，都没有出兵。五路大军围攻的计划就此破产，曹丕和司马懿皆叹息不已。

魏兵退后，诸葛亮派邓芝[②]为使，前往东吴结好孙权。邓芝到了东吴，对孙权说："先帝刘备在位时，与吴国不睦，今先帝已经不在了，我家陛下和丞相都想与吴国修好，共同对付曹丕。"孙权冷笑一声，反问道："我为什么要跟你们联合？"邓芝笑着说："当今天下，曹魏最强，吴蜀都比较弱，难以与曹魏匹敌。我们两国只有联合起来，互为唇齿，才能形成三足鼎立之势，否则将被曹魏各个击破。"孙权觉得邓芝言之有理，于是重赏邓芝，同时派张温为使，随邓芝前往蜀汉答礼。从此，吴蜀两国进入和平时期。

吴蜀结盟的消息传到洛阳，曹丕极为震惊，但他现在还顾不上理

---

① 魏延（？—234）：字文长，义阳平氏（今河南桐柏县）人，三国时期蜀汉将领，作战勇猛，性格孤傲，与长史杨仪不和，诸葛亮死后两人矛盾激化，在争斗中落败，为马岱所追斩，夷灭三族。

② 邓芝（178—251）：字伯苗，义阳郡新野县（今河南新野）人，三国时期蜀汉重臣，官至车骑将军，为将二十多年，赏罚明断，体恤士卒。

会，因为他正在魏国大刀阔斧地改革内政。

西汉时期，丞相的权力很大，经常威胁到皇权。东汉时，光武帝刘秀废除了丞相制，改设三公，即太尉、司徒、司空。刘秀这样做，是为了将丞相的权力一分为三，强化皇权。现在，曹丕不仅废除丞相，设立三公，还宣布成立两个新的中央机构——尚书台和中书省。尚书台负责处理日常政务，中书省是皇帝自己的秘书机构，有过问尚书台政务的权力。曹丕出手不凡，任命陈群为尚书令，司马懿协助陈群，为尚书台二把手；任命刘放①为中书监、孙资②为中书令，二人共同执掌中书省。新的政治架构确立后，三公就成了有名无实的闲职，所有政务都由尚书台和中书省处理。

由于早年世子之争留下的阴影，曹丕对曹氏藩王的控制非常严密，先后颁布诏令，禁止藩王拥有军队，藩王之间不得有任何联系，未经奉诏不得入京等。曹丕有二十多个兄弟，大多封了王，但这些藩王的领地都很小，基本上是一个县。曾经对曹丕威胁最大的曹植和曹彰被一贬再贬，曹彰于黄初四年（223 年）暴病身亡，有人怀疑曹彰是被曹丕毒死的。

内政安排妥当后，曹丕又在军事部署方面做了一些调整。

曹魏主要有三大战区：东战区、南战区和西战区。东战区位于安徽淮南一带，扼守孙权北上之咽喉；南战区在湖北荆州地区，也是孙吴北上的要冲；西战区在今陕西和甘肃一带，与蜀汉接壤。曹操时期，东战区由张辽镇守，南战区由曹仁镇守，西战区由曹洪、张郃等人镇守。曹丕继位后，张辽、曹仁、曹洪等人先后卸职，他们的年纪也都大了，该退休了。曹丕任命曹休为扬州都督，镇守东战区；夏侯尚为荆州牧，镇守南战区；曹真为雍凉都督，镇守西战区。后因蜀汉多事，无暇顾及中

---

① 刘放（？—250）：字子弃，涿郡（今河北涿州市）人，三国时期曹魏大臣，中书省长官，掌权将近二十年。

② 孙资（？—251）：字彦龙，太原中都（今山西平遥）人，三国时期曹魏重臣，中书省长官，和刘放一起负责中书省的日常事务，执掌文书事务。

原，曹丕又将曹真调回洛阳，任命他为中央军统帅，都督中外军事。皇宫禁卫军的兵权则由曹丕的心腹陈群掌控。

五、劝阻伐蜀

黄初四年（223年），刘备病逝不久，蜀汉便进入了多事之秋，益州南部的三个郡举兵造反。蜀国南部一共有四个郡，建宁郡（郡治为今云南典靖市）太守雍闿联合牂牁郡（郡治为今贵州贵阳市附近）太守朱褒、越西郡（郡治为今四川凉山彝族自治州西昌市）太守高定向东吴称臣。南中四郡和东吴的交州毗邻，孙权命三郡太守各自镇守。南中四郡中只有永昌郡（郡治为今云南保山县）没有反，并且郡中无太守，功曹吕凯率百姓坚守城池。三年时间里，高定、朱褒、雍闿多次率兵攻打永昌，都没有成功。

叛变刚发生时，蜀汉政局不稳，因为在夷陵之战中损失惨重，亟需休养生息。所以，诸葛亮没有立即出兵讨伐南中三郡，而是对雍闿等人采取招抚策略，劝他们回心转意。但雍闿等人不为所动，执意要归附东吴，孙权十分高兴，给他们加官进爵。当时三郡南部有一些少数民族，南方少数民族的首领是孟获，雍闿等人与孟获联合，经常兴兵侵扰蜀汉南部边疆。

黄初六年（225年），经过两年多的休整，蜀汉渐渐从夷陵之战的阴影中走了出来，实力得到了恢复和发展。诸葛亮上奏后主刘禅，请求率兵平南。谏议大夫王连[①]反对说："南方是不毛之地、瘴疫之乡，丞相肩负社稷重任，不宜远征，只须派一个大将前去征讨便可成功。"但诸葛亮坚持要去，他说："南方不习王化，收服极难，派别人去，我不

----

① 王连（？—223年）：字文仪，南阳郡（今河南南阳市）人，三国时期蜀汉官员，经营有道，治盐有功，拜蜀郡太守、兴业将军，兼管盐府政务。建兴元年（223年）迁屯骑校尉，兼任丞相长史，封平阳亭侯。

放心。"后主只得准奏。南征前，诸葛亮命李严①镇守白帝城，防御东吴；马超镇守阳平关，防备曹魏。

诸葛亮兵至三郡，高定、朱褒、雍闿合兵一处，总兵力约两万人，诸葛亮的南征大军约三万人，几仗打下来，三郡惨败，蜀军大获全胜。三郡太守高定、朱褒和雍闿相继战死。诸葛亮成功收复三郡，随后率军进入永昌，功曹吕凯出城迎接。诸葛亮以好言抚慰，并任命吕凯为永昌郡太守。

时年五月，诸葛亮渡过泸水（今金沙江四川攀枝花市至金阳县境一段），与孟获率领的军队交战，孟获战败被擒。自此，南征战役全部结束。诸葛亮把孟获押解到成都，孟获表示愿意归顺，后主刘禅加封他为光禄大夫，让他在朝中任职。后来，孟获一直没有再回南方。

诸葛亮平南只是一场中小规模的战役，史书上只有寥寥几笔。诸葛亮七擒七纵孟获的故事纯属虚构，实际上，诸葛亮只打了一仗，孟获就被带到了成都。

诸葛亮南征时，在洛阳的朝堂上，曹丕对大臣们说："诸葛亮正在南中交战，朕想乘机伐蜀，你们觉得怎么样？"司马懿出班奏道："陛下，蜀国不可伐。汉中有蜀国名将马超、魏延驻守，很难攻下来。"曹丕说："听说孙权暗中支援南中三郡，或许那里的战事会持续下去。"司马懿说："现在吴蜀两国已经重新修好，孙权不会再插手南中的事情了。"在司马懿的劝谏下，曹丕打消了伐蜀的念头。

---

① 李严（？—234）：字正方，南阳人，三国时期蜀汉重臣，与诸葛亮同为刘备的托孤之臣。

第四章　伴君如伴虎

作为一国之君，曹丕对司马懿是信任的，也是忌惮的。南阳太守杨俊是司马懿的好朋友，但杨俊以前支持过曹植，所以曹丕一直对杨俊怀有成见，后来以一个莫须有的罪名逼迫杨俊自杀。司马懿多次为杨俊向曹丕求情，但曹丕丝毫不买账。司马懿深感伴君如伴虎，但也无可奈何。很快他又迎来了新君，曹丕英年早逝，将皇位传给了长子曹叡，并在临终前设立了四大辅臣，司马懿也是其中之一。不过，作为一位很有主见的皇帝，曹叡即位后马上把几位辅臣外调，以摆脱他们在朝中的牵制，真正做到政由己出。在担任荆豫都督期间，司马懿采用闪电战术，千里奔袭，擒斩了企图造反的新城太守孟达，一举粉碎了诸葛亮的北伐大计。尽管他是先斩后奏，但毕竟立下了大功，曹叡非常高兴，不仅没有怪罪，还重赏了他。

一、曹丕伐吴失利

三国时期，由于政治理念不同，曹魏和蜀汉一直是不共戴天的死敌。而割据江南的孙权则成为曹魏和蜀汉都想争取的对象，出于对自身利益的考量，孙权时而与蜀结盟，时而与魏结盟，游走于两国之间。孙权是一个极富政治谋略的人，曹丕和刘备称帝后，他并不急于效仿，只是紧随其后建号改元，而不称帝。在他附庸曹魏期间，曹丕多次要求他派儿子入质，但他都婉言拒绝了。面对如此圆滑的孙权，曹丕先后三次伐吴，但每次都无功而返。

黄初五年（224年），曹丕第三次伐吴，征询群臣的意见。侍中辛毗①谏阻说："孙吴有长江之险，蜀汉有崇山之阻，都不易攻取，不如闭关自守，待吴蜀不和之时再乘机用兵。"曹丕对辛毗的话满脸不屑，群臣看见皇帝脸色不对，都不敢多言。司马懿与辛毗的意见相左，愤然出班奏道："我大魏国富民强，应当积极进取，岂能一味自守？"曹丕闻言，喜笑颜开，问司马懿："爱卿有何良策？"司马懿说："这次陛下当御驾亲征，选大小战船，沿蔡河②、颍河③进入淮河，取寿春（今安徽寿县），至广陵（今江苏扬州），渡江口，取南徐，此为上策。"曹丕大喜，依策而行。

同年秋八月，曹丕汇集战船三千余只，集结魏军十余万人，令曹真为前部先锋，张辽、张郃、文聘④、徐晃等老将跟进，曹丕、许褚等人率主力殿后。临行前，曹丕令陈群留守洛阳，司马懿留守许都，摄政国事。曹魏有五个都城，分别是长安、洛阳、许都、邺城、谯县（今安徽亳州市），五都之中，洛阳和许都一直是曹魏的政治中枢。长安是传统意义上的古都，邺城是曹操当魏王时的都城所在地，谯县则是曹氏家族的老家。

曹丕亲征的消息传到江南，孙权聚众商议。张昭说："大王可修书一封给诸葛亮，请他派一军出阳平关，牵动魏军之势，然后命大都督陆逊整军迎敌。"大臣顾雍则说："陆逊镇守荆州，不可轻动，可从诸将中另选一人，抵御曹丕。"孙权还未说话，有一人挺身而出，高声说："臣愿领大军去破曹丕！"众人一看，原来是江东老将徐盛，徐盛身经百战，早年就追随孙策，现在已经五十多岁了，和曹魏的张

---

① 辛毗（？—235年）：字佐治，颍川阳翟（今河南禹州）人，三国时期曹魏大臣，辅佐曹魏三代帝王，担任过侍中、卫尉、大将军军师，封颍乡侯。

② 蔡河：源于嘉祥县狼山屯，至山东济宁市市中区大王楼村南入南阳湖。

③ 颍河：古称颍水，相传因纪念春秋郑人颍考叔而得名。发源于河南登封县嵩山，经河南周口市、安徽阜阳市，在寿县正阳关（颍上县沫河口）注入淮河，为淮河最大的支流。

④ 文聘：字仲业，南阳宛（今河南南阳）人，三国时期曹魏名将，本为刘表部将，后随刘琮投降曹操，官至后将军，封新野侯。

辽、张郃等人齐名。孙权大喜，当即任命徐盛为大将，总领江东人马，防御魏军；又命陆逊率荆州守军伺机而动，袭击南下魏军的侧翼。

且说魏军自江北而来，张辽、张郃等以雷霆之势扫除了吴军在江北的一些据点。魏军数千艘战船沿江而下，曹丕乘坐龙舟在后督战。

此时，吴军主将徐盛与副将孙韶发生了激烈的冲突。徐盛主张沿江据守，孙韶则主张发兵过江，与魏军决战。二人相执不下，后由孙权出面调和，纠纷才算平息。徐盛认为，魏军这次南征，有张辽、张郃、徐晃等名将为先锋，硬碰硬是打不过的，最好坚壁据守，然后再寻机歼敌。孙权也支持徐盛的意见。

曹丕一身戎装，端坐于龙舟之上，遥望江南，只见沿江数百里皆有吴军驻守，严阵以待。曹丕叹气说："江南人物如此，孙权早晚必会称帝。"先锋曹真催促军马速进，攻打吴军沿江要塞，但一连攻打数日，吴军岿然不动。一天夜里，江面上突然刮起了东南风，魏军战船上的旗帜纷纷倒卷，徐盛命前线吴军沿江放火，火借风势，魏军的战船着火，曹丕的龙舟也未能幸免。慌乱之中，曹丕在文聘、许褚的保护下乘小船逃脱，吴军乘势掩杀，魏军大败，逃过江北方才稳住阵脚。徐盛派丁奉、孙韶渡江追击，曹丕忙命张辽、张郃断后，顶住吴军的进攻。之后双方各自收兵，吴魏两国又恢复到了开战前的态势。

曹丕战败后班师回朝，还没到许都，司马懿便派人来报："许都城门日前无故自崩。"曹丕闻报大怒，骂道："城门坍塌，组织人修缮便是，何必像报丧一样告诉朕。"数日后，曹丕抵达许都，司马懿出城迎接，曹丕板着脸，一言不发，司马懿惶恐不已。回到皇宫后，曹丕怒气消了一些，又好言抚慰司马懿说："你难道不知道首都城门坍塌是国家的不祥之兆，为什么还要大张旗鼓，唯恐天下人不知？"司马懿跪伏于地，连声认错。

二、好友杨俊之死

在三国这段历史中，司马懿可以说是靠耐性、权谋、机智、残忍来夺取最后胜利的最大赢家。毕竟伴君如伴虎，没有耐心，不能忍辱负重，很可能性命难保。所以，在曹丕面前，司马懿学会了忍，学会了扮演自己的忠臣的角色。

话说身为曹魏皇帝的曹丕，不仅是政治家和军事家，还是很有成就的诗人和文学家。政务不忙的时候，他喜欢在自己的疆域内到处走一走，释放一下内心的烦躁。

黄初三年（222 年）的一天，曹丕巡游到了荆州北部的南阳郡宛城县，宛城的百姓听说皇帝要来，都吓坏了，不敢出门。曹丕和随从们走在冷冷清清的宛城县大街上，不由怒火中烧，对随从吼道："宛城县的百姓难道不是朕的子民吗？朕就是走在蜀汉和东吴的地界上，也不至于如此冷清吧！"随从战战兢兢地说："南阳太守和宛城县令也太不像话了，知道陛下要来，竟然不做任何准备。"

御驾回到洛阳，憋了一肚子气的曹丕立即召来廷尉，下令将南阳太守和宛城县令都抓起来，尤其是南阳太守杨俊，一定要严惩。

提起杨俊，曹丕气就不打一处来。杨俊从小到大，以品评人物为己任，善于鉴别人物并予以提拔。同时，他和曹植的关系也很好。曹丕和曹植争夺世子之位时，曹操曾经征询杨俊的意见，杨俊拐弯抹角地将兄弟二人评论了一番，说曹丕不错，曹植也很好，虽然没有明确说出应该立谁，但赞美曹植的话更多一些。曹丕得知后便对杨俊怀恨在心。当廷尉询问如何处置杨俊时，他咬牙切齿地说："目无君上，是为欺君，杀！"

司马懿和杨俊是好朋友，早年杨俊曾经点评过少年司马懿，称他为非常之器，司马懿因此声名鹊起。听说杨俊被曹丕下狱，司马懿自然不能见死不救，他信心满满地跑到曹丕的寝宫，想为杨俊求情。他觉得以自己和曹丕的交情，曹丕应该会买他的账。

"臣听说陛下要处死杨俊，敢问杨俊犯了什么重罪？"司马懿扑通一声跪倒在地。

"仲达，你起来吧，朕知道你会为杨俊求情的，但这次谁也救不了他。"曹丕决心已下。

"杨俊因何罪被诛？"司马懿很执着，仍跪着不起。

曹丕一听又火了："朕去南阳宛城体察民情，街市上冷冷清清，他作为太守是怎么治理的？他这是严重的失职，必须严惩。"司马懿据理力争道："那也罪不至死啊。"

"朕这次要拿他杀一儆百。"

司马懿有些气愤地说："我看陛下还是记恨杨俊当年没有拥戴您，请陛下看在臣的面子上放过杨俊吧！"

"大胆！朕知道你和杨俊交好，但朕即国家，法不徇情。你回去吧，多说无益。"

司马懿一直跪着，曹丕轰不走司马懿，只得转身拂袖而去。望着曹丕远去的背影，司马懿心里愤愤不平："好你个曹丕，我助你登上皇位，你连这么个面子都不给我。"

杨俊在狱中得知曹丕不肯原谅自己后，绝望地自杀了。司马懿为此非常伤心，亲自赶往杨俊的老家获嘉县，为其送葬。

料理完杨俊的后事，司马懿拖着疲惫的身体回到自己家里。夫人张春华正和两个儿子一起玩耍，长子司马师十四岁，次子司马昭十岁。两个儿子小小年纪，都出类拔萃，司马师好武，司马昭好文。

司马师见父亲回家，一身侠气地说："爹，听娘说，皇帝杀了您的朋友，将来长大了，我和弟弟为他报仇。"

司马昭笑道："算了吧，大哥，人家是皇帝，咱们惹得起吗？"

司马懿喝斥道："都住口，两个小兔崽子，皇帝也是你们可以议论的吗？"

张春华摸着两个儿子的脑袋说："童言无忌，你和儿子置什么气啊！"

夜深人静的时候，司马懿向张春华敞开心扉说："皇帝对我有知遇之恩，我对他也有辅佐之功，但君心难测，我也不知道自己将来能走多远。"

张春华劝慰他说："自古以来，伴君如伴虎，你能走多远算多远吧。"

三、两朝天子一朝臣

黄初七年（226年），曹丕染上寒疾，太医用尽方法仍不见好转，病情日渐严重。曹丕觉得自己大限将至，必须考虑立太子了。

曹丕十七岁时，跟随曹操攻入冀州，强娶了袁绍的儿媳妇甄氏。甄氏本是袁绍次子袁熙的老婆，国破家亡之后，不得已嫁给了曹丕，后来生下了儿子曹叡。曹叡小时候非常聪明，深得祖父曹操的喜爱。遇到朝廷宴请等大场面，曹操都会带上这个孙子，对其喜爱的程度不亚于当年的小儿子曹冲。有一次酒至半酣，曹操指着曹叡对众人说："我这个孙子悟性极高，才具不凡，将来可以继承曹家大业，三代之内，我无忧了。"

早年曹丕和结发妻子甄氏还算恩爱，后来当了皇帝，开始宠爱郭夫人。郭夫人才貌双全，冠绝一时，他的父亲对外夸口说："我这个女儿是女中之王。"因此，时人又称郭夫人为郭女王。曹丕称帝后，一直没有立皇后，众人都劝他立原配甄氏为皇后，但曹丕偏爱郭夫人，想立郭夫人为皇后。甄氏为此很气愤，经常与曹丕闹别扭。

一天，曹叡去找母亲，正好遇到父母在吵架。甄氏声嘶力竭地说："曹子桓，你为什么不立我为皇后，不立叡儿为太子？"

曹丕不高兴地说："你原本是袁家的媳妇，怎可立为曹家的皇后？至于叡儿，他的确是我最优秀的儿子，但既然不准备立你为皇后，就没法立他为太子。"

不久，曹丕下诏赐死曹叡的生母甄氏。此前曹叡已经被封为平原王，母亲死后很快被贬为平原侯。因为母亲的缘故，曹叡和父亲的关系很不融洽，经常口出怨言，惹得曹丕很是愤怒。

除了曹叡，曹丕还有八个儿子，但才能都不如曹叡。有段时间，曹丕想立徐姬所生的幼子曹礼为太子，司马懿和陈群得知后，竭力反对。司马懿说："皇长子曹叡聪明多大略，是最合适的太子人选。"陈群也附和道："皇长子明识善断，有帝王之风，也长大了，堪为储君，这不仅是陛下的家事，也是关系到国家前途的大事。"曹丕觉得他们说的有道理，就没有立曹礼为太子。

一次，曹丕外出打猎，命人带上曹叡。在围场中，曹丕开弓一箭，射中了一头母鹿，母鹿应声倒地，旁边有一只小鹿绕着母鹿打转。曹丕大声对曹叡说："叡儿，赶快射死那头小鹿。"曹叡纵马而出，张弓搭箭，正要射时，忽然触景生情，想起了自己的母亲，于是掷弓于地，说："父皇，你已经杀了人家的母亲，我不想再杀儿子。"曹丕闻言吃惊不小，良久之后对曹叡说："你真是一个仁孝的人。"自此，曹丕有了立曹叡之心，但总是下不了决心。

曹丕的母亲、皇太后卞氏也非常喜欢曹叡，她对曹丕说："帝王之家，立嗣当立长立贤，叡儿各方面都比他的弟弟们强，你父亲在世时也常对我说叡儿堪当大任。你就立他为太子吧！"

曹丕也有自己的打算，他最宠爱的郭皇后无子，于是就让曹叡认郭皇后为养母。时间长了，郭皇后也对曹叡印象不错，劝曹丕立曹叡为太子，但曹丕仍犹豫不决，直到生命的最后关头才下定决心。

黄初七年五月十六日，曹丕病笃，召征东大将军曹休、中军大将军曹真、镇军大将军陈群、抚军大将军司马懿入宫，托以后事。

曹丕奄奄一息地躺在病榻上，曹叡跪于榻前，曹休、曹真、陈群、司马懿四人跪在曹丕后面。

"朕在位七年，本想一统天下，三次伐吴，一次伐蜀，均以失败告终。朕死之后，卿等要竭力辅佐太子曹叡，不要辜负朕对你们的信任。"

曹丕说话的声音十分微弱，眼神呆滞。

"臣等定不辜负陛下重托。"曹休和陈群想哭又哭不出来，司马懿和曹真则涕泗横流。

五月十七日，在一片悲戚的气氛中，曹丕慢慢地闭上了眼睛。皇宫里的宫女、太监和其他人都就地跪下，号啕大哭，声震数里。

同一天，二十二岁的曹叡在洛阳继位，是为魏明帝。在曹真、曹休、陈群和司马懿等人的辅佐下，开始了他十二年的执政生涯。

曹叡刚坐上皇帝宝座时还有些不适应，和大臣们有些生疏。这都是由于曹丕的缘故，因为曹丕一直不想立他为太子，他也就一直没有机会与朝中官员接触。就连曹丕安排的四位辅政大臣，他也不是很熟悉。

太和元年（227年），东吴孙权乘曹丕新死、曹叡立足未稳之际，悍然率兵北伐，直取曹魏江夏郡。江夏郡由老将文聘据守，由于吴军人数众多，来势汹汹，文聘一面坚守，一面派人赴洛阳求援。

"陛下，文聘孤军难守，朝廷应该速速发兵救援。"曹真和陈群异口同声地说，殿上百官也齐声附和。

曹叡却力排众议，说："孙权这次进攻江夏，是想打我们一个措手不及，现在文聘将军已经稳住了局势，孙权坚持不了多久的。朕已派特使荀禹赶往江夏，沿途征集地方军队，不必与孙权的军队交战，虚张声势即可。"

"陛下英明，臣估计吴军三天之内必然撤走。"司马懿的看法也和曹叡一致。

两天后，战报传来，孙权的军队已经被吓跑了。原来，皇帝特使荀禹沿途虚张声势，以为疑兵，孙权久攻江夏不下，误以为魏国的援军到了，于是匆匆领军撤退。

无需张弓支箭，就吓退了孙权的北伐大军，这充分体现出了曹叡的明识善断。这件事以后，包括四位辅政大臣在内的群臣无不对这位新皇帝刮目相看。

太和元年（227年）十二月，曹叡颁布诏书，对朝廷的权力架构做了一些调整。曹休被加封为大司马，同时兼任扬州都督。曹丕时期，曹休一直任扬州牧。州牧和州都督有很大的区别，州都督只有军权，没有行政权，而州牧则集军政大权于一身。曹叡一方面提升曹休为大司马，另一方面又剥夺了曹休在扬州地区的行政权。曹真被任命为大将军、雍凉（今甘肃武威市）都督。陈群为尚书令，执掌全国的政务。司马懿为骠骑将军，位列上将。

一天早朝时，尚书陈群出班奏道："近日荆豫（指荆州和豫州）都督夏侯尚①去世，南战区无人管辖，臣请任命司马懿为荆豫都督，统帅南战区。"陈群话音刚落，百官纷纷附和。司马懿本人则不动声色，未置一词。曹叡望向曹真，征询他的意见："大将军以为如何？"曹真拱手道："仲达加封骠骑将军后，还没有实际任命，如今荆州防务有缺，不妨就让他去历练一下。"

"仲达，你是什么态度？"曹叡问司马懿，司马懿上前一步，跪倒在地，大声说道："臣一定不辱使命，将南线打造成铜墙铁壁，让孙权和诸葛亮不敢来犯。"曹叡微微一笑，说："司马懿听旨，朕命你为荆豫都督，即日上任。"司马懿再拜叩首。

当时朝廷内外，陈群是当之无愧的士族领袖。他的建议，皇帝很少否决。有一次，陈群鼓动曹叡，将幽并（指幽州和并州）都督吴质召回京城，改任为侍中。侍中是皇帝近臣，但手中没有实权，吴质为此十分郁闷，想整一整陈群。虽然同为"曹丕四友"，但吴质和陈群素来不和。司马懿处世圆滑，和他们在表面上关系都不错。

几经观察，吴质发现陈群经常批评皇帝曹叡，于是萌生了弹劾陈群的想法。奏章很快递了上去，他弹劾陈群玩忽职守、不勤于政。而曹叡也想借机敲打敲打陈群，就命人在朝会中大声朗读吴质的弹劾状。一石激起千层浪，朝廷百官都是陈群的坚定维护者，他们纷纷站出来为陈群

---

① 夏侯尚（？—226）：字伯仁，沛国谯郡人，三国时期曹魏名将，夏侯渊之侄。与曹丕亲近友好，历任征南将军领荆州刺史、征南大将军、荆州牧，封昌陵乡侯。

辩解，抨击吴质。吴质个人品行恶劣，在朝中几乎没有什么朋友，所以曹叡也保不了他，很快吴质就被批驳得体无完肤，弹劾陈群一事也不了了之。

后来，吴质病死，群臣纷纷上表请求曹叡追谥吴质为"丑侯"。丑侯是一个极具讽刺意义的封号，曹叡拗不过众臣，只得同意。

四、出奇兵擒孟达

太和元年（227 年），司马懿奉诏屯军宛城（今河南南阳宛城区），都督荆、豫二州军事。他的到来，让一个人坐卧不安，这个人就是孟达。

说起孟达的由来，可追溯到刘备与曹操时期——孟达本为刘璋属下，他先是伙同法正、张松等人把刘璋卖给刘备，投降了刘备。当年，关羽北伐樊城失败，荆州又被东吴袭取，进退无路，想向西川突围。刘备命临近的上庸太守刘封和孟达率兵接应关羽，刘封和孟达没有执行刘备的命令，坐视关羽兵败被杀。关羽死后，刘备迁怒于刘封和孟达，将刘封赐死；孟达惧罪，率领本部将士数千人投降了曹魏。曹丕很赏识孟达的才干，封他为散骑常侍、建武将军、平阳亭侯。不久又任命孟达为新城太守，镇守西南要冲。新城隶属曹魏南战区，前南战区统帅、荆豫都督夏侯尚与孟达关系不错，夏侯尚死后，由司马懿接任，他对孟达忽冷忽热，孟达经常提心吊胆。千里之外的诸葛亮也嗅到了曹魏上空的这股政治味道，于是主动写信给孟达，意图诱降孟达。

这天，新城城门大开，城内百姓熙熙攘攘。远处，一名神秘的使者纵马而来，穿城而过。来人是蜀汉丞相诸葛亮的信使，他将信交给新城太守孟达。孟达拆开信，只见上面写道："孟达将军，我深知将军当年降魏是迫不得已。曹丕在世时，对将军非常重用，现在曹丕已死，曹叡继位，对将军多有猜忌，将军新城太守之职恐怕不保。将军若肯重新归汉，我保证将军可以获得重用。"信的落款是"汉丞相诸葛亮"。诸葛亮在蜀汉一言九鼎，他的信誓旦旦让孟达颇为动心，于是起了反叛之心，回信给诸葛亮说他愿意归蜀。

诸葛亮见诱降成功，便劝孟达尽早行动，率部攻打洛阳，他将同时出兵攻打长安，彼此呼应。几次书信往来后，孟达同意了诸葛亮的建议。

由于担心孟达反复无常，想促使他快点反叛曹魏，诸葛亮探知孟达与魏兴太守申仪有矛盾，特地派郭模到申仪处诈降，并有意泄露此事。申仪又将此事密告司马懿，司马懿担心孟达突然发难，便给孟达写了一封信进行安抚，目的是稳住孟达，争取时间。

事情败露后，孟达并不急于行动，他下令加固城墙，准备迎战司马懿。另外，他派人知会诸葛亮，希望诸葛亮能够派兵来新城支援他。他在一封给诸葛亮的信中写道："事情刚刚败露，但不足为忧，新城与司马懿的驻地宛城相隔一千多里，宛城离洛阳还有八百多里。司马懿知道我要起事的消息，必先上表朝廷，然后发兵，往返两千多里，至少需要二十天，等司马懿的大军兵临城下，我的战备工作也做得差不多了。"诸葛亮看了孟达的信后，拍案大惊，对身边的马谡说："司马懿不会等批示的，他十天之内就能率军抵达新城，孟达必败。时间这么仓促，我们的军队去了也救不了他。"

确实，按照常理，司马懿不能擅自做主，在没有请示曹叡的情况下千里奔袭，去擒拿孟达。当时，司马懿的长子司马师也想到了这一点，他对司马懿说："父亲，您赶快写表急奏天子吧！"但司马懿却说："如果要等圣旨，来回至少要一个月，到那时孟达就成事了。一旦他守住险要关口，我们就是有百万大军，也难以攻破。"所以，司马懿下令紧急调集宛城现有兵马，整装待发。诸将都劝他先观察形势再做打算，司马懿坚决地说："孟达没有信义，现在正是他犹豫不决之时，应当趁他还没有下定决心，将其擒获。"

仅仅用了八天，司马懿就率五万大军抵达新城。孟达大惊，下令闭城坚守。魏军攻城，激战十六天后，新城城破，孟达被斩首。

孟达反叛事件震惊朝野，孟达全家都被诛杀。有大臣上表弹劾司马懿，说他遇事不禀报皇帝，擅自行动。曹叡却对那个大臣说："这次若不是仲达果断采取行动，等到朝廷下令，就什么都晚了。"司马懿斩杀孟达后，提着孟达的首级，赴洛阳向曹叡请罪。曹叡十分高兴，不但没有责怪他，反而重赏了他。

消息传到蜀汉，诸葛亮感叹道："司马懿深明兵法，是个奇才，将来会成为北伐的最大障碍。"

五、孙权称帝

太和三年（229 年），也就是曹丕称帝后的第九年，刘备称帝后的第八年，吴王孙权也准备在武昌称帝了。

这天早朝，首辅大臣张昭出班奏道："大王，曹丕和刘备已经称帝八九年了，臣请大王也早正大位，名正言顺地与魏蜀分庭抗礼。"殿上大臣也齐刷刷地跪倒，异口同声地说："臣等请大王即皇帝位，开万世之基业。"孙权高兴地从王座上站起来，伸出双手请大臣们平身，然后说："不瞒大家，我之所以一直没有称帝，是想看魏蜀互相攻伐，待它们两败俱伤之时，我再坐收渔人之利，完成统一大业，到那时再称帝也不迟。"大臣顾雍进言道："如今天下大事一目了然，魏蜀吴三国鼎立，各国都不乏能臣良将，臣估计魏灭不了蜀，蜀更灭不了魏。大王再这样干等下去也没有意义，不如早日称帝，也让我们这班大臣跟着风光一番。"孙权闻言大笑，大臣们也跟着笑了起来。

四月十三日，孙权登基称帝，改元黄龙，大赦天下。追封父亲孙坚为武烈皇帝，大哥孙策为长沙桓王，立子孙登为皇太子，文武百官各有封赏。

得知孙权称帝，刘禅大会群臣，商讨应对孙权称帝的策略。几乎所有大臣都认为孙权僭越，应该与其断绝联盟关系，出兵讨伐。

诸葛亮则说："陛下，孙权加帝号，不过是一种形式而已。当今三国之中，要说立国之久、在位时间之长，非孙权莫属，他早就不是皇帝，却胜似皇帝了。现在他终于称帝了，陛下当派人到东吴去向他表示祝贺，继续与他保持联盟关系。若依众臣之言，与东吴决裂，那我们还谈何北伐，一统天下呢？"

"可是，孙权公然背叛汉朝，我们作为汉室正统，岂能置若罔闻？"刘禅有点纠结。

诸葛亮上前一步，直言道："陛下，恕臣直言，大汉不过是一块遮羞布，早该把它扯下来了。我们想中兴汉室，应该务实一点，多做一些有利于统一的事情。"

在诸葛亮的谆谆教诲下，刘禅和群臣终于开了窍。

而在洛阳，年轻的皇帝曹叡对孙权称帝一事则表现得很冷静，朝中大臣也很平静。只有远在宛城的司马懿上了一道奏疏说："孙权称帝后，蜀汉的处境就很尴尬了。陛下可遣使前往东吴向孙权表示祝贺。如果蜀汉有过激行为，我们可乘机与孙权结盟，共同对付蜀汉。"曹叡深表赞同，于是马上派人前往东吴。

孙权见魏蜀相继派大臣前来致贺，而且都有结盟的意思，心里很高兴，但他最后还是选择与蜀汉结盟，因为曹魏实在太强了，而蜀汉较弱，可以跟东吴相互扶持。

六、太和浮华案

就在司马懿的政治生涯蒸蒸日上之际，他的儿子司马师却遭遇了一次政治滑铁卢，这场风波还差一点改变司马家族的命运。而这与曹操当政时期的谋士董昭不无关系。

董昭在曹操当政期间并没有获得太多关注，这主要是因为曹操帐下人才济济，所以他始终未能进入曹操的政治核心圈。但他的政治生命却尤其长久，在七十八岁高龄时终于位极人臣，担任司徒一职，位列三公。

曹魏自曹丕时实行九品中正制，将朝廷选拔官吏的权力交给各地的中正官，中正官一般是各地有名望的豪族，他们在推举官吏的过程中往往以家世为优先考虑，久而久之，就造成了上品无寒门、下品无士族的局面。到曹叡太和年间，九品中正制达到鼎盛时期，曹魏士族的力量空前强大，有尾大不掉之势。朝野内外，官员之间相互标榜，拉帮结派，刮起了一股浮华之风。

在政治上不得志、自感怀才不遇的人如何晏①、夏侯玄、邓飏②等走到了一起，成为洛阳上层青年士人交游清谈的活跃分子。司马师也是其中一员，当时他也郁郁不得志，虽然父亲司马懿位高权重，但他却一官半职也没有捞着，直到景初年间才拜散骑常侍。这些人整天在一起品评人物、抨击朝政，在他们看来，曹魏到现在还没有一统天下，都是因为在位者无能。司马师在这个圈子里的声望还挺高，与夏侯玄、何晏齐名，何晏夸他说："当今世上，能干大事的也只有司马子元了。"

太和二年（228年），曹叡下了一道批评中正官的诏书："尊崇学问、以才学为先是士人的本分，现在有太多的官吏庸庸碌碌，不堪其任。今后，中正官推举官吏，务必要以才学为先，家世次之。"这份诏书说得不痛不痒，没有相应的督促措施，所以各地的中正官都不当回事，依然我行我素。

太和四年（230年），司徒董昭看不下去了，他给曹叡上了一道奏疏，弹劾夏侯玄、诸葛诞、刘熙、孙密、卫烈等浮华派官员。散骑常侍夏侯玄、尚书诸葛诞等人互相串联，号称"四聪八达"，刘熙、孙密、卫烈三人号称"三豫"。这些人在官场上互相吹捧，邀名射利，造成了极坏的影响。

---

① 何晏（？—249）：字平叔，南阳郡宛县（今河南南阳）人，三国时期曹魏大臣、玄学家，东汉大将军何进之孙。累官至侍中、吏部尚书，封列侯。高平陵政变后被诛杀，夷灭三族。

② 邓飏（？—249）：字玄茂，南阳新野（今河南新野）人，三国时期曹魏大臣，东汉名将邓禹之后，权臣曹爽的亲信之一，与丁谧、何晏一同被称为"台中三狗"。高平陵政变后被诛杀，夷灭三族。

董昭弹劾的这些人，要么是名门之后，要么是功勋之后。其中，夏侯玄是原荆州都督夏侯尚之子，是有名的美男子，时为羽林监。诸葛诞是诸葛丰的后人、诸葛亮的族弟，时为尚书。刘熙是中书监刘放之子，孙密是中书令孙资之子，卫烈是司徒卫臻之子、卫兹之孙，他们三人都是因为父辈位高权重才被拉入这个圈子。

曹叡早就想整治浮华派官员，于是批准了董昭的弹劾案，下令将夏侯玄等十六名浮华派官员交廷尉审查，其中也包括司马懿的长子司马师。据史书记载：浮华案过去六年后，三十岁的司马师才重返政坛。在曹叡的亲自监督下，夏侯玄等浮华派官员皆被罢免官职。

从后来的发展轨迹来看，夏侯玄、何晏、邓飏等浮华友在日后仍然过从甚密，而司马师则彻底淡出了那个圈子，甚至站在了他们的对立面，最后还把他们一个个送上了断头台。

不久，曹叡又对吏部尚书卢毓①说：“朝廷录用官吏，不能只看中正官的点评，吏部也要严加督促。”卢毓是汉末名臣卢植的儿子，卢家也是曹魏的老牌士族，对于皇帝的督导自然照办。

太和浮华案在当时影响很大，在一定程度上遏制了官员们的浮华之风。为了矫正九品中正制带来的弊病，曹叡还颁布了一套《考课法》，对地方官员的政绩进行考核，不符合标准的一律免职。

---

① 卢毓（183—257）：字子家，涿郡涿县（今河北涿州市）人，三国时代曹魏大臣，负责人才的评价和举荐，曾向曹叡建议制定考课法。官至司空，封容城侯。

第五章　诸葛亮的克星

曹叡在位期间，诸葛亮多次兴兵北伐，大将军曹真率领魏军多次击退蜀军。曹真去世后，诸葛亮投入更多的兵力北伐中原，曹叡在无将可用的情况下，将司马懿派往前线去抵御蜀军。诸葛亮由此遇到了人生中真正的对手，双方在多次交锋中互有胜负。司马懿知道自己在战场上不是诸葛亮的对手，于是就依靠城墙、关隘打持久战，从而消耗蜀军的力量，最终成功将诸葛亮拖死于五丈原。

一、三郡失而复得

纵观司马懿一生，其巅峰时刻应该是灭辽东公孙渊一战，这一战是三国时期为数不多的漂亮仗，极为经典，足以写入军事史。不过，司马懿给人印象最深的却不是这场战争，而是他与诸葛亮的对战。

诸葛亮作为三国时期颇有智慧的人，偏偏斗不过司马懿，从最后的结果来看，司马懿才是真正的大才，因为他抓住了诸葛亮的弱点，笑到了最后。

太和二年（228年）春，诸葛亮给后主刘禅上《出师表》一道，请命北伐。《出师表》节选如下：

先帝创业未半而中道崩殂，今天下三分，益州疲敝，此诚危急存亡之秋也。然侍卫之臣不懈于内，忠志之士忘身于外者，盖追先帝之殊遇，欲报之于陛下也。诚宜开张圣听，以光先帝遗德，恢弘志士之气。

不宜妄自菲薄，引喻失义，以塞忠谏之路也。

……

亲贤臣，远小人，此先汉所以兴隆也；亲小人，远贤臣，此后汉所以倾颓也。先帝在时，每与臣论此事，未尝不叹息痛恨于桓、灵也。侍中、尚书、长史、参军，此悉贞良死节之臣，愿陛下亲之信之，则汉室之隆，可计日而待也。

臣本布衣，躬耕于南阳，苟全性命于乱世，不求闻达于诸侯。先帝不以臣卑鄙，猥自枉屈，三顾臣于草庐之中，咨臣以当世之事，由是感激，遂许先帝以驱驰。后值倾覆，受任于败军之际，奉命于危难之间，尔来二十有一年矣。

先帝知臣谨慎，故临崩寄臣以大事也。受命以来，夙夜忧叹，恐托付不效，以伤先帝之明。故五月渡泸，深入不毛。今南方已定，兵甲已足，当奖率三军，北定中原，庶竭驽钝，攘除奸凶，兴复汉室，还于旧都。此臣所以报先帝而忠陛下之职分也……

陛下亦宜自谋，以咨诹善道，察纳雅言，深追先帝遗诏，臣不胜受恩感激。今当远离，临表涕泣，不知所言。

朝堂上，刘禅阅览毕，对诸葛亮说："丞相刚刚南征回来，军队还没有得到充分的休整，是不是可以晚一点再北伐？"

诸葛亮却说："臣受先帝托孤之重，夙夜未尝有怠，今南方已经平定，内顾无忧，不在此时北伐，恢复中原，还要等到什么时候呢？"

刘禅闻言语塞。诸葛亮三句话不离先帝，让他很是难堪。

侍中蒋琬①不支持北伐，他出班奏道："曹魏强盛，丞相劳师北伐，很难成功。不如各守疆界，以享太平。"

---

① 蒋琬（？—246）：字公琰，零陵郡湘乡县（今湖南湘乡市）人，三国时期蜀汉宰相，同诸葛亮、董允、费祎并称"蜀汉四相"。曾制订由水路进攻曹魏的计划，但未被采纳。

长史费祎[1]附议道："现今三国鼎立，吴魏两国皆心怀鬼胎，希望另一国与我国开战，坐收渔人之利。丞相不可轻易北伐，陷国家于危难之中。"

"陛下，昔日楚汉争霸，楚强汉弱，如果高祖止步蜀中，哪来后来的大汉？臣对北伐有必胜之信心，请陛下不要犹豫！"诸葛亮没有理会蒋琬和费祎，坚持要北伐。

大臣大都反对北伐，但很多人不敢吭声，因为诸葛亮在朝廷拥有绝对的权威。刘禅无法否决诸葛亮的提议，只得同意，宣布择日北伐。

得到批准后，诸葛亮率领大军浩浩荡荡地开向汉中，旌旗遍野、戈戟如林。到了汉中，诸葛亮命赵云、邓芝为先锋，领军先行；魏延为大将，率主力部队跟进。蜀军十万人马不停蹄，由斜谷口杀出。

魏国边庭将蜀军入寇的消息飞报洛阳，曹叡命曹真为大都督、张郃为大将，起兵二十万，迎击蜀军。

司马懿驻军宛城，听说诸葛亮北伐，立即上表说："臣闻蜀军入寇，日夜劳神，诸葛亮用兵奇诡，我国唯有大将军曹真堪与匹敌。请陛下任命曹真为大都督，领兵御敌。臣也常思杀敌建功，希望陛下也能让臣去西部战场，和蜀军拼杀。"

曹叡很欣慰，回书说："朕知道你的忠心，这次对付蜀军就不劳你了。朕已经命曹真领兵出征。"

蜀军兵出祁山[2]后，诸葛亮召集众将议事。魏延献策说："我有一计，可以迅速打败曹魏，恢复中原。"诸葛亮吃惊地问道："文长有何良策？"魏延上前一步，娓娓道来："丞相率大军在正面战场与曹真的大军交战，我亲率五千精兵，取路出褒中（治所为今陕西汉中市西北褒城镇

---

① 费祎（？—253）：字文伟，江夏（今河南信阳市罗山县人），三国时期蜀汉名臣，深得诸葛亮器重，官至大将军，封成乡侯。主政时执行休养生息的政策，为蜀汉的发展尽心竭力。

② 祁山：位于甘肃礼县东、西汉水北侧，西起北岈（今平泉大堡子山），东至卤城（今盐官镇），连山秀举，罗峰兢峙，被誉为"九州"之名阻，天下之奇峻，地扼蜀陇咽喉，势控攻守要冲，成为三国时魏蜀必争之地。

以东），循秦岭以东，当子午谷①而投北。不出半月可到长安，曹真闻长安危急，必率军回救，丞相领主力大军乘势掩杀，魏军必败。"

诸葛亮听了，脸上的笑意逐渐消退，说："这个计谋我也想过，不过太冒险了。魏军如果在子午谷暗设伏兵，于山僻处截杀，你的五千兵马就完了。即使你能成功抵达长安城下，那也是孤军深入，会被长安的魏军包围消灭的。"

魏延见诸葛亮不同意自己的意见，怏怏不乐地说："丞相从大路进兵，魏军于路抵抗，旷日持久，什么时候才能得到中原？"诸葛亮笑着说："我依次进兵，稳扎稳打，何忧不胜。"

接着，诸葛亮环视诸将，问道："诸位将军，曹真、张郃已经提兵而来，谁可据守街亭（今甘肃天水市秦安县城东四十五公里的陇城镇），以挡魏军？"

"末将愿往。"一人应声而出，原来是参军马谡。马谡是诸葛亮的心腹将领，熟读兵书，深明兵法。

诸葛亮盯着马谡看了一会儿，有点不放心地说："街亭虽然不大，但它是汉中的咽喉，魏军破了街亭，就可以直取阳平关。街亭能否守住，事关全局，幼常你能守得住吗？"

马谡见诸葛亮小瞧自己，愤然道："末将虽然没有打过几次仗，但久随丞相左右，多蒙教诲，自信可以胜任。如守不住，甘当军法。"

"好吧，那就由你率兵两万，据守街亭。"诸葛亮也想让马谡历练一下，将来也许能派上用场。

"赵云、邓芝，你们率兵五千，攻取天水郡（治所在今甘肃天水市西北）；魏延，你率本部人马，攻取南安郡（治所在今甘肃陇西县）；王平、马岱，你二人率军攻取安定郡（治所在今甘肃泾川县北）。"诸葛亮分拨已定，诸将皆领命而去。

曹魏的天水、南安、安定三郡与蜀汉接壤，成为蜀军的首战之地。

---

① 子午谷：在陕西西安市长安区南，是关中通往汉中的一条谷道，长三百多公里。

天水郡太守马遵及其部将姜维①见蜀军势大，而曹真的大军远水解不了近渴，表示愿意归降诸葛亮。诸葛亮大喜过望，仍然任命马遵为太守，将姜维收到帐下听用。南安郡太守杨陵、安定郡太守崔谅听说天水郡已经归附蜀汉，也都前来归降。蜀军兵不血刃，便夺得曹魏的边关三郡，诸葛亮分兵据守。

话说马谡领军来到街亭，观看街亭地势，发现街亭并无城池，到处都是山，林木茂密。部将对马谡说："街亭没有城池，很难坚守，我军应该在当道之处立起寨栅，抵御魏军。"但马谡绕着街亭转了一圈，笑着对部将说："此地多山，居高临下，势如破竹，我军应该全部驻扎在山上，魏军若来攻山，必然讨不到便宜。"部将说："如果全军驻扎于山上，很容易被魏军分割包围。"马谡大怒道："我自幼熟读兵法，连丞相也经常向我请教，你懂什么！"接着，马谡下令将两万兵马分别屯驻在街亭的几座大山上。

数日后，曹真和张郃领大军抵达。曹真率大军与诸葛亮的主力在正面相持，张郃率兵五万直捣街亭。分兵前，曹真对张郃说："街亭是蜀军的交通要道，如果你能攻下街亭，诸葛亮必然退兵。"张郃拍着胸脯保证道："大都督放心，我打了一辈子仗，一个小小的街亭算什么！"

张郃兵至街亭，见蜀军当道并无寨栅，主力全部驻扎在几座大山上，不禁大笑着对部将说："街亭指日可取，蜀军必败。"他下令诸将分兵包围山上的蜀军，断绝山上蜀军的水源。

马谡在山上见魏军围山，命蜀军下山冲击魏军，但魏军用箭射击，蜀军兵士被射倒了一大片。马谡无计可施，心中十分忧虑。

蜀军被魏军围得铁桶一般，几天后，蜀军缺水，军心大乱。马谡无奈，只得率人冲下山来，与魏军混战。但两万蜀军怎敌五万魏军，很快蜀军就被打败了，马谡率残兵败将突围而出，回到蜀军大帐。

---

① 姜维（202—264）：字伯约，天水冀县（今甘肃甘谷东南）人，三国时期蜀汉名将，官至大将军，在诸葛亮去世后崭露头角，继续率领蜀军北伐曹魏，与曹魏名将邓艾、陈泰、郭淮等多次交手，互有胜负。

蜀军大帐中，诸葛亮正在看地图，忽报马谡兵败，街亭失守。诸葛亮大惊，不久马谡来了，他跪伏于地，细说街亭失守的经过，说罢大哭。诸葛亮大怒道："你的兵书都白看了吗，有你这么打仗的吗？把军队都驻扎在山上，亏你想得出来。"马谡羞惭道："末将愿以死谢罪。"诸葛亮喝斩马谡，军士推马谡出帐，诸葛亮掩面而泣。他和马谡私交很好，也舍不得杀马谡，但是没有办法。街亭失守后，蜀军的后方暴露无遗，不撤军也不行了。

此前诸葛亮与曹真正面对峙，多次出兵交战，互有胜负。张郃夺取街亭后，曹真加强了攻势，诸葛亮命人将西城县一千多户迁往汉中，自率主力大军撤退，由魏延、马岱断后。魏军追过祁山，魏延、马岱从山谷中杀出，截杀魏军，曹真领大军从后杀至，蜀军大败，丢盔卸甲而走。

蜀军退走后，魏军又收复了天水、南安、安定三郡，三郡百姓互相传言说："曹真大将军来了，我们就放心了。"

在宛城，司马懿正在屋内发呆，忽然司马师和司马昭闯了进来，兄弟二人禀报说："蜀军败了，蜀军败了，曹真和张郃已经把诸葛亮赶走了。"司马懿闻言，惊喜地问道："我军是如何击败蜀军的？"司马昭说："张郃将军夺了街亭，切断了蜀军的供应线，诸葛亮只得撤军。"司马懿叹气道："老将张郃果然名不虚传，他三十年前就是名将。"

司马师又问："父亲，我们父子什么时候才能去雍凉（今甘肃武威市）与诸葛亮一较高下？"

司马懿神色凝重地回答："曹真不死，没我们父子什么事。"

二、曹休兵败石亭

诸葛亮退军后回到汉中，收兵点将，发现损失了好几万人马。为了检讨自己的过失，诸葛亮上表请刘禅给予自己降职处分。他在表文中说："臣本庸才，识人不明，致有街亭之失，丧军辱国，请自贬丞相之职，以正法度。"

刘禅看了诸葛亮的表文后，对朝中群臣说："胜败乃兵家常事，就不要处罚丞相了。"

侍中费祎奏道："治国者必须以奉法为重，法若不行，何以服人。丞相打了败仗，自行贬降，陛下应该予以批准。"刘禅采纳费祎之言，下诏贬诸葛亮为右将军，行丞相事。

随后，费祎拿着皇帝诏书来到汉中，宣读诏书后，又以好言安慰诸葛亮说："成都百姓听说丞相北伐，夺取了曹魏三个郡，都很高兴。"诸葛亮变色说："三郡得而复失，有什么值得高兴的。"费祎又说："陛下知道丞相收降了姜维，很高兴。"诸葛亮说："大军出征，未得寸土，就算得到了姜维，对曹魏也没有什么损失。"费祎见诸葛亮有些难堪，又说："丞相驻军汉中，兵精粮足，可以继续北伐。"诸葛亮说："北伐非一朝一夕之事，当按部就班，徐图进取。"费祎默然。

曹魏很快又与东吴打了一仗。一天，大司马曹休派人密报，说东吴鄱阳（今江西鄱阳）太守周鲂受到孙权的责难，愿意献城归降，请魏国派兵前去接应。曹叡大喜，命曹休进兵接应；驻守宛城的司马懿出兵江陵，策应曹休；建威将军贾逵①率一军攻打东吴的东关。三路魏军，共十万人。

实际上，鄱阳太守周鲂是诈降，他已派人密报孙权，说自己准备诈降，引诱曹休深入重地，请孙权派重兵设伏，一举消灭魏军东战区的主力，然后挥师北上，取许都，下洛阳，一统天下。孙权便命陆逊领一军伏击曹休，命诸葛瑾领一军镇守江陵，阻击司马懿。

太和二年（228 年），大司马曹休率兵五万，向东吴军事重地皖城开进。大军行至石亭（今安徽舒城县境内），伏兵四起，陆逊率领吴军主力包围了曹休的军队。两军混战，魏军大败，曹休拼死突出重围。

---

① 贾逵（174—228）：字梁道，河东襄陵人（今山西临汾市），三国时期曹魏名臣，西晋开国功臣贾充之父，历仕曹操、曹丕、曹叡三代，颇有军政才干。

大战前，司马懿曾致信曹休，要他提防周鲂诈降诱敌。曹休也起了疑心，于是宴请周鲂，周鲂在席间断发为誓，打消了曹休的顾虑。为了制造更多的假象迷惑曹休，孙权三天两头派使者责问周鲂，以佐证周鲂与孙权不和的传言。

石亭之战，魏军损失一万多人，曹休为此十分惶恐羞愧，不久便病死于洛阳。曹休死后，曹叡加封曹真为大司马。曹真本来不是曹氏一族，也不姓曹，只因他的父亲秦劭和曹操是战友，有一次曹操被袁术的军队追杀，秦劭舍命救了曹操。曹操感念秦劭的救命之恩，就收养了曹真，让他改姓曹。曹真自幼和曹丕一起长大，并跟随曹操南征北战，屡建战功，深得曹家信任。曹丕称帝后，很排斥自己的亲兄弟，却对曹真很好，视为心腹。曹叡继位后，称曹真为皇叔，更加倚重曹真。

石亭之战的另一个受益者则是司马懿。这是因为曹休的死亡使曹氏宗亲的实力大大削弱，而且战将也少了，曹叡手下无人可用，东线兵权落入满宠之手，司马懿则先后都督荆、豫二州军事和都督雍、凉二州军事，曹魏宗室再也无法完全掌控兵权，这也为司马懿夺权提供了契机。所以，如果说赤壁之战确立了天下三分，石亭之战则是让三国重新洗牌。

三、鏖战陈仓

石亭之战的惨败，使魏国压力大增，只能把军队调往东边，关中兵力空虚，极大地减轻了蜀汉的压力。诸葛亮自然不愿错过这个难得的机会，决定第二次进行北伐。

太和二年（228 年）秋，诸葛亮再上《出师表》，请求伐魏。表文摘录如下：

先帝深虑汉、贼不两立，王业不偏安，故托臣以讨贼也。以先帝之明，量臣之才，固知臣伐贼，才弱敌强也。然不伐贼，王业亦亡。惟坐而待亡，孰与伐之？是故托臣而弗疑也。

臣受命之日，寝不安席，食不甘味。思惟北征。宜先入南。故五月渡泸，深入不毛，并且而食；臣非不自惜也，顾王业不可得偏安于蜀都，故冒危难，以奉先帝之遗意也，而议者谓为非计。今贼适疲于西，又务于东，兵法乘劳，此正进趋之时也。

……

夫难平者，事也，昔先帝败军于楚，当此时，曹操拊手，谓天下已定。然后先帝东联吴越，西取巴蜀，举兵北征，夏侯授首，此操之失计，而汉事将成也。然后吴更违盟，关羽毁败，秭归蹉跌，曹丕称帝。凡事如是，难可逆见。臣鞠躬尽瘁，死而后已。至于成败利钝，非臣之明所能逆睹也。

表至成都，刘禅询问群臣意见，大家都说不能伐曹魏，但没有人能阻挡诸葛亮北伐的脚步。

蜀军出征的消息传到洛阳，曹叡召见司马懿商议对策，司马懿分析说："上次蜀军北伐，毁于街亭。这次蜀军还会走这条路，街亭正南有一座城叫陈仓，曹真已经派将军郝昭前去守把。郝昭以善于守城而闻名，必然能守住陈仓。蜀军攻不下陈仓，就打不通粮道，若蜀军从其他小路入侵，粮草不济，最多只能支撑一个月。蜀军粮尽兵退，我军乘势掩杀，可获全功。此次诸葛亮北伐必败。"曹叡听了，笑着说："你的意见和曹真不谋而合，有你们二人在，诸葛亮就不是我们的对手。"

陈仓城内，主将郝昭正在巡城，一个负责巡哨的士兵前来报告："禀告将军，蜀军漫山遍野而来，即将围城。""传我将令，准备迎敌。"郝昭从容下令。

两个时辰后，蜀军已经将陈仓四面包围。随着蜀军大将魏延一声令下，士兵蜂拥而上。陈仓城上箭矢如雨，蜀军纷纷中箭，倒地身亡。为了登上城墙，蜀军架起云梯，冒着箭雨向上攀爬。"往下扔石头砸！"魏军守城将领扯开嗓子下令。顿时，密集的石头从城上砸下，蜀军被砸得血肉模糊，哀号之声不绝于耳。

一连战了二十多天，由于魏军防守严密，蜀军始终无法得手。诸葛亮大怒，拍案大叫："陈仓城里只有三千魏军，却将我军十万之众挡在这里这么多天，如果再攻不下来，你们就不用回来见我了。"大家都不敢说话，魏延说："陈仓城池坚固，郝昭防守严密，很难攻下。"诸葛亮正要发怒，一个谋士进言道："臣少年时与郝昭是朋友，愿意只身进城，说服郝昭来降。"诸葛亮听了转怒为喜，便让谋士马上行事。

蜀军谋士单枪匹马来到陈仓城下，向城上喊话道："我是你们主将郝昭的故交，请求进城见郝昭将军。"魏军开门将其放入。谋士与郝昭多年未见，备感亲切，寒暄一番后，谋士说："今诸葛丞相率大军十万前来伐魏，将军仅凭数千人，如何能守得住？不如开城投降，归附蜀汉。"郝昭怒道："守城是我的职责，誓与蜀军决一死战。你不要说了，请回吧，尽管叫诸葛亮来攻城。"

谋士回禀诸葛亮，说郝昭意志坚决，不肯投降。诸葛亮正在犯愁，忽然探马来报："曹真派大将王双前来支援郝昭，率两万大军抵达陈仓城外，驻扎于二十里处。""难道这次北伐就这么完了？"诸葛亮在帐内焦躁不安地来回踱步。这时，部将姜维献策说："陈仓本来就难打，王双又领两万人马前来助战，这样更攻不下来了。不如绕开这个地方，分兵守住险要，然后走小路出祁山，我用诈降计诱杀曹真，大事可成。"诸葛亮采纳了姜维的计策，派大将王平留守陈仓要道，阻挡郝昭和王双，自己和姜维、魏延率大军走小路出祁山。

出祁山后，姜维写了诈降书，派人送给魏军主将曹真。信中写道："罪将姜维百拜，前者，诸葛亮北伐，攻夺三郡，我不得已而降蜀。今闻大将军亲自统兵前来，姜维愿做内应，里应外合，消灭诸葛亮。来日与蜀军交战时，都督可诈败，我将率本部兵于蜀军寨后放火，但见火起，都督可领军杀回，我会亲自率兵接应，定能击溃蜀军。"

曹真看信后犹豫不决，询问部将费耀的意见，费耀说："姜维原本是我们的将领，上次诸葛亮北伐时被迫归降，现在自称愿意反水，有一定的可信度。但也不能排除是诸葛亮的奸计，都督不可轻去，我愿率军去和姜维接应。"

随后，费耀领三万人马进入斜谷道，途中遇到蜀军主力，双方交战片刻，魏军诈败退走。蜀军在后面追赶，忽然蜀军背后起火，火势冲天。费耀看见后，误以为是姜维在接应自己，于是又率军杀了回去，蜀军且战且走。追了几个时辰，魏军已经深入重地，蜀军伏兵四面齐出，将魏军围了起来。费耀知道中计，急忙下令突围，混战中被蜀军杀死。曹真得报后大惊，传令各部坚守要隘，不与蜀军交战，待蜀军粮尽而退时再追杀。

蜀军求战不得，与魏军相持月余，粮草渐渐不济。诸葛亮无奈地对诸将说："我军若能早点攻下陈仓，就不会是今天这个局面了。绕道其他小道运粮，极为不便，只能退军了。"

诸葛亮随即派魏延断后，蜀军缓缓退入汉中。曹真命大将王双率军追击，王双追至陈仓道口，中了蜀军的埋伏，被魏延斩杀。蜀军安然退回汉中。

四、三番伐魏

太和三年（229年），诸葛亮奏知后主刘禅，致书于孙权，约孙权一起起兵伐魏。书至江南，孙权聚众商议，大将军陆逊进言道："诸葛亮约我们兴兵伐魏，是想借助我们的力量牵制魏国，我们可以假意答应他，遥作兴兵之势，待诸葛亮在西线与魏军杀得两败俱伤的时候，再乘机出兵。此为上策。"丞相顾雍也说："诸葛亮志在统一，并不是不想吞并我们，我们不能被他牵着鼻子走。"于是，孙权便打发诸葛亮的使者回去，敷衍诸葛亮说："吴军正在集结，很快就会起兵伐魏。"

接到孙权的回信后，诸葛亮信心大增，聚集众将准备再次北伐。不过，姜维却有些怀疑，他说："孙权真的会起兵帮助我们吗？"魏延哼了一声，说："我觉得孙权未必会真的北伐，他会坐山观虎斗。"诸葛亮镇定地说："是否北伐，取决于我们自己，而不是东吴。"

不久传来消息说陈仓守将郝昭病危，诸葛亮闻讯大喜，立即派一支轻骑兵昼夜兼程，三天便赶到陈仓城下，全力攻城。与此同时，陈仓城内的蜀军细作也在城内放火助威，这时郝昭刚刚病死，魏军群龙无首，军心大乱，不战自溃。蜀军一鼓作气攻下了陈仓。几天后，诸葛亮率领蜀军主力赶到，设宴大犒三军。

陈仓失守后，曹叡命大司马曹真火速赶往边关，抗击蜀军的入侵。曹真赶到前线后，部将郭淮①汇报说："蜀军正在分兵攻打武都（今甘肃成县西）、阴平（今甘肃文县西北）二郡，请大都督速派军队驰援。"曹真当即命郭淮率一军救援武都、孙礼②领一军驰援阴平。老将张郃请战，曹真便让他率军与诸葛亮正面对抗。

郭淮赶到武都时，武都已经失守；孙礼赶到阴平时，阴平也已经落入蜀军之手。他们各自领军攻城，企图复夺二郡，忽然背后一声鼓响，蜀军从四面杀来，城内的蜀军也乘势杀出，里外夹攻，郭淮和孙礼死命杀出重围，狼狈奔回魏军大营，向曹真请罪。曹真没有责怪他们，还好言抚慰道："胜败乃兵家常事。"

次日，两军对战，曹真在正面和诸葛亮相持，张郃率一支偏师偷袭蜀军侧背，不料又中了蜀军的埋伏，大败而归。曹真闻讯大怒，领大军从正面杀出，双方混战一场，未分胜负。

此后，魏蜀双方在祁山前线对峙了一个多月，魏军始终坚守不出。一天，诸葛亮传令蜀军退三十里下寨，第二天又退军三十里，第三天又复退军三十里。蜀军三天退了九十里，魏军主将曹真犹豫不敢追击，张郃对他说："蜀军可能国中有事，所以用此缓兵之计，渐退汉中，我军

---

① 郭淮（？—255）：字伯济，太原阳曲（今山西太原）人，三国时期曹魏名将，官至车骑将军，封阳曲侯。

② 孙礼（？—250）：字德达，涿郡容城（今河北容城）人，三国时期曹魏将领，为人刚毅而有勇略，曾为保护曹叡而欲独身搏虎。官至司空，封大利亭侯。

再不追就来不及了。"于是，曹真命张郃率一军追赶蜀军，自己亲率一军在后接应，以防蜀军埋伏。

张郃率军追了六十多里，蜀军伏兵果然从两侧山谷中杀出，包围了魏军。危急之时，曹真率大军掩杀过来，张郃也从包围圈中反击蜀军，双方交战数小时，蜀军渐渐抵挡不住。曹真亲自在后督战，忽然传来消息说蜀将姜维率一军偷袭魏军大营，曹真连忙率军回救。蜀军见魏军退却，乘势掩杀，魏军大败。等曹真回到大营，姜维已经率部撤走了。

"诸葛亮用兵奇诡，我军屡战不胜。"曹真在大营内抱怨道。部将孙礼进言说："蜀军远来，利在速战，我军只宜坚守，蜀军粮尽自然会退军，此乃万全之策。"曹真叹气道："也只有这样了，战而不胜，反而会挫伤我军锐气。"随即传令各军坚守本寨，一律不许主动出战。

"才打了几仗，曹真就被吓破胆了，居然坚守不出。"蜀军众将调侃道。诸葛亮解释说："曹真是名将，非怯战之辈，他是料我军远来，粮草不济，等我军粮草耗尽时才会乘势攻击。"他接着又问监粮官："粮草还有多少？"监粮官表示还能支撑半个月。

蜀军和魏军又相持了十天，蜀军主动出击，攻击魏军营寨，但没有什么进展。一天夜里，诸葛亮命前军发动进攻，后军缓缓撤退，待后军撤走后，前军再撤。第二天天亮时，蜀军已经全部撤走。曹真探知消息后，命魏军全力追击，在路上又中了蜀军的埋伏，狼狈奔回。

蜀军顺利退回汉中，诸葛亮第三次北伐也随之宣告结束。这次交手，诸葛亮计胜一筹，把曹真打得晕头转向，但最后仍然因为粮尽而不得不退。

由于成功夺取武都、阴平二郡，刘禅再次恢复了诸葛亮的丞相之位。至冬天，诸葛亮将府营移到南山下的平原，修筑汉、乐二城，加强汉中的防守。

五、被秋雨耽误的伐蜀之战

鉴于诸葛亮数次北伐始终掌握战略主动权，并依靠地理优势给曹魏雍凉地区的生产和驻军带来了巨大损失，曹魏打算反客为主，征伐蜀汉。

太和四年（230 年）七月，大司马曹真在一次朝会中上奏道："陛下，蜀汉屡次入侵中原，若不剿除，必为后患。如今秋凉，人马安闲，正可主动出击，对蜀汉用兵。臣愿率大军攻入汉中，直捣成都。"

"刘晔，你认为现在能伐蜀吗？"曹叡望向刘晔①，接着曹真的话题问道。刘晔是三朝老臣，在曹操和曹丕时期就是朝廷大臣，现在位列三公。

"陛下，诸葛亮自恃其才，多次兴兵侵犯，皆无功而返。臣赞成大司马提出的伐蜀动议，请陛下即日兴师，荡平蜀汉。"

不过，曹叡持不同看法，他说："朕以为，不久之后蜀汉必然还会前来入寇，我军何不以逸待劳，进一步削弱蜀汉的有生力量。用不了几年，穷兵黩武的诸葛亮就会成为强弩之末，那时才是伐蜀的最好时机。"

曹真却执意出征："陛下，我大魏是天朝大国，岂能等着小小蜀汉来打？请陛下准臣伐蜀。"

曹叡把手一挥，说："好了，你容朕考虑一下。过几天，司马懿就回来了，朕问问他的意见再定。"

几天后，司马懿回京述职，曹叡单独召见他，问道："曹真和刘晔劝朕伐蜀，你认为可行吗？"

司马懿分析道："陛下，最近东吴国内的政治斗争非常激烈，孙权无暇北顾，这就使我们没有了后顾之忧，可以考虑伐蜀之事。蜀汉虽然

---

① 刘晔（？—234）：字子扬，淮南成德（今安徽省寿县东南）人，光武帝刘秀之子阜陵王刘延的后代，三国时期曹魏著名的战略家，曹魏三朝元老，人称有佐世之才，是曹操手下举足轻重的谋士，对天下形势的判断往往一语中的。

有山川之险，但并非不可攻取的铜墙铁壁。连年以来，蜀军频繁入侵，我军被动挨打，长此下去也不是办法。"曹叡见司马懿也同意伐蜀，终于下定了决心。

太和四年（230年）秋，曹叡任命曹真为征西大都督，率领大军二十万人浩浩荡荡地向蜀汉杀去。同时任命司马懿为征西副都督，与曹真分兵攻取汉中；任命刘晔为军师，随军参赞军机。

眼见魏军汹涌而来，诸葛亮召集诸将准备迎敌：

"王平、廖化，你二人率三千人马去守陈仓（今陕西宝鸡市陈仓区）道口。"

"丞相，魏军号称四十万，最少也有二十万，你给我们三千兵马，如何迎敌？"王平和廖化面面相觑，支支吾吾地说。

诸葛亮淡然一笑，胸有成竹地说："我夜观天象，近日汉中地区必有大雨，魏军肯定不敢冒着大雨发动进攻。你们放心去吧，如果有失，我恕你们无罪。"

接着，他又下令道："其余诸将加紧操练兵马，养精蓄锐。大雨过后，魏军必退，到时我军乘势掩杀。"

诸将听了诸葛亮的布置，心里都有了底。

此时魏军二十万人马绵延数百里向汉中进发，前军已到陈仓。曹真和司马懿入城，见陈仓城的房屋皆被烧毁，知道是蜀军在搞坚壁清野。探马说前方陈仓道口有一支蜀军守把，曹真便想进军，司马懿劝阻道："我昨日仰观天象，近日必有大雨，我军不可轻进。应当屯驻此地，待秋雨过后再并力进兵。"曹真便吩咐诸将就地驻扎，并让士兵多盖窝棚，以防秋雨。

果然不出诸葛亮和司马懿所料，大雨如期而至，一连下了二十多天。蜀军住在后方，准备充分，受的影响较小。魏军远道而来，在陈仓城外搭的窝棚经常漏雨，士兵们都抱怨不已。同时，由于连日下雨，战马的草料都吃完了，死了很多马匹，魏军士气低落。

听说伐蜀大军遭遇连绵秋雨，朝中大臣华歆、杨阜等都上书劝曹叡召曹真和司马懿回师。劳师无功，曹叡也很无奈，只得下诏命曹真撤军。

十几天后，魏军奉诏回师。蜀军诸将想要追击，诸葛亮却说："魏军回师，必有埋伏，我军不可追赶。等魏军都走完了，我军再出祁山，与魏军交战。"

进攻曹魏其实不止一条路，诸葛亮为什么只走祁山呢？诸葛亮认为，祁山是长安之首，当陇西诸郡之要冲，更兼前临渭滨、后靠斜谷，左出右入，可以伏兵。蜀军出祁山展开进攻，可以占据地利之便。

魏军退到斜谷和箕谷（褒斜道太白岭之西坡），司马懿对曹真说："我料蜀军必出祁山，与我军交战。"曹真说："若出祁山，必由斜谷和箕谷而来，我军可在那里设伏，挫一挫诸葛亮的锐气。"司马懿点头称是。于是，曹真自领一军埋伏于斜谷口，司马懿率一军埋伏于箕谷口，专候蜀军。

且说姜维、马岱率人马行到斜谷口，魏军伏兵齐出，将他们围了起来，姜维和马岱死战得脱。与此同时，廖化、王平率另一支蜀军出箕谷，也中了司马懿的埋伏，折兵大半，败退汉中。诸葛亮闻讯大惊，看来他有点低估曹真和司马懿了，没想到自己这回也中了魏军的埋伏。

魏军伏击蜀军之后，主动退往渭滨扎营，诸葛亮亲率十万大军出祁山，与魏军对峙。双方相持一个多月，多次交战，互有胜负。

一天，蜀军运粮官苟安从成都运粮过来，诸葛亮斥责他说："十万大军等着吃饭，你却把半个月的路程走了一个月，如此贻误军机，本该斩首，念你是尚书令李严的部下，就不杀你了，杖打一百，长点记性。"

李严是朝中重臣，在蜀汉朝廷中很有威望，连诸葛亮也得让他三分。苟安回到成都见了李严，诋毁诸葛亮极为无礼，竟然打了他一百杖。李严大怒，以后运粮更不积极了。苟安则在成都散布流言，说诸葛亮功高盖主，早晚必将篡国。流言很快传入宫中，宦官密告后主刘禅，刘禅忙下诏让诸葛亮回朝，不得延误。

此时正值两军对阵之际，诸葛亮和蜀军众将都很气愤，但又无可奈何，只得班师回朝。撤军时，诸葛亮用减兵添灶之法，缓缓退入汉中，曹真和司马懿不敢追赶，也收兵回洛阳去了。

诸葛亮回到成都，入见后主，问道："臣正在前方为国征战，不知陛下突然下诏，召臣回来有什么大事？"后主一时语塞，支支吾吾地说："朕想丞相了，所以召丞相回来。"诸葛亮变色说："陛下已经不小了，曹魏的皇帝曹叡才比陛下大三岁，却比陛下强多了。"后主羞惭道："朕知道错了，以后不会再犯了。"诸葛亮也感到无奈。

事后，诸葛亮派人调查，知道是苟安散布流言中伤自己，便下令追捕苟安，但苟安已经逃到曹魏去了。

曹真回到洛阳面见皇帝，解释说："大军西征，遇上了连绵秋雨，所以贻误了战机，无功而返。"不久，曹真病重，死于洛阳。临终前，曹叡前去探望，曹真对他说："我死之后，陛下可让司马懿接替臣的职位，与诸葛亮周旋。放眼国内，也只有司马懿堪与诸葛亮匹敌了。"曹叡答应下来。这一次，司马懿又成了战争的受益者，成为魏军的一号人物。

六、开赴雍州前线

曹魏唯一一次主动进攻蜀汉就遭遇失败，也就没有大规模地主动进攻蜀汉。太和五年（231年）春，诸葛亮乘曹魏雍凉地区半年没有下雨，率十万大军再出祁山，开始第四次北伐。这一次，诸葛亮遇到了真正的对手——司马懿。

消息传至洛阳，曹叡紧急召见司马懿，语重心长地说："今大将军曹真已经去世，放眼朝廷，能抵挡诸葛亮入侵的就只有你了。朕任命你为雍凉总督，抵御蜀军。"司马懿顿首道："陛下宽心，臣一定会击溃蜀军的。"带着皇帝的殷切期望，司马懿立即开赴雍州前线，准备与诸葛亮决一雌雄。

从洛阳到长安途中，司马懿意气风发。兵至长安，司马懿召集各路人马，命张郃为先锋，领兵数万，先到祁山占据有利地形。司马懿自率主力大军在渭滨扎营，雍凉守将郭淮、孙礼各引本部人马前来听调。

司马懿向他们了解军情，问道："二位将军，蜀军近来有何动向？"

郭淮回道："禀大都督，蜀军出祁山以来，我和孙将军紧守陇西各郡，只有卤城投降了蜀军。"

司马懿一听，连忙吩咐道："卤城附近有大量麦田，现在正值麦熟时节，蜀军很可能会抢收小麦补充粮草。你二位立即率军巡略卤城等地，如遇蜀军割麦，便与之交战，确保我国的粮食不落入蜀军之手。"

郭淮、孙礼领命，分兵巡视陇西各郡，果然发现蜀军在偷割麦子，于是率兵攻击割麦的蜀军，蜀军只得弃麦而走。败兵回报诸葛亮，诸葛亮感叹道："司马懿老谋深算，知道我军粮草不济，会就地割麦取粮，所以派兵处处设防。"姜维说："丞相不要气馁，魏军今夜可能会来攻打卤城，请做好准备。"诸葛亮眉头一挑，笑着说："伯约高见，你今夜领军守城，我派魏延、廖化、王平等人到城外的麦田中设伏。魏军如果敢来，听我中军炮响，一齐杀出，里外夹攻。"姜维领命而去。诸葛亮派人传令其他将领，让他们各自准备。

当天晚上，郭淮、孙礼引兵夜袭卤城。兵至城下，郭淮下令攻城，忽闻一声炮响，城外的蜀军从四面八方杀来，姜维则率城内蜀军杀出，内外夹击，魏军大败。郭淮和孙礼领着败军回见司马懿，叩拜请罪，司马懿扶起他们，安慰道："诸葛亮是个很难对付的人，败给他并不奇怪，我们可以整兵再战。"

卤城之战后，蜀军每天挑战，司马懿深知蜀军劳师远袭，粮食补给困难，因而凭险坚守，拒不出战。张郃认为蜀军"孤军食少"，必然想要速战速决，所以应该以大军屯于此处，然后分兵包抄，截其后路。但司马懿却不采纳。魏军将领数次请战，司马懿也不同意，诸将十分不满，讥笑他说："您畏蜀如虎，难道不怕天下人笑话吗？"

一天，诸葛亮正在营中端坐看书，一个哨兵奔入营内，禀报说："丞相，魏将郭淮、孙礼领兵去袭剑阁了。"诸葛亮大惊，掷书于地，立即派大将魏延引兵数万去救援剑阁。剑阁道①是汉中的咽喉要地，也是蜀军的粮道必经之处，若剑阁有失，蜀军就危险了。

在魏军的猛攻下，守关的蜀军渐渐支撑不住。危急之际，魏延领军杀到，郭淮和孙礼分兵与魏延交战，双方在剑阁相持数日，郭淮和孙礼见不能取胜，便主动领军退走。

几乎与此同时，司马懿分兵攻打卤城、祁山等地的蜀军营寨。诸葛亮泰然自若，沉着指挥，击退了魏军的多次进攻。

由于诸葛亮穷兵黩武、连年征战，蜀汉国力大损，军粮不济。负责在后方筹集粮草的李严无法筹到足够的军粮，于是给后主刘禅上了一道表章，谎称东吴与曹魏联合，准备兴兵寇蜀。刘禅览表大惊，立即将李严的表文转送诸葛亮。诸葛亮正在祁山商议进兵之策，忽然接到李严的告急表章，只得马上拔营回蜀。为了防止魏军尾随追击，诸葛亮命姜维在剑阁道布下伏兵，阻击魏军。

蜀军往汉中缓缓而退。司马懿探知消息后，命张郃领军追赶。张郃说："兵法有云，围攻城池的时候，一定要给城中之人留一条出路，别人撤退的时候，千万不要追击。"可是，一向以隐忍著称的司马懿，坚决不肯听从张郃的劝说和建议，执意命令张郃前去追击。军令如山，张郃虽然心里不情愿，也不得不率军前往。老将张郃此时已经七十多岁，他一马当先，冲入剑阁道，结果蜀军伏兵齐出，乱箭射来，张郃身中多箭，战死在剑阁道。张郃被射杀后，魏军不敢再追击，蜀军得以安然退回汉中。

诸葛亮赶回成都后，派人前往东吴打探，细作报告说："东吴并没有与曹魏秘密结盟，东吴也没有入寇蜀汉的意思。"诸葛亮又命人暗访李严密报一事，才知道李严是因为筹措不到军粮才谎报军情。调查清楚

---

① 剑阁道：中国古代蜀北要道，因剑山峭壁间栈（古称阁）道而得名，位于今四川剑阁县东北，亦泛指汉中经剑阁至成都间通道。三国时，诸葛亮为运送军资，沿此道凿崖架飞梁，拓宽险路约十五公里，始名剑阁道。后于剑阁道南端隘口处，以两崖相嵌置关，其形如门，称剑门关。易守难攻，有"一夫当关，万夫莫开"之说，为川陕交通咽喉。剑门关现已毁，剑阁道被扩建为川陕公路一段，附近还有宝鸡—成都铁路通过。

后，诸葛亮据实上奏后主，后主大怒，欲斩李严，在众大臣的求情下才饶李严一命，将他废为庶人，赶出朝廷。李严在蜀汉朝廷中根基很深，是诸葛亮在政治上最强劲的对手，即使犯了如此大罪，也被朝中百官保了下来。诸葛亮为此十分气愤，但他强压怒气，任命李严之子李丰接替其父，继续为蜀军筹集粮草，保障蜀军北伐时的后勤供应。李严后来也知罪悔罪，督促儿子李丰为国效力。

对于张郃战死沙场，司马懿既高兴又悲伤。高兴的是，张郃生前在魏军中德高望重，经常不服从指挥，司马懿为此十分苦恼，现在这个刺头没有了，他在陇西军中真正是一言九鼎了。悲伤的是，张郃久经沙场，是一员不可多得的大将，他的死对曹魏来说是一大损失。

张郃死后，司马懿派人将张郃的尸体送回洛阳，他还亲自抬棺，以示敬重。

曹叡得知张郃被蜀军乱箭射死，埋怨道："老将军都七十多岁了，怎么还亲自上阵，司马懿这个都督是怎么当的？"

众臣面面相觑，陈群看了一下曹叡的脸色，故作悲伤地说："张郃将军戎马一生，为我大魏立下了赫赫战功。如今遇难，实为我国一大损失啊！"

大臣们纷纷附和，卫尉辛毗却语出惊人："张郃遇难的确可惜，但于我国大计并无所损，大家何必如此叹息。司马懿之才不在曹真之下，足可抵御蜀军。"

曹叡和大臣们的目光都投向辛毗，辛毗面不改色，继续上奏道："陛下，诸葛亮一日不死，边疆的战事就一日不停。请陛下厚葬张郃，命司马懿驻守雍凉，不必回京了。"

曹叡当即下诏让司马懿镇守雍凉，防备蜀汉。同时下令为张郃举行国葬，沉重悼念这名老将。

这时，陈群又上奏说："陛下，雍凉之地人口稀少，请陛下从内地征调一万农户去边境屯田种粮，以充军食。"

曹叡也准奏，下令从中原调一万农户去雍凉，巩固边防。

"陛下，我国大部分兵力都驻扎在淮南和荆州一带，雍凉兵力薄弱，却战事频繁，请陛下从淮南调一部分军队去雍凉，交给司马懿指挥。"说话的人是司马孚，他是司马懿的弟弟，随时为自己的哥哥着想。

但曹叡将司马孚的意见驳了回去，并解释道："在两个敌国中，东吴较强，蜀汉较弱，所以才会用较多的兵力去防御东吴。诸葛亮历次北伐，最多不过十万大军，而我国在雍凉等地有十五万军队，再加上足智多谋的司马懿，足够了。"

七、高手的对决

青龙二年（234 年）二月，距上次北伐三年之后，诸葛亮再议出师：

"陛下，臣在汉中三年励兵讲武、积草屯粮，现在我军人马雄壮、粮草充足，可以再次伐魏，以图恢复中原。"

朝中百官皆面面相觑，后主刘禅高坐龙椅之上，如坐针毡。他对伐魏实在没有什么兴趣，更想做一个太平天子。蜀汉大部分官员也对伐魏兴趣索然，只是慑于诸葛亮的权威，不敢当面驳斥。

"陛下、丞相，我们地窄人稀，兵源和粮草都不足，客观上不具备伐魏的基本条件。如果强行征伐，与实力雄厚的曹魏拼消耗，早晚有一天会把国家给拖垮的。"进言的人是御史大夫谯周，他是蜀汉老臣，也是少数敢跟诸葛亮唱反调的大臣之一。

朝堂上鸦雀无声，百官互递眼色，刘禅扫视了一眼群臣，又偷眼看了诸葛亮一眼，默然无语。过了一会儿，他终于鼓起勇气打破沉默说："朕觉得谯周说的有道理，不能再打下去了。"

但诸葛亮不顾众人反对，坚持自己的主张："陛下，诸位同僚，本人受先帝厚恩，誓欲恢复中原，将朝廷迁到长安和洛阳。难道这有什么错吗？陛下，臣这次北伐必要成功，如不能成功，愿以死谢罪。军队已经在汉中集结完毕，即日出师。"

皇帝和百官都愣住了，在蜀汉，诸葛亮对政治、军事的决策拥有极高的话语权，没有人可以阻止他北伐。

"那好吧，希望丞相能早奏凯歌。"刘禅言不由衷地说。经过前几次教训，他知道诸葛亮北伐几乎是不可能成功的。

听说诸葛亮再次兴兵北伐，曹叡问司马懿道："蜀汉三年没有入寇，今年又来了，我军当如何迎敌？"

司马懿毫不惊慌，从容回道："陛下，据臣所知，蜀汉人心大都反对出兵，诸葛亮自负才智，逆潮流而动，结果必然是自取灭亡。臣愿领兵赴边境破敌，夏侯渊长子夏侯霸①是个将才，陛下可命他为先锋大将，随臣同去。"

曹叡说："好吧，朕这就下诏！"

汹涌的渭水由西向东奔流而下，在它的南面横亘着峻拔的祁山秦岭，在秦岭和渭水之间有一块小平原。诸葛亮和司马懿的军队都驻扎在渭水南岸。渭水北岸是北原，魏军郭淮、孙礼的军队屯驻于此，与南岸司马懿的军队遥相呼应。双方的几十万军队就这样对峙，随时准备厮杀。

蜀军营帐中，诸葛亮召集将领们开会，下达了作战命令："魏延、马岱，今夜你二人领一军渡过渭水，进攻北原的魏军。王平，你今夜领一军乘木筏顺流而下，放火烧掉魏军在渭水上搭建的浮桥。姜维、廖化、张翼，你三人各领一军猛攻渭水南岸的魏军营寨。"

环立帐中的将领们问道："丞相如此用兵，有何玄机？"

诸葛亮解释说："诸位将军，我军今夜虚攻北原，摆出一副要断其后路的架势，司马懿知道后，一定会派兵救援北原，待魏军援兵渡过渭水，我军立即放火烧掉浮桥。然后，我军主力猛攻敌人在渭滨的大营，我的意图是声东击西，佯攻北原，暗取渭滨。如果我们能把魏军赶过渭

① 夏侯霸：字仲权，沛国谯县（今安徽亳州）人，三国时期曹魏及蜀汉后期的重要将领，夏侯渊次子。在曹魏官至右将军、讨蜀护军，封昌亭侯，屯驻陇西；在蜀汉时为主要的北伐将领，多次参与伐魏战争。

水，就是一大胜利。"

分拨已定，蜀军诸将各自领兵而去。

魏军营寨中，司马懿也在和部下共商军机。站在一张大地图前，司马懿对诸将说："据我军哨探，蜀军正在预备战筏，有渡过渭水攻打北原的企图。"

夏侯霸分析道："大都督，北原扼守着我军通往关中的道路，若北原有失，粮道断绝，渭滨也无法坚守。"

司马懿说："依本都督所料，蜀军攻北原是假，取渭滨是真。他们还会顺势烧掉找军的浮桥。诸将听令，郭淮、孙礼，你二人守北原，今夜将人马埋伏于营外的山僻处，张网以待。张虎将军，你率一军埋伏于浮桥两岸，如遇蜀军来烧浮桥，就用乱箭射住。包括我在内的渭南大营的各将领，今夜我们在营中虚立旗帜，把军队都埋伏在营外，守株待兔。"

这天二更时分天色昏黑，魏延、马岱领着一支蜀军渡河来到北原，突入魏军营寨，不料营中空无一人。"不好，中计了！"魏延惊叫道，这时四下号炮齐响，郭淮、孙礼率军将蜀军围了起来，两军混战。与此同时，王平领一军乘木筏顺流而下去烧浮桥，被预先埋伏于两岸的魏军用箭射住，不得近前。在渭南，姜维、廖化等率蜀军攻入魏军大寨，只见营中虚立刀枪并无一人，慌忙下令撤退。司马懿命人放了三声号炮，埋伏于四面的魏军蜂拥杀来，蜀军大败。

两军厮杀至次日黎明，蜀军将领收拾败军回营，经过清点人马，共折损了一万多人。

魏军旗开得胜，司马懿在中军大帐设宴庆贺，同时派人驰报洛阳。曹叡闻司马懿初战告捷，备感欣慰，对群臣说："仲达之才，不亚于诸葛亮，两人真是棋逢对手，将遇良才啊！"

一天，后主刘禅派费祎来祁山大寨劳军，诸葛亮修书一封，让费祎前往东吴，游说孙权起兵北伐。费祎辞别诸葛亮，赶往东吴，见了孙权，费祎递上书信。孙权答应起兵北伐，派大将陆逊、诸葛瑾等陆续起兵。

与此同时，诸葛亮考虑到前几次北伐都因为运粮不继以致功败垂成，开始在渭滨屯田生产粮食，百姓亦相安无事，一切如常。

祁山前线，魏将郑文率一支兵马来到蜀军大寨前，声称要投降。诸葛亮让人将郑文带入，问道："你们刚刚打了胜仗，你为什么来降我？"郑文回答说："司马懿赏罚不公，处处压制我，所以来降。"诸葛亮说："你既然是诚心来降，就留下吧。"随后，诸葛亮秘密召集诸将，下令说："郑文是诈降，司马懿今夜必来劫营，你们各自领军埋伏于营外，来个瓮中捉鳖。"诸将领命而去。

当天晚上，郑文果然送密信给司马懿，约定里应外合，让司马懿率大军来劫蜀寨。司马懿心中打鼓，自己不敢去，便派大将秦朗①领 2 万人马去劫蜀寨，与郑文会合。三更时分，蜀军营寨突然火起，火是郑文放的，诸葛亮这样做是将计就计。秦朗见蜀寨火起，奋勇突入，但见营中只有少量蜀军，知道情况不妙，忙与郑文会合，然后迅速撤离。诸葛亮坐镇于不远处的一处山岗上，见营中火起，魏军中计，下令各路蜀军将魏军包围起来，混战之中，秦朗和郑文皆死于乱军之中。

司马懿闻知兵败，下令各营坚守阵地，不许出战。

青龙二年五月，诸葛亮终于得到了一个好消息：孙吴发兵 10 余万，分三路进攻魏国，配合蜀军作战。曹魏朝野震惊，曹叡只得率军亲征，同时下旨让司马懿坚守不战，于是，魏、蜀两军便在渭南相持。

八、上方谷遇险

这天，在上方谷外三十里处，一支在外巡哨的魏军截住了一队向上方谷运粮的蜀军，双方发生激战，蜀军大败，被俘数百人。魏军将俘虏

---

① 秦朗：字元明，新兴（治今山西忻州）云中人，三国时期曹魏将领，官至骁骑将军、给事中，曾率兵讨伐轲比能和步度根的叛军。

押回大营，司马懿亲自审问："你们的粮草囤积在哪里？""都囤积于上方谷内。"跪于帐下的俘虏说。

"诸葛亮现在何处？"

"丞相在上方谷西面十里处安营。"

审讯完毕，司马懿下令将俘虏全部释放，众将不解，司马懿解释说："以前吕蒙袭破荆州，厚待荆州军民，从而成功瓦解了关羽的军心。这些普通的士兵，杀了也没什么价值，不如放了，让他们回去说我们的恩德，也可以取得动摇蜀军军心的效果。"众将皆点头称是。

几天后，司马懿召集诸将下达了作战命令："夏侯霸率军五万，从正面攻打蜀军的祁山大寨。祁山是北伐蜀军的老巢，如果遭受攻击，其他地方的蜀军必会赶来救援。届时我将亲自率领一支精兵，突袭上方谷，烧毁蜀军的粮仓。蜀军一旦断粮，就支撑不了几天了。"

身在上方谷附近的诸葛亮已经料到魏军会派主力来攻打祁山大寨，同时会有一部分兵力来攻击上方谷，他暗自祈祷，希望司马懿会亲自领兵来上方谷，同时命人将上方谷的粮食全部运出，只留下空荡荡的茅草屋，准备用火攻，将司马懿烧死在上方谷。如果司马懿死了，北伐就大有希望。

夏侯霸率领的五万魏军正在祁山和蜀军大战，分驻各地的蜀军接到战报后，纷纷赶赴祁山大寨支援。上方谷附近只有三千蜀军镇守，司马懿、司马师、司马昭父子三人率五千精兵突袭上方谷，双方混战了一会儿，蜀军诈败而走。司马懿提兵直入上方谷。上方谷又叫葫芦谷，地形就像是一只大葫芦，谷口很窄，只能通过一人一骑。魏军全部进入上方谷后，蜀军截断了谷口。

"不好，茅草屋里一粒粮食也没有，我们上当了。"司马懿心里暗暗叫苦。

这时，后军的士兵报告说："禀报大都督，蜀军已经用木石塞住了谷口。"

司马懿大惊，声嘶力竭地下令道："快撤，快随我杀出谷口。"

但已经迟了，预先埋伏在山上的蜀军一齐往谷内扔火把，谷内的茅草屋见火就着，不到半个时辰，上方谷内已成一片火海。司马懿父子手足无措，兵士纷纷鼠窜。

危急之时，一块乌云遮住了阳光。接着巨雷响起，大雨倾盆而下，顷刻间，上方谷内的大火便被雨水浇灭了。司马懿大喜，对两个儿子说："真是天助我也！"刚才还陷入困境的魏军欢呼雀跃。"杀出去，杀出去！"司马懿大呼。魏军上下合力，拼死杀出上方谷。诸葛亮站在山顶上，仰天垂泪，对身边的人说："谋事在人，成事在天，看来是天不灭司马啊！"

当狼狈的司马懿仓皇逃回营寨时，魏军营寨已经被蜀军夺取。原来夏侯霸和司马懿各率一支大军出战后，魏营空虚，所以被蜀军乘虚袭取。司马懿大惊，慌忙率军渡过浮桥，据住北岸。不一会儿，夏侯霸也率败军回来了，驻守北原的郭淮和孙礼忙领军前去接应，击退蜀军，然后烧掉浮桥。

诸葛亮收得胜之军回营后，费祎也从成都赶来了，向诸葛亮报告了一个不好的消息："孙权北伐，派陆逊领军进攻襄阳，同时派诸葛瑾领军进攻合肥。曹魏皇帝曹叡御驾亲征，用满宠等人为大将，与吴军对峙。双方多次交战，满宠设计烧掉了吴军的很多粮草和军械，吴军不能取胜，孙权已经下令班师回国了。"诸葛亮听罢叹气道："吴军兵败，魏军就能集中全力对付我们，北伐成功的希望越来越渺茫了。"诸将都叹息不已。

七月，吴军正式退兵。魏国大臣们认为，司马懿还在西边和蜀兵对峙，曹叡车驾可西幸长安，以鼓舞士气。但曹叡却自信地说："东吴大军已撤，诸葛亮孤军无援，难成气候，司马懿足以抵挡，没有什么可以忧虑的了。"

到了八月，诸葛亮见魏军仍据渭河北岸，坚守不出，心生一计，派人送给司马懿一套女人的衣服。当蜀汉使者颤颤巍巍地将巾帼女衣递到司马懿手中时，司马懿接过一看，放声大笑。诸将见了都火冒三丈，强烈要求出兵，与诸葛亮决一死战。但司马懿没有理会，他请蜀汉使者坐下，问道："你家丞相平时很忙吧？"使者回答说："我家丞相军务非常繁忙，事必躬亲，每天饭吃得很少，觉也睡得不多。"司马懿冷笑一声道："这样下去，谁的身体能受得了呢？"从诸葛亮派出的使者口中，司马懿了解到诸葛亮事事亲力亲为，认为诸葛亮活不了多久了。所以，他回头对部将们说："诸葛亮的死期不远了。"

"我等愿与蜀军决一死战，请都督下令吧！"诸将纷纷请战，司马懿笑着说："不是我不敢出战，实在是陛下有明诏，叫我等坚守。这样吧，我上表洛阳，战与不战，请陛下裁处。"原来，曹叡听说司马懿兵败上方谷，险些丧命，便下了一道诏令："蜀军远来，粮草转运艰难，我军只要坚守不战，就可以把蜀军拖垮，等蜀军粮尽退兵时，我军再乘势掩杀，此为上策。"其实司马懿也想坚守，所以才会把曹叡的诏令搬出来，目的是要压服诸将。

司马懿的请战书抵达洛阳，曹叡看后询问群臣："司马懿千里请战，是什么意思？"辛毗出班奏道："司马懿本来不想出战，定是迫于众将的压力，才上书陛下。"曹叡醒悟过来，立即派辛毗为钦差大臣，前往渭北，宣谕司马懿及诸将只须坚守，不许出战，违令者斩。辛毗到了渭北营中，高声朗读了曹叡的诏书，诸将无可奈何，只能听从司马懿的调遣，坚守不战。

此后，诸葛亮派兵前来挑战，司马懿就假装要领兵出击，辛毗则杖节立于营门，如同皇帝曹叡亲至，所以，将士无人敢动。

九、死诸葛走生仲达

诸葛亮这最后一次北伐，与司马懿相持了半年，到战争后期，诸葛亮不幸染病，且病情渐渐严重。长期积劳和北伐受阻，使得他身心俱疲，再也没有回天之力。

萧瑟的秋风缓缓掠过蜀军营寨，诸葛亮弓着腰站在军帐门口，脚下的青草已经泛黄，他目光深邃地凝视着东方，长安、洛阳、徐州琅琊（今山东临沂市）、襄阳的卧龙岗，多少年来，他无数次梦回中原，却永远也回不去了。

营外传来一阵急促的马蹄声，魏延纵马而至，下马问道："丞相，寨外有魏军挑战，打不打？"这位蜀军第一大将向来与诸葛亮不和，对于诸葛亮用兵谨慎的风格有所抵触。"这必是司马懿料我有病，派军队前来试探，你马上出寨迎敌。"诸葛亮说话的声音很微弱，不时伴有剧烈的咳嗽。魏延看了诸葛亮一眼，翻身上马，率领蜀军杀出寨去。两军交战后，魏军被击退了。

一个万籁俱寂的夜晚，诸葛亮和姜维对面而坐，对姜维说："伯约，我的病看来是好不了了。我平生所学，共著兵书二十四篇，约十万字，我死之后，把这部兵书传给你，你要勤加研习。"

姜维涕泗横流地说："丞相宽怀，您的病一定会好起来的。"

"我死之后，曹魏早晚会兴兵入寇，蜀中道路险峻，不必多忧，唯有阴平之地，务必严密防守，谨防敌军奇兵突袭。"诸葛亮对姜维寄予厚望，但他并不想将兵权交给姜维。姜维和魏延一样，也是坚定的北伐派。诸葛亮很清楚，伐魏难有胜算，他不行，姜维和魏延更不行。

姜维泣拜受命。

诸葛亮生病的消息传到成都，后主刘禅大惊，急忙派尚书李福赶赴军前问安，并询问日后的国家大计。李福来到蜀军驻地五丈原①，入帐拜见诸葛亮，只见诸葛亮面色枯槁、神情恍惚，一动不动地躺着。诸葛亮见李福走到自己跟前，头略微扭动了一下，嘴角露出一丝苦笑。

李福拜伏于诸葛亮床前，关切地说："丞相，半年不见，你怎么就病成这样了，陛下闻丞相染病，特命我来问安，兼询后事。"

诸葛亮有气无力地说："我本想在有生之年，北伐中原，一统天下，

---

① 五丈原：位于今陕西宝鸡市岐山县，为秦岭北麓黄土台原的一部分，原上地势平坦。南靠秦岭，北临渭水，东西皆深沟，形势险要。

可惜天不助我大汉。我今命在旦夕，你回去告诉陛下，让他善待我生前所用之人，以后没有十足的把握，就不要再北伐了。"

"陛下让我问丞相，丞相之后，谁可继任？"

"我死之后，蒋琬可以接替我。"

"蒋琬之后呢？"

"费祎可以。"

"费祎之后呢？"

诸葛亮笑了，眯着眼睛说："我哪能管得了那么远的事情。"

随后，李福拜辞诸葛亮，返回成都。诸葛亮自书表文一道，请李福转呈刘禅。表中写道：

"臣闻生死有常，各安定数，死之将至，愿尽愚忠。臣北伐多年，未获成功，饮恨无穷。希望陛下能清心寡欲、约己爱民，达孝道于先皇，布仁恩于宇下。臣家里有田十五顷，子孙衣食，足以自给。臣死之后，不使家有盈财，以辜负陛下。臣走了，臣要去见先帝了。"

李福走后，诸葛亮把军中长史杨仪①叫到自己床前，嘱咐道："我死之后，你代我行使职权，不可发丧，大军依次退回汉中。退军时让魏延断后，如果魏延不服，就让姜维断后。如果司马懿追来，你们就仍然打着我的旗号，回旗返鼓。司马懿不明情况，必然惊惧，不敢追击我军。"杨仪受命。

青龙二年（234 年）八月二十三日，诸葛亮病逝，享年五十四岁。

诸葛亮死后，杨仪派费祎去试探魏延的态度，魏延勃然大怒道："什么！丞相将军权交给了杨仪？杨仪不过是军中的一个长史，丞相凭什么将军权交给他！"

费祎心平气和地劝说道："无论如何，我们一定要遵守丞相的遗命。"

---

① 杨仪（？—235）：字威公，襄阳（今湖北襄阳）人，三国时期蜀汉官员，建兴十三年（235 年）因多出怨言，被削职流放至汉嘉郡（治今四川芦山县），但他仍不自省，又上书诽谤，言辞激烈，最后下狱，自杀身亡。

但魏延仍表示自己无法服从杨仪的命令："你回去告诉杨仪，论军中资望，理应由我接管丞相的兵权。丞相虽然死了，但我还活着，我会继续率军北伐，岂能因丞相一人之死而废弃国家大事？"

费祎说："现在丞相刚刚去世，你就与杨仪相争，是会误了国家大事的。"

魏延固执地说："你别说了，回去转告杨仪，让他扶着丞相的灵柩回成都，把军队都给我留下。"

费祎无奈，只得回去转告杨仪，杨仪只得让姜维断后，自己率领大军连夜退往汉中。魏延听说杨仪不辞而别，十分愤怒，立即率领本部军一万多人追赶，追了两天方才追上，杨仪派大将王平①出马，与魏延交战。王平在阵前大骂魏延："反贼魏延，你不遵守丞相遗命，想要造反不成？"王平又转而对魏延手下的士兵说："魏延谋反，与你们无干，速速回国，不要再跟着魏延走了。"王平此话一出，魏延手下的兵士一哄而散，最后只剩下亲随数百人。王平见魏延势孤，指挥军队冲杀过去，魏延挥刀迎战，最后死于乱军之中。

魏军营中，司马懿还不知道诸葛亮的死讯，他听哨兵说蜀军正在撤退，忙率军追赶，追了一百多里，遇上了姜维的军队。姜维没有打自己的旗号，而让士兵们高举诸葛亮的帅旗，摇旗呐喊。魏军见状不敢近前，司马懿纵马向前，定睛看去，只见旗上写着"诸葛"二字，心中一惊，对左右将校说："我等又中计了，速速撤离此处。"

一天之内，刘禅在成都几乎同时收到了杨仪和魏延的两份告急表文，他们在各自的表文中都声称对方造反，刘禅惊疑不定。这时，费祎乘快马先到成都，向刘禅说明了情况。又过了两天，杨仪派人奏报说魏延率兵攻击自己，已经被斩杀。刘禅大惊，问蒋琬这是怎么回事，蒋琬分析道："魏延和杨仪都不是造反之人，他们这样是为了争权夺利。既

---

① 王平（？—248）：字子均，巴西宕渠（今四川渠县东北）人，三国时期蜀汉后期大将，诸葛亮死后拜前监军、镇北大将军，镇守汉中，曾击退曹爽所率十万大军，封安汉侯。

然魏延已经死了，陛下念其有大功于社稷，就厚葬了吧！"

不久后，杨仪率领大军回到成都。安葬完诸葛亮后，刘禅封杨仪为中军师，加封蒋琬为大将军，执掌兵权。中军师是个没有权力的闲职，杨仪颇感不满，逢人便说："丞相刚刚去世时，我如果举全军投降曹魏，会像现在这样清闲吗？"有人将此密报刘禅，说杨仪口出怨言。刘禅大怒，问蒋琬该怎么处理，蒋琬建议将杨仪废为庶人，于是，刘禅下令将杨仪废为庶人。

蜀军全部退回汉中后，司马懿才得知诸葛亮的死讯，他对魏军将领们说："诸葛亮死了，我们可以高枕无忧了。蜀军名将魏延也在内讧中被杀，蜀国军队中再也没有什么人才了。"消息传开后，魏军上下无不欢喜。

曹叡听说诸葛亮死了，也很高兴，命司马懿班师回朝。

第六章　隐忍与制衡

　　随着诸葛亮的去世，危机解除了，司马懿也失去了拥兵自重的理由。这时，朝中一些大臣不时地向曹叡进言，暗指司马懿鹰视狼顾，早晚有不臣之心，曹叡对此颇为忌惮，决定将司马懿调回洛阳，并加封为太尉。这是一个养老的闲职，不掌实权。不过，曹叡还得仰仗司马懿去负责雍凉地区的防务，所以司马懿大部分时间仍然待在雍凉。其间，由于割据辽东的公孙家族经常骚扰北方地区，公然叫板曹魏，曹叡在派出几个将领均无功而返后，决定派老将司马懿出征。司马懿马到功成，顺利平定辽东，威望益高。曹叡统治后期，纵情享受，结果在三十六岁便重病不起。眼看自己大限将至，而曹家宗室中可用之人却很少，曹叡只能退而求其次，让已故大司马曹真的儿子曹爽顶上，同时紧急召回还在辽东的司马懿，让他与曹爽共同辅政。

一、明升暗降的太尉之职

　　司马懿镇守雍凉期间，朝中很多大臣对他颇有微词，他们密报曹叡，说司马懿可以战胜蜀军，却不尽全力，甚至故意打败仗，目的就是要养寇自重。曹叡听了，心里很不舒服。诸葛亮去世后，危机解除了，曹叡立即下诏封司马懿为太尉。太尉虽然官居一品，但是一个养老的闲职，俸禄很高，不掌实权。司马懿受封太尉时，曹叡对他说："朕本想加封你为大司马，但考虑到你本来就姓司马，如果在后面再加上大司马三个字，那就成了司马大司马了，叫起来实在是不好听，所以还是封你为太尉。"曹叡这样解释，是为了安抚司马懿，大司马掌管天下兵权，他是无论如何也不会让司马懿担任的。

青龙二年（234 年）十一月，洛阳发生地震，震得并不厉害。第二天早朝时，曹叡谈及地震，大臣高堂隆[①]进言道："陛下，臣以为地震是由于某些臣子权势太大造成的。臣权过大就会危及皇权，陛下是天子，上天通过地震来警示陛下，陛下不得不防。"高堂隆做过曹叡的老师，与曹叡关系密切，此言一出，百官皆噤若寒蝉。而对敏感的话题，曹叡也不好在朝堂上说什么。

退朝后，曹叡单独召见高堂隆，高堂隆直言不讳地说："司马懿镇守雍凉多年，在军队中很有威望，是对陛下威胁最大的一个臣子。其他权臣如陈群、满宠等人，都还在可控的范围之内。"曹叡说："朕已经将司马懿由大将军降为太尉了，但是雍凉地区的防务，朕还得仰仗他。"高堂隆说："诸葛亮死后，蜀无大将，适当的时候，陛下应该将其雍凉都督一职也削掉。"高堂隆言辞恳切，曹叡感激地说："容朕缓图。"

曹叡不敢冒引发雍凉军队哗变的风险强召司马懿入朝，而且他一时半会也找不到合适的人来代替司马懿坐镇雍凉，所以仍让司马懿继续以三公的身份留守西部战区，只是不能随意征调军队。

转眼诸葛亮已经去世一年多了，司马懿大部分时间仍然待在雍凉。这天，司马懿安闲地坐在都督府里看书，司马师和司马昭走了进来。

司马师首先开口道："父亲，朝廷对你太不公平了，用你的时候加封你为大将军，现在诸葛亮死了，蜀军不入寇了，皇上就改封你为太尉。这不是卸磨杀驴吗？"

司马昭接着说道："大哥说的是，还有呢，我听说皇上最近废弃了先帝定下的不允许藩王参政的遗命，下诏将燕王曹宇召入京城，授予官职。另外还下诏扩大了其他十五个藩王的封地。"燕王曹宇是曹操最小

---

① 高堂隆（？—237）：字升平，泰山郡平阳县（今山东新泰）人，三国时期曹魏名臣，历任陈留太守、散骑常侍，封关内侯，后迁侍中、太史令、光禄勋。

的儿子，论辈分是曹叡的叔叔，论年龄则与曹叡相仿。

"兔死狗烹，鸟尽弓藏，这很正常。召藩王进京参政，是为了制衡我们这些外姓朝臣。"司马懿一边看书，一边平静地说。

青龙三年（235年），曹叡召燕王曹宇入京参政，一度遭到群臣反对，大家纷纷抬出曹丕的遗命，企图阻止曹叡。但曹叡苦口婆心地说："先帝当年疏远藩王，是为了巩固社稷；朕今日重用藩王，也是出于同样的目的。藩王理应起到他们应有的作用，拱卫皇室。"在曹叡的坚持下，群臣只好妥协。不过，曹宇在京城干得并不顺心，经常被群臣弹劾，数次向曹叡请辞，但曹叡鼓励他顶住压力，迎难而上。

早些年，夏侯尚担任荆豫都督的时候，司马懿为长子司马师迎娶了夏侯尚的女儿夏侯徽。夏侯徽和司马师成亲多年，生有五个女儿。夏侯尚死后，夏侯家的势力有所衰减，司马家的势力则日益昌隆。随着司马懿实力的增强，曹叡对他的猜忌日益加深，正是在这一敏感时期，司马师的夫人夏侯徽突然暴毙。司马家对外宣称是病死了，但朝野间议论纷纷，很多人认为夏侯徽是被司马家毒死的。在古代激烈的政治斗争中，君臣之间互派眼线，监视对方，是很常见的事情。据史家推测，夏侯家和皇室的关系非常亲近，夏侯徽有可能是曹叡安排在司马家的密探，司马懿为了杜绝隐患，毒杀了夏侯徽。

夏侯徽死后，司马师又先后迎娶吴质的女儿吴氏和羊衜的女儿羊氏，吴质、羊衜都是当时的朝廷大员。司马懿通过这种儿女联姻的方式，进一步增强了自己在朝中的势力。

"诸葛亮要是没死，那该有多好啊！"被皇帝冷落的司马懿经常这样感叹。如果诸葛亮再多活几年，曹魏和蜀汉之间战事不断，曹叡就不得不依靠司马懿来抵御蜀军的入侵。

青龙三年（235年）秋，关东地区粮食歉收，灾荒不断。曹叡下诏命各地督抚运粮救灾。诏书抵达雍凉，司马懿大喜过望，知道收买人心的时候到了。

诸葛亮死后，边境无战事，他便让士兵们屯田自守，几年下来囤积了不少粮食。实际上，司马懿一生都很重视粮食生产。以前担任军司马时，他曾向曹操建议说："古代名臣箕子认为治国当以食为先。如今服役而不耕田的人有二十多万，不是长久之计。虽然战争还没有结束，也应该让军队一边耕种，一边防守。"曹操采纳了他的建议，"务农积谷，国用丰赡"。青龙元年（233年），司马懿在关中开挖成国渠，修筑临晋陂，可灌溉农田数千顷，改善了关中的农业生产条件，充实了军用粮草的储备，使魏军能够顺利执行"持久拒蜀"的方针。

现在关东有难，他马上下令将三百万斛粮食运往关东赈灾。他这一善举果然博得了曹叡的好感。

二、曹魏老臣的预言

蜀汉停止北伐后，三国之间相安无事，出现了少有的一段数年无战事的和平休战时期。

景初元年（237年），创立九品中正制的魏国老臣陈群病危，曹叡亲临探视，君臣二人面对面坐着，曹叡依依不舍地说："自我大魏开国，国家的政事就是由你来裁决的，你走了，就没有人替朕分忧了。"陈群半靠在床边，对曹叡说："陛下，世人都说司马懿有野心，但臣认为，陛下英明，而且年富力强，就是熬，也熬死他司马懿了。司马懿是个很有才干的人，边境如有战事，他依然是领军的不二人选。至于内政，朝中人才济济，能胜任臣职的人有很多，陛下可自己斟酌任用。"

临终前，陈群又把儿子陈泰叫到床前，对他说："为父执掌政事二十年，阅人无数。司马懿手握重兵，皇上对他颇为忌惮，早晚一定会收拾他的，你以后跟司马家离得稍微远点，免得受到牵连。"陈泰泣拜受命。

陈群亡故后，曹叡为他举行了隆重的葬礼。司马懿在雍州得知陈群去世，立即派次子司马昭回洛阳参加葬礼。

曹丕临终时给曹叡留下的几位辅政大臣，现在只剩下司马懿一个人了。想到这里，司马懿笑了。他已经五十多岁了，但身体还是那么硬朗，或许有一天，年轻的曹叡也会死在他的前面。

陈群去世不久，曹叡加封陈矫①为司徒，位列三公。陈矫也是曹魏老臣，早年曾追随曹操、曹丕。一天，曹叡召陈矫入宫，问道："朕希望你说实话，朝臣都说司马懿是忠臣，你怎么看？"陈矫闻言愣了一下，然后缓缓地说："臣只知道司马懿在朝廷里深孚众望，至于他是不是忠臣，臣就不清楚了。司马懿才能超群，能为国家作出巨大的贡献；但如果将国家的未来交给他，后果难以预料。"刚才还和颜悦色的曹叡听了此话脸色陡变，一言不发，陷入沉思之中。

不过，由于三国休战，国家承平，曹叡对司马懿的戒心也就渐渐放松了，开始把精力放在个人享乐上。曹叡本人的优点是善为军计、明察断狱、容人直谏，缺点则是奢淫过度。他越来越不满意许都的宫殿，开始在洛阳大兴土木，接连修建了昭阳殿、太极殿、总章观和崇华殿。少傅杨阜②看不下去了，上表谏诤说："汉末以来，天下大乱，连年征战，国穷民敝。现在战乱刚刚平息，陛下不应极宫室之高丽，以从耳目之欲。"曹叡看后随手扔到一边，左右奏请治杨阜犯上之罪。曹叡说："此人素怀忠义，朕不能降罪于他，但朕的宫殿还得继续建造。"

扩建皇宫，大量工匠和民夫被征调，百姓怨声不绝。司徒董寻也上表劝谏，言辞激烈，表文中说："古代的圣帝明君，没有一个像陛下这样的。尧舜禹卑宫室，而天下乐业。桀纣滥用民力，亡国身死。秦始皇作阿房宫，以致天下大乱，二世而灭。历史殷鉴在前，陛下当自醒悟。"曹叡看了勃然大怒，下令罢黜董寻的官职。但正直的官员仍纷纷上表劝谏。曹叡只得在朝堂上向众臣解释说："朕并没有奢靡过度，自从董卓放火烧掉洛阳的皇宫后，多年来皇帝的宫殿一直没有秦汉时期大，朕现

① 陈矫（？—237）：字季弼，广陵郡东阳县（今安徽天长西北）人，三国时期曹魏名臣，历任丞相长史、西曹属、尚书、尚书令、侍中、光禄大夫、司徒，封东乡侯。

② 杨阜（172—244）：字义山，天水冀县（今甘肃甘谷东南）人，三国时期曹魏名臣，因讨马超有功，封关内侯。历仕曹操、曹丕、曹叡三代，德才兼备、刚正不阿。

在稍微扩建一下，有何不可？"

同时，曹叡还下诏废黜自己的原配毛皇后，立郭贵妃为皇后。早年曹叡为平原王时，与毛皇后感情很好，后来他又宠爱郭贵妃，疏远了毛皇后。这虽然是皇帝的家事，但还是有一些大臣上表劝谏，企图阻止曹叡废后，但曹叡一意孤行。

这年，曹叡的老师、侍中高堂隆病重，曹叡前去看望。驾至高堂隆府，高堂隆已经奄奄一息，他握着曹叡的手说："陛下，你要学会约己爱民，不要再滥用民力了。另外，你要严防鹰扬之臣，以免祸起萧墙。"说罢瞑目而逝。毫无疑问，高堂隆所指的鹰扬之臣就是司马懿。

三、公孙家族的发家史

曹叡显然是不那么信任司马懿的，但是，他又无法完全离开司马懿，因为他还需要司马懿为曹魏统一天下而征战沙场。所以，只要有战事，司马懿就有了重新掌控兵权的希望，而辽东地区公孙渊的叛乱恰好成全了司马懿。

三国时期，一般认为吴、蜀、魏三国鼎立，实际上还有一国，那就是辽东国。辽东国位于今东北地区，与朝鲜毗邻。辽东国的奠基者叫公孙度，公孙度本来只是辽东郡的一个小官吏，初平元年（190年），董卓入京掌权，在各地大力培植自己的势力。董卓手下中郎将徐荣与公孙度是朋友，力荐公孙度为辽东太守，董卓就下达了任命。

新官上任三把火，公孙度登上辽东太守的宝座后，立即重拳出击，一口气灭掉了辽东郡的一百多家豪族，这些豪族平日里横行无忌，百姓深受其害。公孙度这一义举收获了辽东的人心，之后，他又兴办学校、革新吏治、发展经济，使得辽东郡的面貌焕然一新。

关内十八路诸侯讨伐董卓时，曹操、袁绍曾致书公孙度，希望他出兵助阵。但公孙度的发迹始于董卓，所以他拒绝了曹操和袁绍的请求。虎牢关对峙时，董卓也曾下令公孙度派兵支援自己，公孙度也拒绝服从命令。他敏锐地观察着时局，有一次，他对部下说："汉朝气数已尽，中原地区大乱，纷争不断，这正是我们大有可为的时候。"经过多次争战，辽东国的版图扩大了好几倍，原本只是一个郡，变成了三个郡，公孙度在各郡设太守，自己则坐镇襄平城（在今辽阳市区中心），俨然成了辽东国的土皇帝。据史书记载，公孙度日常出行皆僭用帝王仪仗，前呼后拥，很是威风。

建安初，曹操挟天子令诸侯，下诏封公孙度为建威将军、永宁侯，想以此拉拢公孙度。但公孙度以辽东王自居，对这两个爵位不屑一顾。建安五年（200 年），曹操与袁绍相持于官渡，曹操派人赴辽东请公孙度出兵夹击袁绍。公孙度以内乱为由拒绝出兵。袁绍战败后元气大伤，有人劝公孙度与袁绍结为同盟，共同抵御曹操；有人则劝公孙度乘袁绍之败，南下吞并袁绍占据的幽州地区。这两种意见公孙度都没有采纳，而是选择了坐山观虎斗。

建安九年（204 年），公孙度病危，传位于儿子公孙康。临终前。他嘱咐公孙康说："中原地区战乱不断，若有合适的机会，你可麾兵南征，逐鹿中原。如若不然，则闭关自守。"公孙康还有一个弟弟叫公孙恭，公孙度死后，他们兄弟二人共同执掌辽东。

官渡惨败后，袁绍病死，临终前立三子袁尚为继承人。长子袁谭不服，起兵与袁尚相争。曹操趁袁氏内乱，进军冀州，袁尚和袁谭又合兵对付曹操。建安十年（205 年），曹操的军队深入河北，前锋张辽的部队直抵辽东，一度与公孙康的辽东军爆发小规模战斗。建安十二年（207 年），曹操彻底打败袁绍的残余力量，袁绍次子袁熙、三子袁尚率数千骑兵逃往辽东，投奔公孙康。他们想找机会杀了公孙康，吞并辽东，没想到公孙康抢先下手，在一次宴会上设伏兵斩杀了袁氏兄弟。

据史书记载：袁尚和袁熙去见公孙康，时值冬天，天气寒冷，公孙康命人将袁氏兄弟绑起来，扔到结冰的地上。袁尚大叫说："我们还没死呢，地上太冷，能否拿个席子来？"公孙康笑着说："你二人的头颅将行万里，要席子有什么用。"说完喝令武士将袁氏兄弟斩首，并派使者将他们的首级送给已经班师回返的曹操。曹操大喜，加封公孙康为襄平侯，领左将军。

袁氏兄弟刚刚奔赴辽东时，诸将劝曹操乘胜追击，一举荡平辽东。曹操不同意，说："现在中原动荡，后方不宁，不是收复辽东的时候。不如退兵，公孙康和袁氏兄弟必生内变。如果我们进兵，他们就会联合起来抵抗。"谋士郭嘉与曹操的看法也相同，后来发生的事情正如曹操所料。

那时中原地区战争频发，辽东地区相对安定一些，所以很多中原流民涌入辽东，公孙康收留了这些人，让他们安居乐业。辽东进入鼎盛时期，有部下劝公孙康南下，图取中原。公孙康自认为实力不济，无法与中原群雄争锋，决定还是坐守辽东。

曹丕时期，公孙康病死，因为他的儿子公孙渊等还小，便让弟弟公孙恭继承爵位。曹丕加封公孙恭为车骑将军，追封公孙康为大司马、乐浪公。公孙恭在位后期，由于生病，身体孱弱，也没有子嗣。太和二年（228年），公孙康之子公孙渊长大了，逼迫公孙恭退位，并将他软禁。曹叡加封公孙渊为扬烈将军，领平都侯。

公孙渊继位后，暗中派使者与东吴孙权往来，孙权封公孙渊为燕王，让他牵制曹魏。辽东和曹魏毗邻，公孙渊怕曹魏出兵讨伐自己，不敢接受孙权的加封，竟然将孙权派去的使者斩首，并将吴使的首级送到洛阳。曹叡厚赏了公孙渊，仍让他镇守辽东各郡。

景初元年（237年），辽东和中原发生嫌隙，曹叡命幽州太守毌丘俭①率兵进击辽东，公孙渊立即起兵抵御，打败了毌丘俭。

和曹叡撕破脸皮后，公孙渊自立为燕王，设朝廷百官。同时再次派使者南下东吴，表示愿意臣服于孙权，希望孙权能够起兵支援自己。孙权答应了公孙渊的请求，但东吴和辽东之间隔着曹魏和大海，孙权的军

---

① 毌丘俭（？—255）：复姓毌丘，字仲恭，河东闻喜（今山西闻喜县）人，三国时期曹魏名将、文学家、重臣，博文多学，通达武事，品节贞良，爱国忧民，深受曹叡、曹芳器重。

队无法直接支援辽东。这样一来，公孙渊就被孤立起来了。

由于派去镇压公孙渊反叛的几个将领都出师不利，曹叡无奈之下，只得从雍州召回司马懿，让他领兵去收复辽东。司马懿说："臣部下马步官军四万，足可破敌。"曹叡说："你兵少路远，恐怕难以取胜，可以多带一些兵马去。"司马懿说："兵不在多，在于人之调遣，四万足够了。"曹叡见司马懿很自信，又问："此次平定辽东，需要多长时间？"司马懿回答："辽东离中原四千里，去的时候用一百天，打仗用一百天，回来用一百天，中间休息六十天，大约一年就足够了。"曹叡又问："你认为公孙渊会有何举动？"司马懿笑着说："他如果早早弃城逃往北方，是上策；据守辽河天险，与我军对抗，是中策；坐守襄平老巢，是下策，必死无疑。"

曹叡接着问道："那么，公孙渊如果知道我们去攻打他，会怎么选择呢？"司马懿说："只有非常聪敏的人才能看清楚双方的实力，但是公孙渊不是这种人，所以第一种方法他不会用。他应该会认为我们走了这么远的路去攻打他，粮草肯定不够，所以他会依靠辽水来阻击我们，然后带部队回襄平固守。"

曹叡听了笑着说："你料敌于先，必能克敌制胜，朕等你的捷报。"

四、征辽东大开杀戒

大军出征，盔甲鲜明、枪刀映日，曹叡亲自将司马懿送到洛阳西门，然后又赐给他很多御酒，允许他在大军路过老家河内温县（今河南温县西）时设宴招待父老乡亲。六十岁的司马懿显得格外精神，倒是三十多岁的曹叡看上去气色不佳。司马懿早就注意到了，皇帝这些年纵欲过度，身体越来越差，说不定哪天就一命归西了。

军至温县，司马懿命军队驻扎城外，自己率亲随入城，和家乡父老把酒言欢。温县城内万人空巷，都跑来沾司马家的喜气。酒宴上，家乡父老极尽阿谀奉承之辞，有人说："司马懿的功勋早已盖过当年的殷王，司马家的未来不可限量。"面对这些溢美之词，司马懿淡然一笑，他依然保持着低调谦逊的品格，见到比自己年龄大的老人便拱手施礼。

欢宴至晚，客人们陆续散去，司马懿独自待在温县老宅，写下了一首抒怀之诗：

> 天地开辟，日月重光。
> 遭遇际会，毕力遐方。
> 将扫群秽，还过故乡。
> 肃清万里，总齐八荒。
> 告成归老，待罪武阳。

诗的前几句气势恢宏，唯有后面两句"告成归老，待罪舞阳"颇为伤感。这是因为司马懿已经隐隐感觉到，自己功高盖主，功成之日也就是待罪之时。征讨辽东回来后，曹叡一定会想办法收拾自己的。有时司马懿很苦恼，他惧怕曹叡，而曹叡也忌惮他。

司马懿刚从温县拔营起程，他派出的数十名探子已经赶到辽东，装作百姓混入襄平城内，到处散布流言，说司马懿领十万大军前来征讨辽东。实际上，司马懿只带了四万人马。襄平城内的百姓听到流言后，人心惶惶，他们纷纷传说司马懿善于用兵，就连诸葛亮都不是他的对手，公孙渊就更不行了，辽东必败无疑。结果，辽东人心涣散，未战先乱。

两个辽东的将领在朝堂上大叫："燕王，曹魏派司马懿前来讨伐，他的军队未到，我们的人心就先乱了，必须先稳定人心，然后再战。""燕王，司马懿的军队已经开过来了，我们该如何迎敌？"

公孙渊把手往桌子上一拍，大声说："慌什么，司马懿虽然厉害，但我们辽东的军队也是有战斗力的。诸位听我号令，立即全城搜捕魏军细作，抓到就地正法。"他停顿了一下，又说："卑衍将军，你是辽东第一大将，我任命你为元帅，率军三万守住辽河防线。我坐镇襄平，随时支援你。"

卑衍自知不是司马懿的对手，但上命不可违，他只得硬着头皮去和司马懿对阵。

魏军逼近辽河，发现辽东军已经占据了辽河对岸的险要之处，司马懿命三军沿河扎营。当天晚上，辽东军乘魏军立足未稳之际，派小股部队渡河劫营，但被魏军击退。两军隔河对峙十多天，魏军不能前进。公孙渊自以为得计，对卑衍说："昔日司马懿和诸葛亮相持，司马懿坚守不战，愣是耗死了诸葛亮。今天我们可以彼之道还施彼身。"

"元帅，魏军已经拔营，绕河而走。"哨探向卑衍报告说。

卑衍听了说道："不好，司马懿是想绕过我军的辽河防线，传我将令，我军也绕河而走，尾随对岸的魏军。"卑衍说。

一个漆黑的夜晚，司马懿密令魏军折返，沿着辽河往反方向走出三十里，对岸的辽东军全然不知。接着，司马懿传令渡河，到第二天黎明时分，魏军已经全部渡过辽河。

司马懿渡河后也不急着进攻，而是构筑营垒与公孙渊对峙。众将不解，司马懿说："敌人的营垒高，进攻不易，不如直接进军襄平老巢，敌人肯定会从堡垒里出来和我们野战。"辽东军的举动正如司马懿所料，司马懿率部与走出堡垒的辽东军野战，三战三捷，卑衍率败军退入襄平，司马懿驱兵大进，将襄平城围得如铁桶一般。

襄平城内困守着数万军队和十万百姓，公孙家族统治辽东五十年，襄平百姓对公孙渊还是很支持的，他们纷纷走上城墙，帮助军队守城。司马懿包围襄平后，也不急着攻城。

七月的辽东，阴雨连绵，一下就是一个多月。部将又纷纷请战，司马陈珪说："以前进攻上庸的孟达，八路同时进发，日夜不息，十五天便攻陷城池，杀了孟达。这一次我们跋涉的路程更远，却这么安闲，我实在是想不通。"司马懿解释说："孟达守城的部队少，可粮食却足够吃一年之久，我们军队的人数比他多四倍，粮食却支持不了一个月，怎能不速战速决！我们用四个人攻击一个人，即便我军死一半人，只要能够攻克，还是要去做，因为那是跟粮食竞争。现在的情形却恰恰相反，敌人军队多，我们军队少；敌人粮少，我们粮多。自京师出发，我不担心被敌人攻击，只担心敌人逃走。现在敌人仗恃其军力及大雨不止，虽然饥困，却仍不肯认输，我们要装作束手无策的样子，才能让他们安心固守。贪图一点小利，使他们受到惊吓，弃城逃走，并非上策。"他又安抚部将们说："襄平城池坚固，我军兵少，不宜强攻，公孙渊困守孤城，城内人多粮少，待敌军粮尽，我军再攻城，可收事半功倍之效。"诸将听后皆口服心服。

由于雨下了很久，襄平城外水深三尺，司马懿巡视军营，部将们纷纷劝司马懿移营高处，司马懿解释说："如果移营高处，公孙渊率军突围，我军将无法抵挡。过几天雨就会停下来，再有敢言移营者必斩。"诸将不敢再言。次日，部将张静又对司马懿说："雨水泥泞，军队无法驻扎，请太尉移营高处。"司马懿大怒，喝令武士将张静斩首，首级遍示各营，此后再没有人敢提移营之事。

公孙渊对部下和百姓说："魏军苦雨，很快就会退兵的。"襄平百姓奔走相告，欢呼雀跃。每天早晚，公孙渊都会亲自巡城，看着城外泡在水中的魏军，暗自高兴。

辽东前线下雨的消息传到洛阳后，群臣上奏说："天降大雨，军队无法作战，请陛下下诏命司马懿回军。"曹叡深知司马懿的能力，他对群臣说："司马懿临危制变，多有良谋，用不了多久捷报就会传来，不可退兵。"群臣见皇帝这样说，也就不再多言了。当年曹真伐蜀也遭遇了这样一场大雨，魏军不战而退。这次和当年的情况有所不同，当年曹真面对的敌人是诸葛亮，这次司马懿面对的敌人是公孙渊，辽东远没有蜀汉强大，综合考量，司马懿完全不必因为下大雨而退军。

八月，雨过天晴，泥泞的土地开始泛干。城内的辽东人慌了，他们的粮食已经快吃完了。司马懿获悉城内即将断粮，下令魏军攻城，一连攻了三天，公孙渊率一千多人突围，被城外埋伏的魏军俘虏。魏军将公孙渊五花大绑，押到司马懿帐前，公孙渊向司马懿乞求免死，司马懿笑着说："能战当战，不能战当守，不能守当降，不能降当死。你家祖孙三代割据辽东，与朝廷对抗，难道还想活命吗?"随即下令将公孙渊灭三族，辽东的官吏两千多人也同时被杀。

为了狠狠地教训一下辽东人，进城的第二天，司马懿下令将城内十五岁以上的男子全部斩首，然后将尸体堆起来，筑成京观。古代战场上，某一方为了炫耀战功，会在战胜后将敌人的尸体堆积起来，用土封住，称为京观。司马懿认为，辽东脱离中原五十年，这里的人只知道公孙家族，不知道有朝廷，必须通过这种极端手段来警醒他们，让他们永远记住跟着公孙渊造反的巨大代价。

不仅如此，司马懿还将剩下的辽东百姓赶往中原腹地，使襄平成为一座死城。做完这件事后，司马懿自信地认为，辽东数十年内不会再乱。

司马懿平定辽东的捷报传到洛阳，曹叡大喜。但听说司马懿在城破之后杀了七千多平民，筑成京观时，曹叡的脸色又变了，他板着脸对身边的人说："司马懿这个老东西太放肆了，未经奏报，斩了公孙渊也就罢了，居然还屠杀了七千百姓。"然而司马懿虽然有错，他毕竟平定了辽东，功勋卓著，曹叡也只能对他姑息迁就。

这一战，司马懿可谓收获极大。从人口上说，他为魏国收复了四万户三十多万人口。当时魏国的人口也就四百多万人，辽东人口将近魏国人口的十分之一。从地域上说，他将辽东地区收归曹魏，包括涿郡（治所在今河北涿州市）、广阳郡（治所在今北京大兴区南）、代郡（治所在今山西阳高县）、上谷郡（治所在今河北怀来县）、渔阳郡（治所在今北京密云区南）、右北平郡（治所在今河北唐山市丰润区东）、辽西郡（治所在今河北秦皇岛市抚宁区西）、辽东郡（治所在今辽宁辽阳市）、玄菟郡（治所在今辽宁新宾满族自治县西南）、乐浪郡（治所在今朝鲜平壤）、辽东属国（治所在今辽宁义县）十一个郡国，范围包括今北京市、河北省北部、山西省东北部、内蒙古自治区一部、辽宁省大部、朝鲜大部。

五、托孤大臣

景初三年（239 年）初，曹叡重病不起，多日不上朝。司马懿的长子司马师是散骑常侍，属于皇帝的近臣。看到曹叡病重，司马师找叔叔司马孚商议是否报知千里之外的司马懿。司马孚说："你父亲走的时候嘱咐我说，一旦陛下病危，速速报他，不能让别人抢了托孤大臣的位置。"于是，司马师立即写信派快马送往辽东。司马懿得信后十分震惊，立即下令班师回朝。尽管辽东还有一些事情没有处理完，但他必须尽快赶回洛阳，否则，一旦让别人做了辅政大臣，他的地位就岌岌可危了。不管谁上台，他都会成为他们的眼中钉肉中刺。

刚刚三十六岁的曹叡，病情越来越严重，宫内的御医们全都束手无策。难道真的无力回天了？曹叡拖着虚弱的身体在嘉福殿内徘徊，他的背有点驼，面色惨白。如果自己大限将至，皇位该传给谁呢？当年他的父亲曹丕去世的时候也只有四十岁，曹叡当时已经二十二岁了。现在曹叡仅比当年的曹丕小四岁，儿子曹芳却只有八岁，而且曹芳还不是曹叡的亲生儿子，是从别的藩王那里过继过来的。说来也怪，曹叡坐拥三宫六院，妃嫔众多，但他一生只有五个孩子，其中四个是女儿，只有一个是儿子，还不幸夭折了。眼见江山无人继承，曹叡只得从外地的曹氏藩王中过继了曹芳，作为自己的养子。这件事办得非常隐秘，没有人知道曹芳到底是哪个藩王的孩子。

如今自己病危，太子曹芳年幼，不能理政，是否应该从曹氏藩王中选择一个年长的继承人？曹叡多次在想这个问题，但他不甘心把江山交给其他藩王，宁可交给年幼的养子。曹叡决定孤注一掷，下诏立八岁的幼子曹芳为太子。那么辅政大臣选谁呢？曹叡又开始纠结了。

死神越来越近了，经过一番深思熟虑，曹叡决定任命燕王曹宇为大将军，辅佐太子曹芳登基，命郭皇后垂帘听政。与曹宇一起辅政的几位大臣还有曹肇①、夏侯献②、秦朗、曹爽③。这四人都是功臣之后，与皇帝的关系比较亲近。

"叔叔，朕的病没救了，朕现在任命你为大将军，和曹肇、曹爽等人共同辅政，你能胜任吗？"躺在病床上的曹叡声音有些颤抖。

曹叡死死地盯着曹宇，曹宇有些惶恐，结结巴巴地回答说："臣愿效犬马之劳，万死不辞！"

曹叡的目光离开曹宇，仰面躺在床上眼睛微闭，有气无力地说："朕累了，你先下去吧。"

曹叡担心曹宇不能胜任，虽然他在藩王中资格最老，是曹操最小的儿子，但他多年不在朝中，在朝廷中根基很浅。

领受重任的曹宇心里也惴惴不安，担心自己镇不住群臣，无法与司马懿这样的权臣抗衡，所以必须想办法调走司马懿。于是，他再次面见曹叡，说道："陛下，司马懿位高权重，臣担心将来他会有所掣肘。请陛下下诏让司马懿去雍凉镇守，不得回京。"曹叡看了曹宇一眼，点了点头。

数万征辽大军走出辽东，进入幽州境内，司马懿坐在一辆两匹马拉的豪华马车内，思绪很乱，他刚刚接到曹叡的诏书，命他立即开赴雍凉，不得擅自回京。

"完了，完了，三弟司马孚又送来密报，说曹叡已经任命曹宇为大将军。"司马懿暗自嘀咕着，他的头发大部分都白了，脸上的皱纹很多。但饱经沧桑的他绝不会认输，"一定要回洛阳去，即使抗命也在所不惜。"司马懿坚定地对自己说。

与此同时，新任大将军曹宇躺在床上辗转反侧，无法成眠。大将军的责任太重大了，他知道自己能力有限，无法与他的哥哥曹丕、曹植、

---

① 曹肇（？—244）：字长思，沛国谯县人，三国时期曹魏大臣，大司马曹休之子。容貌俊美，有当世才度，深受曹叡宠信，官至散骑常侍、屯骑校尉。
② 夏侯献：沛国谯县人，三国时期曹魏大臣。历任中领军、领军将军，负责宿卫宫城。
③ 曹爽（？—249）：字昭伯，沛国谯县人，三国时期曹魏宗室、权臣，大司马曹真长子。

曹彰相比。"还是退一步海阔天空吧！"曹宇打起了退堂鼓。

次日，曹宇入宫，向病床上的曹叡请辞说："陛下，臣受任大将军的这几天想了很多，觉得自己无法胜任辅政大臣，请陛下免去臣的大将军之职，另选他人。""什么？"曹叡挣扎着从床上坐起来，着急地说，"皇叔，难道你想让曹家的江山落到别人手里吗？"曹宇急忙跪下说："臣不才，请陛下另选一德才兼备者担当大任。"曹叡见曹宇去意已决，摆了摆手说："也罢，朕不勉强你，你下去吧。"曹宇心里的一块石头终于落了地，他告别曹叡，快步走出皇宫。望着曹宇远去的背影，曹叡很失望，曹宇不干，宗室之中还有谁能挑起大梁呢？

听说曹宇只当了三天大将军就辞职，朝中自然有人蠢蠢欲动，其中就包括曹爽，曹爽是已故大司马曹真的儿子，在朝中有一定的根基，而且他本人也有上位的野心。当天晚上，曹爽登门拜访中书监刘放和中书令孙资，请他们在皇帝面前举荐自己。刘放和孙资是魏国老臣，早年与曹真的关系也不错，因而很乐意为曹爽效劳。"请曹将军放心，明日我就和孙大人一起觐见陛下，力保你为大将军。"刘放向曹爽保证。孙资也向曹爽做出了同样的保证。

第二天，刘放和孙资来到嘉福殿，发现也许是回光返照，曹叡的气色稍微好转了一些。曹叡斜着身体靠在床上，刘放和孙资二人跪在床边。

"陛下，臣听说燕王辞去了大将军一职，臣想举荐曹爽为大将军，请陛下恩准。"刘放开门见山地说。

孙资附和道："陛下，曹爽是原大将军曹真之子，也是皇室宗亲，是将来辅政的不二人选。"

曹叡看了他们一眼，淡淡地说："曹爽虽然出身好，但他色厉胆薄，恐不堪大任。"

刘放从地上爬起来，上前一步说："陛下，您可任命曹爽为大将军，然后再把司马懿召回来，让他们二人共同辅政。"

曹叡想了想，拍板道："好吧，就依你二人之言！你们去草拟诏书，加封曹爽为大将军，同时发加急文书给司马懿，让他速速回京，朕要见他。"

刘放和孙资欣喜而退。之后，曹叡宣曹爽入宫，让他坐在自己床边。

"曹爽，刘放和孙资举荐你出任大将军，你能胜任吗?"曹叡目光逼人地说。

曹爽握着曹叡的手，信誓旦旦地说："臣愿以死奉社稷。"

曹叡点点头，叮嘱道："你听着，朕已宣召司马懿入朝，准备让他和你一起辅政。我死之后，你们二人一定要搞好关系。待曹芳十八岁时，你们还政于他。"

曹爽忙回道："陛下放心，臣一定不负重托。"

车轮滚滚向前，司马懿已经走到了离洛阳四百里外的河内郡，曹叡又给他发来圣旨："朕病危，盼公速回!"司马懿接旨大喜，令人安排追锋车①，日夜兼程朝洛阳狂奔。他心里很着急，万一自己还没回去曹叡就死了，那局面就复杂了，他可能会遭到排挤。

景初三年（239年）一月二十二日早晨，司马懿抵达洛阳皇宫外，他跳下马车，徒步狂奔，气喘吁吁地赶到嘉福殿。

"陛下，您这是怎么了，臣去辽东的时候，您不是还好好的吗?"司马懿失声痛哭，他注意到曹叡已经奄奄一息了。

"扶朕起来。"曹叡艰难地说，旁边的太监急忙将他从床上扶起来。

"仲达，朕病重多日，之所以坚持到今天，就是为了能够见你一面。"曹叡的脸上表情复杂，他的心情也许只有他自己才能体会。

曹爽也来了，他和司马懿并排跪下，旁边站着八岁的曹芳。曹叡指着曹芳对曹爽和司马懿说："朕死之后，就把他托付给你们两人了，你们一定要好生辅佐。"

---

① 追锋车：古代一种轻便的驿车，因车行疾速而得名。常指朝廷用以征召的疾驰之车。亦称"锋车"。

曹爽和司马懿看了一眼曹芳，异口同声地对曹叡保证说："臣等一定尽心竭力，辅佐太子。"

曹叡命曹芳向司马懿行礼，曹芳走到司马懿面前，用力抱住司马懿的脖子不放。

安排完后事，曹叡的眼睛慢慢闭上，再也没有睁开。皇帝驾崩了，曹爽和司马懿各自长出了一口气，洛阳皇宫里哀声一片。曹爽和司马懿宣布曹叡诏命，立曹芳为帝。八岁的曹芳高坐龙椅之上，接受群臣跪拜。

曹叡被追谥为魏明帝，他在位十三年，享年三十六岁。他的去世宣告了曹氏皇族的没落，从此曹魏开始走下坡路。

六、权力再分配

根据曹叡临死前的安排，大将军曹爽都督中外军事，兼录尚书事。

宽敞的司马府内，五十多岁的司马孚和六十岁的司马懿正在酝酿一个计划。他们兄弟二人同舟共济三十多年了，彼此相互扶持，成就了一段佳话。

"三弟，我想暗中活动一下，让你去掌管尚书台。尚书台管理天下政事，其作用非同小可。"

"二哥，你想让我当尚书令，恐怕曹爽不会同意，他也有录尚书事的职权。"

"我把你安排进尚书台，就是为了制衡曹爽的权力。"

"好吧，那这个计划怎么实现呢？"

"我会暗中去拜访朝中各位大臣，请他们出面在朝堂上为你争取。"

"如果曹爽站出来反对，怎么办？"

"朝廷中支持我们的人多，他也无力阻挠。"

二人计议完毕，司马孚告辞回家。司马懿推开房门，走到院子里，不远处的一个亭子里，司马师、司马昭兄弟二人正在下棋。他们也都三十多岁了，时间过得真快，司马懿刚刚步入仕途的时候，他们还是两个追着满院子跑的孩子。良久司马懿长叹一声："唉，我也老了！"

此后一连数日，司马懿先后造访了朝中的各位亲信大臣，要求他们举荐弟弟司马孚为尚书令。

"太尉，您就放心吧，我是您一手提拔起来的，肯定会为您说话的。"大部分被拜访者都这样说。

一天早朝，小皇帝曹芳端坐于龙椅上，旁边坐着皇太后郭氏，郭太后很年轻，只有二十多岁。背地里，曹爽和司马懿都对这位年轻的太后极尽拉拢之能事。

"皇上，太后，臣有本要奏，侍中司马孚忠义正直、才华出众，可以出任尚书令一职。"一个白胡子的大臣说。

"皇上，太后，臣也觉得司马孚是担任尚书令的不二人选。"另一个脸上长麻子的大臣附和道。

"皇上，太后，臣等也推举司马孚为尚书令。"朝堂上三分之二的大臣都站了出来。

小皇帝和郭太后的目光在群臣脸上转来转去，保举司马孚的这班大臣都是一些混迹官场多年的老油条。立于班首的司马懿和曹爽都没有吭声，司马懿沉着一张老脸，喜怒不形于色。曹爽回头看了一眼支持司马懿的大臣，心中暗忖："司马懿这只老狐狸，想把他弟弟安插进尚书台，掣肘我录尚书事的职权。"

这时，郭太后看着曹爽，问道："大将军，你的意思呢？司马孚出任尚书令，可以吗？"

曹爽沉吟良久，答道："请太后和皇上准奏，臣也赞同由司马孚出任尚书令，太尉司马懿一家忠心耿耿，由他弟弟出任尚书令，再合适不过了。"

郭太后点点头，大声说道："那就依各位爱卿之意，任命司马孚为尚书令。"

"准奏！"小皇帝曹芳也扯开嗓子说。

司马孚出列，上前两步跪在地上，拜谢说："臣谢太后和皇上隆恩，感谢诸位同僚举荐！臣一定不负众望，管理好尚书台司务。"

鉴于司马懿在朝中党羽众多，曹爽也开始大力培植自己的势力，先后起用了夏侯玄、丁谧①、李胜②等人。太和年间，这三人因太浮华，被曹叡罢官，但他们素有才名，所以曹爽上奏朝廷，任命李胜、丁谧为尚书郎，夏侯玄为散骑常侍、中护军，执掌皇宫内外的禁卫军兵权。

羽翼渐丰之后，曹爽也和司马懿玩起了政治手段。在一次朝会上，他上了一道奏表说："臣曹爽以低微的名望跃居太尉之上，朝臣们经常在私下非议臣不懂得谦逊礼让，臣也颇为过意不去。太尉司马懿功高盖世，应该晋为大司马，以副众望。"郭太后命人当众阅读这道奏表，司马懿一党的大臣们都十分惊讶，就连一向沉着稳重的司马懿也忍不住偷眼斜视曹爽。只见曹爽满面笑容，司马懿不禁暗忖："这个曹爽安的是什么心思啊？"大司马的品阶在三公之上，在曹魏历史上只有钟繇③当过大司马。

奏表宣读完毕，郭太后询问大臣们的意见，没有一个人站出来反对。不过，朝臣们认为以前的大司马有好多都死在任上，不吉，于是任命司马懿为太傅，效仿西汉丞相萧何，入殿不趋，赞拜不名，剑履上殿。以世子司马师为散骑常侍，子弟三人为列侯，四人为骑都尉。司马懿韬光养晦，极力拒绝让子弟为官。

司马懿刚被晋升为太傅，曹爽又出班奏道："司马太尉进爵太傅，

---

① 丁谧（？—249）：字彦靖，沛国谯县人，三国时期曹魏大臣，曹爽的亲信之一。架空司马懿、囚禁郭太后的计谋皆出自他。高平陵政变后被诛杀，夷灭三族。

② 李胜（？—249）：字公昭，荆州南阳人，三国时期曹魏大臣，在曹爽辅政后先后担任洛阳令、征西长史、荥阳太守等职，成为曹爽集团的重要成员。高平陵政变后被诛杀，夷灭三族。

③ 钟繇（151—230）：字元常，豫州颍川郡长社县（今河南许昌长葛东）人，汉末至三国时著名书法家、政治家，历任廷尉、太尉、太傅等职，封定陵侯。

理所当然。臣还有一事要奏，先武皇帝养子何晏素有才名，久居官场，臣想推举他做侍中。另有著名大学士毕轨①，学问渊博，为人诚实，臣想举荐他出任司隶校尉。"

曹爽此言一出，支持司马懿的大臣们都愣住了，纷纷目视司马懿，请求给予暗示。司马懿显得很镇定，曹爽刚刚表荐自己为太傅，自己怎能这么快就反对他的动议呢。郭太后见群臣都没有异议，就对小皇帝说："准奏！"小皇帝曹芳立马大喊一声："准奏！"看见己方得胜，支持曹爽的一班大臣都喜形于色。

辅政初期，曹爽励精图治，希望能够干出一点成绩来，他借夏侯玄之手写了一篇《时事议》，提出改革时弊的三个建议：

其一，自从实行中正官制度以来，选拔官吏的大权就落入各地的中正官手里，而这些中正官又都是当地的豪门大族，这些人的权力太大了，应该予以限制，朝廷应该让吏部负责选官任官，抑制各地中正官的权力。

其二，郡太守的势力太大，朝廷应该废除郡一级行政单位，只保留州和县，革新国家的治理体系。

其三，现在的社会太浮躁了，朝廷应该颁布政令，禁止奢华逾制，提倡清正廉洁。

但在廷议时，司马懿却带头表示反对，他情绪激昂地说："禁止奢华、提倡清廉是对的，但乱改国家成制是行不通的。中正官制度不能撤，郡一级行政单位也不能撤。"

大臣们也纷纷附和道："对，不能撤，我等都支持司马太傅的意见。"

郭太后和小皇帝见满朝公卿反对，只得屈从。曹爽也无可奈何，只好作罢。

其实，在《时事议》中涉及的两条改革意见是切中时弊的，但是，

---

① 毕轨（？—249）：字昭先，东平（今山东泰安市东平县东）人，三国时期曹魏大臣，历任太子文学、长史、中护军、司隶校尉等职。高平陵政变后被诛杀，夷灭三族。

这一动议危害了几乎所有官员的利益，所以，就连曹爽阵营的大臣们也不支持。

司马懿是个聪明人，他向来顺势而为，有没有道理不重要，识时务者才是俊杰。

第七章　明争暗斗

依照曹叡生前的部署，曹爽的权力比司马懿大一些，但却是徒有其名，因为曹爽在朝廷中的威望和资历远远不如司马懿。为了树立自己的权威，曹爽能做的就是控制各个要害部门，排斥司马懿，从而巩固自己的地位，可惜他提拔的大部分是自己的兄弟和虚浮不实的名士，难以服众。同时他又上奏请求加封司马懿为太傅，明升暗降，削其兵权。之后又将郭太后强行迁居永宁宫，与皇帝隔离，进一步压缩司马懿的政治空间。为了与司马懿的军功相抗衡，曹爽还主动要求出征蜀汉，可惜他满怀壮志而去，却铩羽而归。

一、救樊城再立功

转眼便过去了一年，小皇帝曹芳九岁了，他每天都很无聊，按时上朝下朝，被一群大臣包围着，大气也不敢出，只能说两个字："准奏！"由于皇帝年幼，不能理事，郭太后又不懂朝政，所以，像批奏章之类的事情，就全部交给尚书台和中书省处理。尚书台和中书省也不敢自专，凡事必问曹爽和司马懿。

正始二年（241年），东吴派四路大军北伐，攻入曹魏淮南、荆州一带。第一路由吴将全琮①率领，攻打淮南郡；第二路由诸葛恪②攻打

---

① 全琮（？—249）：字子璜，吴郡钱唐（今浙江杭州西）人，三国时期东吴名将，曾参与多次重要战役的谋划，官至右大司马、左军师。

② 诸葛恪（203—253）：字元逊，琅琊阳都（今山东沂南）人，三国时期东吴权臣，诸葛瑾长子。孙权病危时被任命为托孤大臣，孙亮即位后受封太傅，开始掌握东吴军政大权。官至丞相，进爵阳都侯。

扬州庐江郡；第三路由诸葛瑾率领，攻打荆州襄阳郡以南；第四路由朱然率领，攻打荆州襄阳郡以北。四路大军共十万人，渡江向江北杀来。吴军这次攻势有些姗姗来迟，其实曹叡刚死时，孙权就想乘丧北伐，但因为国内有些要紧的事情要处理，所以就耽误了。

这次东吴出征的将领中没有大将军陆逊。陆逊在东吴的战功和声望可与司马懿相媲美，甚至比司马懿还要功勋卓著，孙权开始忌惮陆逊，不想让他再立战功，所以这次没有派他出征。

出征前，孙权召集四位统兵大将，训导道："曹魏皇帝年幼，司马懿老迈，曹爽无能，现在是进攻中原的大好机会。望诸位勠力同心，一直打到洛阳和长安，统一南北。"

吴将全琮率兵进击淮南，大军行至芍陂（位于安徽寿县南），遇到了魏军的阻击。魏国驻军淮南的将领是王凌[①]，此时王凌已经七十岁了，他的叔叔是汉末名臣王允。双方在芍陂相持多日，王凌指挥魏军重创吴军，全琮黯然退兵。其余两路诸葛瑾、诸葛恪父子也出师不利，遇到了魏军的顽强抵抗，同样打了败仗，退回江东。

四路伐魏大军中，只有朱然率领的军队进展顺利，开战不到十天，就肃清了荆州郡外围的敌军，将曹魏重镇樊城包围。曹魏荆州都督夏侯儒[②]驻军襄阳，听说樊城危急，立即率兵驰援樊城，大军在樊城外二十里处下寨，与城内的军队形成掎角之势。双方相持月余，不分胜负。

此时，在曹魏朝堂上，曹爽和司马懿吵成了一锅粥。司马懿慷慨激昂地说："樊城危急，必须派兵前去救援，老臣愿亲提一旅之师，驰援樊城。"

曹爽则不同意，并力争："樊城守备坚固，当年关羽围攻了几十天，都没有攻下来，而且夏侯儒将军率军在城外牵制吴军，不必去救，吴军肯定坚持不了多久就会退兵。"

---

① 王凌（172—251）：字彦云，太原祁县（今山西祁县）人，三国时期曹魏将领，东汉司徒王允之侄。

② 夏侯儒：字俊林，沛国谯县人，三国时期曹魏官员，夏侯尚的从弟，官至太仆。

司马懿反驳道："当年樊城之战，守城的大将是名将曹仁，自然不必多虑，岂能和今日的情况等同？"

曹爽听了，针锋相对地说："当年攻打樊城的是名将关羽，又岂能和今天的吴将全琮等量齐观？"

最终，司马懿的意见占了上风，他力排众议，亲自率军驰援樊城。

"如需去救，派一偏将即可，何必司马太傅亲往？"曹爽不愿让司马懿出征，担心司马懿再立军功。

但司马懿非去不可，他说："兵者，生死存亡之道，派别人去，我不放心。"

郭太后给小皇帝递了个眼色，小皇帝曹芳马上有模有样地大声说："准奏！"

司马懿几年没打仗，也有点手痒痒了，他点兵三万，迅速向樊城进发。

前线的吴军营帐内，主将朱然正在端详地图。由于其余三路吴军皆败退，他继续北上就成了孤军深入，即使攻下樊城也没什么用。

这时，一个哨兵飞奔入帐，伏地禀告："将军，曹魏派司马懿领兵来救援樊城了，魏军前锋已抵达荆州境内。"

朱然略显惆怅地说："想我朱然也是东吴名将，这次北伐要不是其他三路败退，我倒是很想会一会这个司马懿。唉，乘司马懿大军未到，我们撤吧。"

司马懿驱兵来到樊城，听说吴军已经撤走，立即派五千骑兵追击。他们追了一天，终于追上了，吴军无心恋战，大败而归。

此次樊城解围战，两军并没有正面接触，魏军只是在吴军撤退途中追杀，吴军死伤也就两三千人，但司马懿在战报中却说樊城之战中魏军斩杀吴军一万多人。于是，群臣又上表力奏："皇上、太后，司马太傅解樊城之围，功莫大焉，朝廷应该追加他的食邑。"在一众大臣的劝说下，司马懿被追加食邑五千户。

当年曹叡在位时，司马懿多次击退诸葛亮，后来又平定辽东，曹叡一共也就敕封给司马懿五千户食邑。而樊城追击战形同儿戏，小皇帝却不得不给司马懿增加五千户食邑。自此，司马懿的食邑数量上升到一万户。食邑是古代封建王朝对有功将领的一种额外奖励，拥有多少户食邑，就可以收取多少户百姓的税租。在曹魏，司马懿一万户食邑创下了历史新高。之前，原扬州都督满宠，食邑九千户；名将张郃，食邑四千六百户；名将曹仁，食邑三千五百户；司空陈群，食邑只有一千多户。陈群的食邑本来可以很高的，但他在世时经常触怒曹叡，所以他的食邑一直没有增加过。

这次樊城之战，夏侯儒身为荆州都督，消极怠战，朝中百官对他十分不满，纷纷上表弹劾，不久夏侯儒被撤职，被迫回京担任闲职。

夏侯儒罢职后，荆州地区的军队还得有人去统领，在一次朝会上，司马懿力荐自己的好友王昶[1]担任荆州都督。

王昶早年做过曹丕的幕僚，和司马懿关系很好。曹叡在位时，司马懿曾多次举荐王昶，但是都未得重用，这次终于举荐成功，小皇帝点头了。王昶上任后励精图治，将边境驻军的地点前移，深得当地军民的拥护。

眼见司马懿的势力迅速膨胀，曹爽有点坐卧不安了，也赶紧在朝堂上举荐人才："皇上、太后，雍凉都督赵俨[2]年纪太大了，应该加封为司空，让他回京养老。中护军夏侯玄乃名将之后，年轻有为，可以出任雍凉都督一职。"

小皇帝见郭太后和司马懿都没有提出不同意见，就准奏了。

这样一来，在曹魏三大战区中，荆州都督王昶是司马懿的人，雍凉都督夏侯玄是曹爽的人，扬州都督王凌则是个中立派，还没有明显的政治倾向。

---

① 王昶（？—259）：字文舒，太原郡晋阳县（今山西太原市）人，三国时期曹魏将领，少有名气，进入曹丕幕府。司马懿掌权后深得器重，伐吴时在江陵取得重大胜利，升任征南大将军，封京陵侯。后又参与平定"淮南三乱"，迁骠骑大将军，守司空。

② 赵俨（171—245）：字伯然，颍川郡阳翟县（今河南禹州市）人，三国时期曹魏名臣，开国功臣，四朝元老，官至骠骑将军、司空，封都乡侯。

夏侯玄出任雍凉都督后，中护军一职空了出来，司马懿乘机让自己的长子司马师出任中护军，掌管皇宫外围的禁卫军兵权。不久，中领军一职也空了出来，曹爽乘机让自己的弟弟曹羲出任中领军，掌管皇宫内的禁卫军兵权。

几个回合下来，司马懿和曹爽的势力基本持平，曹爽略占优势。

二、曹爽伐蜀

自从上台辅政以来，曹爽一直想独自建立战功，以便和司马懿的军功相抗衡，但是一直没有机会。

正始五年（244 年），曹爽上表请伐蜀汉。他在表文中说："自诸葛亮和魏延死后，蜀已无大将，刘禅庸劣不堪，正是进取之时。臣曹爽愿统兵伐蜀，扫荡东西两川。如果灭了蜀汉，东吴孙权也不能持久。"郭太后和小皇帝不懂军事，只得交付廷议。

"不可，不可，蜀汉山川险峻，诸葛亮和刘备经营多年，民心归附。现在的统治者虽然无能，但足以自守。不可妄起讨伐之师。"司马懿第一个从班部内跳出来反对。

司马懿刚说完，又有十几个大臣发声附和道："司马太傅言之有理，蜀汉占据地理优势，一夫当关，万夫莫开。当年，太祖武皇帝和刘备在汉中决战，大败而回。以武皇帝之用兵如神，尚且不能取胜，何况是我们这些人。"

曹爽闻言面色冷峻，愤然出班，大声说道："天下大势，合久必分，分久必合。今三国鼎立已达数十年之久，我国富兵强，蜀汉弹丸之地，如何不能打？我愿亲自领兵前去，当无不胜。"

"大将军所言极是，我国统一天下的时候到了。"何晏、李胜、毕轨等支持曹爽的大臣也发声相助。

两派大臣相持不下，郭太后只得宣布权且罢朝，来日再议。

次日朝会，曹爽再提伐蜀，朝堂上鸦雀无声，司马懿却一改初衷，转而支持曹爽。他说："大将军鸿鹄之志，实乃我国之幸。既然大将军一意伐蜀，我也就不再劝阻了。希望大将军早奏凯歌。"

大家见司马懿态度突然转变，都十分震惊。退朝后，司马孚问道："二哥，你怎么又转而支持曹爽了？把大家都给搞蒙了。"司马懿脸上露出狡猾的笑容，他说："三弟，我这叫欲擒故纵。既然我们不能阻止曹爽伐蜀，那就由他去吧。你等着瞧，曹爽一定会大败而归的。到时他在朝中的声望会降低，就无法与我们抗衡了。"司马孚闻言，恍然大悟。当然，曹爽也不是傻子，他深知司马懿的用心，但要建立军功，就必须打一仗，无论胜败都必须搏一把。

同年三月，曹爽领军数万抵达长安。雍凉都督夏侯玄集结了七万驻军，听候曹爽调遣。曹爽命郭淮为先锋大将，与夏侯玄一道领兵，从骆谷（在今陕西周至西南）向汉中进发。

当时从雍州进入汉中有三条路，即子午谷（在今陕西长安县南）、斜谷和骆谷，以前曹爽的父亲曹真领军伐蜀时，分兵从子午谷和斜谷进军，遇到罕见的大雨，不得不退回。这次曹爽意气风发地坐镇长安，命令军队走骆谷，向汉中进攻。

蜀汉驻守汉中的将领是镇北大将军王平[①]，王平早年曾是魏军将领，曹操和刘备在汉中会战时，他率部归降了刘备，得到刘备的重用，是蜀军中仅次于魏延的大将。魏延死后，王平升任汉中都督，镇守汉中。听说魏军从骆谷而来，王平一面驰报成都，请求派兵支援；一面聚集诸将，商议退兵之策。

部将张翼[②]说："将军，魏军势大，我军只有三万兵力，不如让出骆谷口，主动退守汉中的乐城和汉城，固守待援。等成都的援军到了，我们再与魏军决战。"

---

① 王平（？—248）：字子均，巴西宕渠（今四川渠县东北）人，三国时期蜀汉大将，多次随诸葛亮北伐。诸葛亮死后拜前监军、镇北大将军，镇守汉中，封安汉侯。

② 张翼（？—264）：字伯恭，益州犍为郡武阳县人，三国时期蜀汉将领，历任梓潼、广汉、蜀郡三郡太守，出任庲降都督，后随诸葛亮和姜维北伐，官至左车骑将军，领冀州刺史，封都亭侯。

老将廖化则不同意，他说："不可，我军虽然兵少，但占据地利之便，只要我们守住骆谷口，魏军就算有百万之众，也进不来。"

廖化是蜀汉老将，曾是关羽的部将。关羽战死后，他杀出重围求救，得以活命。回到成都后，他一直受到诸葛亮的重用，在蜀军中的威望高于王平。

王平权衡利弊，决定采纳廖化的建议，御敌于国门之外。他亲率大军，进驻接近骆谷出口的兴势（今陕西洋县北）。兴势地势险要，扼守骆谷出口。在兴势外围，蜀军遍布旌旗，绵延百里，以为疑兵之计。

魏将郭淮早年跟随曹真和司马懿驻守雍凉，与司马懿关系密切。军队被阻于兴势后，郭淮派人前去打探，并与蜀军小规模打了几次，意识到兴势不易突破，于是劝夏侯玄退军。他说："蜀军已经占据险要，料想此时蜀汉内地的军队也正在赶往汉中，就凭我们这七八万军队是打不败蜀军的，即使加上曹爽的几万军队也不够，不如撤军。"夏侯玄将郭淮的意见转告曹爽，曹爽大怒，拍着桌子骂道："我亲率大军前来，连一仗都没打就劝我撤军，真是岂有此理！"此前夏侯玄曾多次向曹爽诉苦，说雍凉诸将都是郭淮的部下，他根本指挥不动雍州的军队。

郭淮没把曹爽催促进军的命令当回事，指挥军队佯攻了几次，就停下了。不久，费祎率领五万大军赶到，和王平合兵一处。分析了敌我形势后，费祎率一军绕到魏军侧背，占据了几个险峻的山岭，切断了魏军的归路。六七万魏军被困在兴势，军需供应困难，士兵们怨声不绝。

消息传到洛阳，司马懿立即上表郭太后，请朝廷下诏召回曹爽。同时，司马懿又写信给夏侯玄，在信中警告道："我军再不撤出兴势，有全军覆没的危险，你将如何承担战败的责任？"夏侯玄看了司马懿的信，有些动摇，但曹爽已经率军从长安杀来，企图打破蜀军对魏军的围困。

蜀军和魏军在兴势相持月余，曹爽见不能取胜，只得下令撤兵。蜀军穷追不舍，使魏军损兵两三万。曹爽满怀壮志而来，却铩羽而归。

军事谋略的不足注定曹爽无法建立军功，他的军事才能远不及其父曹真。当年曹真三次击退蜀汉的北伐，被诸葛亮视为劲敌。战败回朝后，曹爽十分羞愧，知道自己要想胜过司马懿，就只能在政治上寻求建树了。

三、东吴储君之争

此时，东吴政坛也风波骤起。到正始五年（244年），孙权称帝已经十五年了，换了三任太子。长子和次子接连早夭，三子孙和成为新太子。但孙和的弟弟、鲁王孙霸深受孙权宠爱，有争位之意。

孙和是王夫人所生，孙霸是谢夫人所生。孙权后宫嫔妃众多，最宠爱步夫人和王夫人。步夫人名叫步练师，与东吴重臣步骘是同族。步夫人没有儿子，生了两个女儿，分别叫孙鲁班、孙鲁育。孙鲁班早先嫁给周瑜的长子周循，周循死后又改嫁将军全琮。孙权的众多儿女中，孙鲁班与父亲关系最好，也深得父亲信任。

一天，孙鲁班回宫探望孙权，对孙权说："父皇，孙和自从当了太子，朝中的大臣都对他趋之若鹜。"

孙权见怪不怪地说："他是太子，自然会有人追捧。你说说，都有哪些人跟孙和来往密切？"

"据我所知有陆逊、张休①、诸葛恪、顾谭、朱绩②等人。"孙鲁班娓娓道来。

---

① 张休（205—245）：字叔嗣，徐州彭城国（今江苏徐州市）人，三国时期东吴大臣、文人，曾辅佐太子孙登，为右弼都尉，累迁至扬武将军。因遭到全琮等人中伤而被徙至交州，后被孙权赐死。

② 朱绩（？—270）：字公绪，丹杨故鄣（今浙江安吉县）人，三国时期东吴名将，主要负责荆州军事，官至上大将军、左大司马。

陆逊官拜大将军、丞相，自从二十年前在夷陵打败刘备之后，一直在东吴掌握重权。张休是东吴已故大臣张昭的次子，诸葛恪是诸葛瑾的儿子，顾谭是原东吴丞相顾雍的孙子，朱绩是原东吴大将朱然的儿子。这些人在东吴无不地位显赫。

当这些人的名字一个个从孙鲁班的嘴里吐出来时，就像石头一样砸到了孙权的心口上。孙权暗忖："我还没死呢，太子就跟这些人交往密切，久而久之，我这个皇帝岂不是会被架空？不行，必须对太子结党的行为予以打击。"

所以，自孙鲁班进献谗言之后，太子孙和遭到孙权的冷落，鲁王孙霸则得到孙权的青睐。孙霸在孙权诸子中还算比较有才干，文武双全。孙权的态度成了朝廷的风向标，一些大臣认为孙和的太子做不长了，孙霸有可能成为东吴的新太子。于是，步骘、全琮、吕据①、吕岱②等人纷纷倒向孙霸。孙霸自己也信心十足，准备和孙和一较高下。在支持孙霸的人中，步骘是东吴骠骑将军，其余几人也都在朝廷中担任要职。

据史书记载，孙和与孙霸之间的角逐非常激烈，东吴的将军和大臣们，举国中分。也就是说，支持这两个人的大臣都很多，采取中立态度的大臣很少。东吴的政局由此变得动荡不安。

在东吴，除了皇帝孙权之外，还有四大家族，包括以陆逊为代表的陆氏家族，以张昭为代表的张氏家族，以顾雍为代表的顾氏家族，以朱然为代表的朱氏家族。张昭、顾雍、朱然等人去世后，他们的后代依然活跃在东吴政坛上，而且势力越来越大，有尾大不掉之势。

"是否可以借太子党争一事削弱四大家族的势力？"一向政治敏感性极高的孙权决心对东吴的几大家族下手。

在孙权的授意下，卫将军全琮上表弹劾张休和顾谭，说三年前张休

---

① 吕据（？—256）：字世议，汝南细阳（今安徽太和）人，三国时期东吴将领，大司马吕范次子，袭封南昌侯爵。孙权死后被任命为顾命大臣，协助幼主孙亮执政。历任右将军、骠骑将军，兼管西宫事务。后来在政治斗争中自杀而亡，被灭三族。

② 吕岱（161—256）：字定公，广陵海陵（今江苏如皋市）人，三国时期东吴将领，官至大司马，一生戮力奉公，为东吴开疆拓土，战功赫赫。

和顾谭率军北伐，在芍陂被魏军击败，在这次战役中，张休和顾谭涉嫌虚报战功。孙权下令将张休和顾谭投入监狱。经查证，三年前张休和顾谭确实有虚报战功的情况，但情节轻微。孙权小罪重判，将张休和顾谭流放到现在的广西地区，那时广西还是蛮荒之地。张休在流放途中口出怨言，辱骂孙权。有人报于孙权，孙权下令将张休赐死。自此，张昭、顾雍两支已废。

张休、顾谭是太子孙和的支持者，他们的倒台对孙和打击很大。孙和认为，父皇很快就会废掉自己的太子之位。放眼东吴朝野，还有谁能够帮助自己呢？举足轻重的人物恐怕只剩下陆逊一个了，但陆逊现在驻军荆州，不能随时联系。于是，孙和给陆逊写了一封言辞恳切的信，在信中求陆逊帮助自己，保住太子之位。

陆逊收到孙和的求助信后，决定出手干预太子和鲁王之间的党争。他给孙权上了一封奏表，在表文中劝谏道："太子孙和并无失德之处，鲁王孙霸虽然优秀，但毕竟只是一个藩王，废长立幼，自古以来就是取乱之道。"孙权对此很不高兴，下诏给陆逊说："由谁来继承东吴皇位是朕家里的事情，你一个藩镇外臣，竟然里通太子，难道想图谋不轨吗？"孙权措辞如此严厉，陆逊也有些恼怒，又上奏表说："臣支持太子为储君，也是为了东吴的江山社稷稳定，难道是为了一己私利吗？"孙权开始考虑如何收拾陆逊，直接逮捕下狱是绝对不行的，陆逊驻军荆州，手握重兵，搞不好会激起兵变。

君臣之间就这样耗着，几个月后，陆逊忧郁成疾，不久便病死了，享年六十三岁。后来，陆逊的儿子陆抗成为东吴末期的名将，继续效力于孙氏王朝。

孙和与孙霸之间的争斗在历史上被称为"二宫之争"，在争斗后期，孙权任命步骘①为丞相、全琮为右大司马、诸葛恪为大将军、朱然为左

---

① 步骘（？—247）：字子山，临淮郡淮阴县（今江苏淮阴西北）人，三国时期东吴重臣，冀州牧，驻守西陵二十年，性情宽宏，深得人心，曹魏的边境将士都敬仰他。

大司马。诸葛恪代替陆逊出镇荆州。在这四个人中，步骘和全琮是鲁王党，诸葛恪和朱然是太子党。看来孙权暂时还不想换太子。东吴的储君之争依然扑朔迷离。

四、排挤与拉拢

东吴由于储君之争而陷入动荡之中，这个时候，曹魏也不平静，司马懿与曹爽之间的权力争斗逐渐白热化。

伐蜀失败后，曹爽灰头土脸地回到朝廷，准备在政治上发动下一轮攻势，进一步压缩司马懿的政治空间。

几经考虑，曹爽准备从吏部着手。吏部是朝廷中最重要的一个行政机构，负责任免、考核、调动和选拔官吏。掌握了吏部，就等于控制了曹魏的官场。现任吏部尚书卢毓是曹魏的老牌士族，与司马懿关系密切，向来不给曹爽面子。

一天上朝时，曹爽启奏道："吏部尚书卢毓任职多年，应当给予升迁，臣保奏卢毓为尚书仆射，与司马孚共同执掌尚书台。"

小皇帝见没有人站出来表示反对，就准奏了。

曹爽接着奏道："卢毓离职后，臣保荐何晏为新的吏部尚书。"

"准奏！"小皇帝照葫芦画瓢。

卢毓站在那里一言不发，曹爽给自己升官，他也没法反对。立于班首的司马懿沉着一张老脸，心中暗忖："曹爽是想乘机控制吏部。哼，走着瞧吧！"

何晏就职吏部后，依照曹爽的指示，削弱各地中正官的权力，大力提拔年轻人。短短几年，曹爽身边便聚集了一大批新兴官僚，足以跟司马懿抗衡了。根据历史记载，何晏也是一个利欲熏心的人，在任职吏部的几年间干了很多卖官鬻爵的事情。

解决吏部后，曹爽的下一步是攫取京畿地区的控制权。在曹魏，包括首都洛阳在内的司隶州的最高行政长官叫司隶校尉，司隶校尉的官品相当于州刺史。曹爽通过一番运作，任命自己的亲信毕轨出任司隶校尉一职。司隶州下面还有一个河南郡，河南郡的最高长官叫河南尹，也是一个重要职位。曹爽让自己的亲信李胜出任河南尹。之前的河南尹叫王观，是司马懿的亲信。

几年来，司马懿的次子司马昭一直充任散骑常侍。散骑常侍是皇帝的近臣，每天都可以接近皇帝。钟毓①也是散骑常侍，而且也是司马懿的人。司马懿把这两颗钉子安在皇帝身边，曹爽很不高兴，在一次人事调整中授意自己的下属弹劾钟毓，钟毓由此被罢免。而司马昭有司马懿庇护，曹爽就是想动也动不了。

正始七年（246年），朝廷命毌丘俭领军出征。毌丘俭直捣黄龙，平定了叛乱。

捷报传回后，曹爽又不失时机地为毌丘俭请功："皇上，太后，毌丘俭将军扫荡辽东，功劳很大，请陛下下诏，加封毌丘俭为豫州牧。"

"准奏！"小皇帝曹芳已经十五岁了，但尚未亲政，朝政仍然被曹爽和司马懿把控着。

在曹魏，荆州和豫州多年来一直是由荆豫都督来管辖，现任荆豫都督王昶是司马懿的亲信。这次，在曹爽的促使下，荆州和豫州被一分为二，毌丘俭控制豫州，王昶控制荆州。这大大削弱的王昶的实力，荆州都督徒有虚名，因为荆州的大部分地区都是东吴的地盘，曹魏属下的荆州只有襄阳郡、樊城等几个地方。

扬州都督王凌镇守扬州多年，功勋卓著，其政治立场向来模棱两可，既不归附司马懿，也不依靠曹爽，两边都不讨好。很快，曹爽便把黑手伸向扬州，提拔太和浮华案中的涉案者诸葛诞为扬州刺史，剥夺了

---

① 钟毓（？—263）：字稚叔，颍川长社（今河南长葛市）人，三国时期曹魏大臣、太傅钟繇之子，正始年间拜散骑常侍，迁魏郡太守，入为侍中、御史中丞、卫尉卿。平诸葛诞的淮南叛乱，拜青州刺史、后将军，都督徐州、荆州军事。

王凌在扬州地区的行政权。不久，曹爽又提拔自己的同乡文钦①为庐江太守，庐江郡隶属于扬州，这样一来，他就在扬州地区拥有了很大的话语权。

毌丘俭、诸葛诞、文钦等人深感曹爽的知遇之恩，自然也成了曹爽的亲信。

在排挤司马懿的同时，曹爽也得罪了一些举足轻重的人，他们原本不是司马懿的亲信，但却被曹爽赶到了司马懿的阵营里。其中有两个人较为突出，一个是三朝老臣孙礼，一个是四朝元老蒋济。

早在曹丕时期，孙礼就官任散骑常侍，出入紧随曹丕。有一次，曹丕外出打猎，猎场里惊起一只猛虎，向曹丕扑来，孙礼纵马拔剑斩杀老虎，救下了曹丕。后来，曹丕想让孙礼去军队中立功，就把他下放到军队中当将军。到曹叡时期，孙礼常年驻军雍州，和曹真、郭淮、司马懿等人都是老相识。与蜀汉作战期间，孙礼是魏军中屈指可数的几员大将之一。曹叡临终时嘱咐曹爽说："孙礼将军性格耿直，办事勤勉，在军中威望很高，你将来可以倚重他与司马懿抗衡。"曹爽记住了曹叡的嘱托，执政初期先后任命孙礼为扬州刺史、荆州刺史、冀州刺史。

孙礼在冀州刺史任上发生了一件事，导致他和曹爽之间的关系破裂。在冀州境内，清河郡与平原郡毗邻，两郡之间一直有一个悬而未决的纠纷，对于两郡接壤处的一块地，双方各执一词，都说是自己的。朝廷多次仲裁未果。孙礼上任后，将双方叫到一起，对他们说："先帝早年被封为平原王，平原王的封地就在平原郡。"然后，他拿出当年平原郡的地图，以地图为准，将那块地划给了平原郡。对于这样的裁决，清清河郡太守不服，他是曹爽的亲信，曹爽答应过把那块有争议的地方划给清河郡。孙礼担任冀州刺史时，曹爽也交代过他这件事，但孙礼没有搭理曹爽。事情发生后，清河郡太守告发孙礼，曹爽便下令罢免孙礼的

---

① 文钦（？—258）：字仲若，沛国谯县人，三国时期曹魏将领，曹操部将文稷之子，在曹魏官至前将军、扬州刺史。与毌丘俭等起兵勤王失败后投奔东吴，任镇北大将军、幽州牧等职，封谯侯。

官职。这时，司马懿却在朝堂上为孙礼说话，请朝廷重新起用孙礼，任命孙礼为并州刺史。从此，孙礼就成了司马懿的亲信。

蒋济的资格更老，在曹操时期就担任过丹阳太守，后来被曹操任命为丞相府主簿。曹丕时期，蒋济升任右中郎将。曹叡时期，蒋济官拜侍中。曹芳时期，曹爽和司马懿秉政，司马懿进爵太傅后，蒋济出任太尉。太尉虽然位列三公，但却是一个养老的闲职。所以，蒋济对曹爽这一调动耿耿于怀，自此与曹爽不和。

五、文化领域的斗争

随着政治斗争的深入，曹爽和司马懿逐渐把触角延伸到了文化领域。曹爽支持玄学，司马懿则推崇王学。

三国魏晋时期，玄学的代表人物是郑玄[①]、何晏。曹爽辅政时期，何晏走上政治舞台，被任命为吏部尚书。除了在吏部任职外，他还经常去太学院给学生们讲玄学。玄学以道家观点为主，探寻人类起源，无中生有，是一种纯精神层面的哲学。它在政治层面上的意义在于激发人们锐意进取的意识和精神。

王学的代表人物是王肃，王肃是汉末名臣王朗的儿子。王朗历曹操、曹丕、曹叡三代，官至司徒，位列三公。此外，王朗还是一名经学家，著有《易传》一书。《易传》中倡导无为而治，主基调以儒家为主，融入道家观点。王朗认为，统治者应该摒弃急功近利的思想，体察民间疾苦，关注民生。王朗死后，王肃继承父亲的才学，到处讲经论道。司马懿看重他在学术领域的巨大影响力，为次子司马昭迎娶王肃的女儿王元姬为妻。在司马懿的帮助下，王肃在朝廷里做了官，而且他的经学被作为国家太学院的教材加以普及。有一次，王肃参加一个宴席，酒醉之

---

① 郑玄（127—200）：字康成，北海郡高密县（今山东高密市）人，东汉末年儒家学者、经学大师，遍注儒家经典，以毕生精力整理古代文化遗产，使经学进入一个"小统一时代"。著有《天文七政论》《中侯》等书，共百万余言，世称"郑学"，为汉代经学的集大成者。

后骂了曹爽和何晏几句，结果被朝廷免去了职务。从此，王肃专心研究经学，后人将王朗、王肃父子所倡导的经学称为王学。

一天，何晏拜见曹爽，对他说："现在你是朝廷首辅，正在推进政治改革，改革需要魄力和勇气。这正与我们的玄学精神相符。而王肃的经学主张无为而治，这不是公然跟我们唱反调吗？"曹爽点头道："你说的有道理，但王肃和司马懿是儿女亲家，我们动不了他。"

为了抢占文化上的制高点，司马懿多次授意王肃，让他将自己的经学观点细化，并与当今政治接轨，抨击曹爽改革对时政的危害。

经过六七年的经营后，曹爽在朝廷中党羽众多，在声势上终于压过了司马懿。

正始六年（245 年）八日，曹爽无所顾忌地上奏道："皇上、太后，皇宫禁卫军的编制较为混乱，臣建议精简，将中坚营和中垒营裁撤，并入曹羲指挥的中领军。"

郭太后不同意："这恐怕不行吧，朝廷旧制，不可擅改。"

中坚营和中垒营是皇宫禁卫军中的两支劲旅，它们的统帅是郭太后的弟弟郭建和甄德，甄德是曹叡过继给自己母亲甄家的，本来也姓郭。甄德和郭建的后台是郭太后，郭太后当然不会同意曹爽的提议。

吏部尚书何晏见状，忙站出来支持曹爽，他说："现在皇宫内外人浮于事，很多吃闲饭的职位都应该裁撤。"

大司农桓范也出班奏道："是的，国家的吏治必须革新，新政不可阻挡，这只是个开始。"

桓范也是曹魏老臣，早年担任过多个州的刺史。曹叡在位时他受到同僚的排挤，被罢官。曹爽掌权后，礼聘桓范①出山。桓范多智谋，被当时的人称为曹爽的智囊。

大臣们都见风使舵，纷纷支持曹爽。郭太后虽然垂帘听政，但众怒

---

① 桓范（？—249）：字元则，沛国龙亢（今安徽怀远县西龙亢镇北）人，三国时期曹魏大臣、文学家、画家，官至大司农。

不敢犯，只得忍痛接受了曹爽的改制。从此，郭太后与曹爽之间的矛盾日益加深。

正始八年（247 年），曹爽主持朝会，对大臣们说："皇上已经十几岁了，足以自理，不需要皇太后垂帘听政了，请将郭太后迁居永宁宫。"

这些年来，郭太后一直和小皇帝曹芳住在一个宫里。多数大臣同意了曹爽的意见，于是，曹爽将郭太后强行迁到了永宁宫，与皇帝隔离。此后，曹爽兄弟"专擅朝政，兄弟并掌禁兵，多树亲党，屡改制度"。郭太后与司马家的关系向来密切，郭太后的失势，对司马懿也是一个沉重的打击。

第八章　高平陵政变

在与曹爽的权力争斗中，为了躲避曹爽的锋芒，司马懿以年老多病为由闭门不出，暗地里却在积攒实力和联络朝臣，准备伺机而动。面对已经七十多岁、行将就木的司马懿，曹爽渐渐放松了警惕，以为从此可以高枕无忧。就在曹爽离开洛阳，陪曹芳到高平陵扫墓时，司马懿抓住机会，果断起兵发动政变并控制了洛阳城。关键时刻，曹爽又轻信司马懿的承诺，决定放下武器带着皇帝返回洛阳城，结果惨遭灭族。从此，曹氏宗室的势力日渐衰落，司马懿又重新掌握了朝政大权。

一、暗蓄死士三千

司马懿平日韬光养晦，他非常能够忍辱负重，而且心思缜密、深谋远虑。

正始七年（246 年）正月，吴兵入侵柤中（今湖北南漳县西蛮河流域），很多百姓为躲避战祸，北渡沔水。司马懿认为，沔南离敌人太近，如果百姓们再回去的话，还会引来吴兵，应该让他们暂留北方。曹爽则不同意，说："现在不能在沔南修城守地，反而让百姓留在沔北，这不是长远之计。"司马懿说："放在安稳之处所则安稳，放在危险之处所则危险，人和物都是如此。所以兵书上说'成败在于形，安危在于势'。形势是驾驭众人的关键，不能不审慎对待。假设吴军以两万人防守沔水，三万人与我沔南诸军对抗，一万人猛攻柤中，我们怎么去援救呢？"曹爽固执己见，下令将逃难的百姓驱赶回去。结果，吴军击破柤中，曹魏所失百姓数以万计。并州刺史孙礼为此向司马懿抱怨，司马懿安慰他说："暂且不要难过，忍一忍吧。"

司马懿一生从来不打无准备之仗，他默默地积蓄力量，准备一举扳倒曹爽。

"杀——杀——杀！"洛阳百里之外的一处密林里，一支军队正在操练。士兵个个体型彪悍、身穿黑衣、手执利剑。司马懿的长子司马师站在不远处的山坡上，这支地下军队正是他一手招募的，其中有很多人是地痞流氓和罪犯。司马师暗中资助这些人，帮助他们渡过难关，所以他们都视司马师为知己，愿意为他赴汤蹈火。

夜深了，司马懿把司马师叫到自己的住处。司马懿压低声音问道："师儿，我们豢养的死士现在有多少人了？"

"父亲，有五百多人了。"

"不够，还远远不够，至少需要三千人。"

"私下养那么多人，目标太大了。"

"不要集中在一个地方，你把他们分散开，在不同的地方训练。"

"父亲，养这些人花费巨大，将来真的能用得上吗？"

"当然能用得上，曹爽逼我们逼得很紧。动用朝廷的军队行动多有不便，关键时刻还得靠我们豢养的这些人，他们能起到出其不意的作用。"

"人多了，保密工作不好做。"

"我不管你用什么方法，一定要保密，否则，我们司马家就完了。"

"能不能让弟弟和我一起办这件事？"

"不行，司马昭遇事不沉稳，我不放心。此事天知地知你知我知，决不能泄露给任何人。"

正始八年（247年）五月，司马懿开始称病不朝，不问政事。曹爽派河南尹李胜前去探望，李胜来到司马懿床前，只见他披头散发，眼神恍惚，卧于床上。

"老太傅，多日不见，您怎么病成这样了？"李胜假惺惺地问候道。

"我老了，已经快七十岁了，人生七十古来稀。这次生病，恐怕是挺不过去了。"

李胜劝慰道："朝廷不能没有您啊，您会好起来的，周朝的姜子牙不就活了九十多岁吗？"

"曹爽年富力强，有他一个人辅政就行了。再说，皇上再过几年也能亲政了，要我这个辅政大臣还有什么用呢？"司马懿演得很像真的。

这时，屋里进来两个侍女，手里端着药。她们费了很大力气才将司马懿扶起来，给他喂药。看着司马懿的满头白发，李胜确信他是真的病重了。

李胜回去后，向曹爽做了详细报告，曹爽大喜。自此，曹爽一人总摄朝政，朝廷里的事情要先报知曹爽，然后才能报送皇帝。

曹魏朝廷波诡云谲，暗藏刀光剑影。很多有识之士嗅出了不祥的味道，纷纷辞官归隐，等待时清。其中最著名的几位当属"竹林七贤"，即山涛①、嵇康②、阮籍③、向秀④、刘伶⑤、阮咸⑥、王戎⑦。

山涛是河南郡的从事，因为临近洛阳，最早闻到了危险的气味，毅然辞官归隐。嵇康是曹爽的幕僚，在曹爽声势最盛的时候选择了退出。阮籍也是朝廷官员，政治上偏向曹爽，文化上倾向于何晏的玄学。他在

---

① 山涛（205—283）：字巨源，河内郡怀县（今河南武陟西）人，三国至西晋时期名士、政治家，西晋建立后，历任侍中、吏部尚书、太子少傅、左仆射等职，封新沓伯。

② 嵇康（224—263）：字叔夜，谯郡铚县（今安徽濉溪县）人，三国时期曹魏思想家、音乐家、文学家，"竹林七贤"的精神领袖，娶曹操曾孙女长乐亭主为妻，世称"嵇中散"。后隐居不仕，屡拒为官。因得罪司隶校尉钟会而被司马昭处死，时年四十岁。

③ 阮籍（210—263）：字嗣宗，陈留尉氏（今河南开封）人，三国时期曹魏诗人，"正始之音"的代表，曾任步兵校尉，世称阮步兵。

④ 向秀（约227—272）：字子期，河内怀县（今河南武陟）人，魏晋时期文学家，官至黄门侍郎、散骑常侍。

⑤ 刘伶（约221—约300）：字伯伦，沛国（今安徽淮北）人，魏晋时期名士，嗜酒不羁，被称为"醉侯"，好老庄之学，追求自由、逍遥、无为。

⑥ 阮咸：字仲容，陈留尉氏（今河南开封）人，魏晋时期名士、文学家，阮籍之侄，精通音律，善弹琵琶，时号"妙达八音"，有"神解"之誉。

⑦ 王戎（234—305）：字濬冲，琅琊临沂（今山东临沂白沙埠镇诸葛村）人，三国至西晋时期名士、官员，"竹林七贤"之一，长于清谈，以精辟的品评与识鉴著称。

曹爽如日中天的时候也选择了归隐。其余四位的情况也差不多。

司马懿称病不朝后，中书监刘放、中书令孙资也先后辞官，刘放和孙资的举动被认为是主动与曹爽划清界限。

二、司马懿的反击

正始十年（249年）正月，十七岁的曹芳上朝议事，大将军曹爽出班奏道："本月初六是先帝的祭日，臣请陛下率文武大臣谒高平陵（在今河南洛阳东南）祭拜。到时，臣和陛下同往。"

"准奏！"曹芳说，此时的他尚未亲政，凡事仍由曹爽说了算。

下朝后，曹爽对弟弟曹羲、曹训说："明天祭拜高平陵，你们也随我一同去吧。"曹羲说："如果我们兄弟几个都出城了，城内一旦有变，那就大祸临头了。"曹爽笑着说："当今朝廷，对我们能构成威胁的只有司马懿，他现在快要病死了，你怕什么！"曹羲和曹训都是皇宫禁卫军统领，手握兵权，如果他们都留在城内，司马懿很可能会放弃兵变计划。

正月初五入夜时分，司徒高柔①、太仆王观②、尚书令司马孚先后来到司马懿家中。司马懿父子三人也都在。

司马懿目露凶光，首先开口道："明天曹爽带着皇帝和大臣们去祭拜高平陵，我们可趁此机会发动兵变，扳倒曹爽。"

"明天曹爽的亲信有多少会跟着去，都搞清楚了吗？"高柔问道。高柔和司马懿一样，也是曹魏四朝老臣，在曹丕和曹叡时期一直受到重用，任职廷尉。曹爽执政时，高柔官拜三公，从此失去了权力。

司马昭回答说："我已经打探清楚了，包括曹羲和曹训在内，曹爽

---

① 高柔（174—263）：字文惠，陈留郡圉县（今河南杞县南）人，三国时期曹魏大臣，以善于治法闻名。从小吏做起，二十年后官至九卿，封安国侯。

② 王观（？—260）：字伟台，东郡廪丘（今河南范县东南）人，三国时期曹魏大臣，官至司空，封阳乡侯。

那几个在京城掌握兵权的亲信明天都一起出城。"

司马懿吩咐道："司马师，把你的三千死士连夜调到洛阳，让他们化装潜入洛阳市井，明天曹爽出城后，集结待命，先占领武库，再包围皇宫。"

司马师回道："父亲放心，除了这三千死士，我中护军部下还有一千多人，明天都可以参与行动。"

司马懿点点头，转而叮嘱王观道："王观，明天行动开始后，我会让太后任命你为中领军，代行曹羲职权。你一定要稳住曹羲的部队，千万不能发生哗变。"

王观说："太傅放心吧。"

司马懿又目视高柔，对他说："高柔，你的任务最重，明天我会让太后任命你为大将军，代行曹爽职权。你一定要想方设法稳住曹爽留在城内的军队。"

司徒高柔点了点头，他已经七十多岁了，在朝廷里威望很高，自信可以做到。

司马懿给众人打气道："诸位，太尉蒋济明天也会和我们一起行动，我们一定会成功的。"

司马孚接着说道："一切听二哥的。"

这一夜，星光灿烂、万籁俱寂，对司马懿来说注定是一个不眠之夜，而曹魏的政坛也将迎来剧变。

三、软弱的曹爽

正始十年（249 年）正月初六上午，一队人马从洛阳城南门鱼贯而出，为首的是皇帝曹芳和大将军曹爽，后面跟着曹羲、曹训、何晏、丁谧等曹爽的亲信，一共两千余人，御林军跟随护驾。他们去祭拜魏明帝曹叡的高平陵，高平陵位于洛阳城南的大石山。

随着司马师一声令下，隐蔽在城中的三千死士在两个小时内全部集结到司马府中。七十岁的司马懿手提宝剑，走到死士们前面的高台上，司马师和司马昭紧随左右。司马懿环视众人一周，大声喊道："诸君，几年来，你们没有见过我，我也没有见过你们。从现在开始，我司马懿要与你们共进退，有福同享，有难同当。事成之后，你们就是我司马家的兄弟。""愿为太傅效力！"死士们喊道。这时，司马孚、高柔、王观相继赶到，看到这个阵势，深感震撼。

誓师完毕，司马懿乘车沿着街道向太尉蒋济家奔去，三千死士紧随其后，街道两旁的百姓纷纷躲避。队伍行至蒋济府门外，死士们驻足而立，司马懿挑开马车上的珠帘，大声对门吏说："快去禀报太尉，司马懿来见！"门吏一时目瞪口呆，好一会儿才反应过来，转身跑进府内。蒋济已经获知兵变的消息，他没有理会门吏的报告，径直奔向门外。大门开处，司马懿当车而立，后面站着无数死士。蒋济没有说话，他在等司马懿先开口。

司马懿慷慨激昂地说："太尉，曹爽背弃先帝遗命，祸乱国政，我请你和我一起奉诏讨贼。"

"太傅，你我相交多年，你说实话，这次政变你有多大把握？万一曹爽带着皇上去了许都，在那里召集天下兵马讨伐你，你能顶得住吗？我这把老骨头可不想跟着你陪葬。"

司马懿眼神坚定，充满自信地说："太尉，只要你和皇太后支持我，我就有完全的把握拿下曹爽。"

蒋济见势在必行，便登上司马懿的马车。他们的第一个攻击目标是位于洛阳东北角的武库。大队人马抵达武库后，司马懿亲自出马，向武库的守将喊话："我是太傅司马懿，奉太后诏命前来接管武库，请让开！"守卫武库的士兵们面面相觑，守将是曹爽的亲信，他拔剑出鞘，怒斥道："司马老贼，你乘皇上和大将军不在城中，想造反吗？"司马懿大怒，命司马师率死士强攻武库，守卫武库的士兵只有几百人，很快就被剿灭了。占领武库后，司马懿给死士们配备了最好的武器。

随后，司马懿率兵直奔永宁宫。面对蜂拥而来的军队，永宁宫的太监们惊慌失措，郭太后躲在里面不敢出来。司马懿和蒋济走下马车，进宫面见郭太后。司马师则率兵包围了永宁宫，在事态没有平息之前，郭太后将处于被软禁的状态。

一见到郭太后，司马懿便咄咄逼人地说："太后，恕臣无礼，大将军曹爽有负先帝重托，专权跋扈，图谋不轨。请太后下诏，命臣与太尉蒋济剿灭曹爽，以安社稷。"

郭太后哆哆嗦嗦地说："你要诛灭曹爽可以，但不可伤害皇上。"自从曹爽将她强行迁居永宁宫后，她一直盼着曹爽早日倒台。

司马懿信誓旦旦地说："太后放心，臣受两代先帝托孤之重，誓做忠臣，绝不会做对皇上不利的事情。"

讨伐曹爽的诏书，司马懿已经写好了，郭太后取出印玺盖了上去。有了郭太后的支持，司马懿这次兵变就可以名正言顺、堂而皇之地进行。

在司马懿的胁迫下，郭太后又任命司徒高柔为大将军，取代曹爽；任命王观为中领军，取代曹羲。高柔和王观立即拿着郭太后的委任状上任，接管了曹爽和曹羲留在城中的部队。由于司马懿、蒋济、高柔、王观等人在朝中威望很高，曹爽和曹羲的部众几乎没有抵抗就改旗易帜了。司马懿随即分兵把守洛阳的十二个城门，宣布全城戒严。

司马懿兵变的消息迅速传遍全城，已故老臣辛毗的儿子辛敞是曹爽的幕僚，他问自己的姐姐辛宪英："司马懿发动兵变，已经将洛阳城控制起来了，我该怎么办？"辛宪英说："你是曹爽的幕僚，理应尽职，速速出城去见曹爽。"辛敞说："曹爽这次恐怕是栽了，我出去不是死路一条吗？"辛宪英说："忠于职守是人之大义，你并不是曹爽集团的骨干成员，就算事败，司马懿也不会加罪于你的。"辛敞觉得姐姐言之有理，就和同事鲁芝①率领数十人冲出洛阳南门，到城外找曹爽去了。

_____

① 鲁芝（190—273）：字世英，扶风郡郿县（今陕西眉县）人，魏晋名臣，官至光禄大夫，封阴平侯。

　　此时此刻大司农桓范也面临着艰难的抉择，他的儿子劝他说："天子和大将军都在城外，我们出城去投奔大将军，请大将军号令各地军队，一起讨伐司马懿。"于是，桓范与儿子率百余人斩关夺门而出。门吏报知司马懿，说桓范出城了。蒋济担心地说："桓范足智多谋，他出城了，对我们威胁很大。"司马懿则冷冷地回应说："桓范虽然有谋，但曹爽就像劣马贪恋马房的草料一样，因顾恋他的家室而不能做长远打算，所以桓范的计谋他肯定不会采纳！"

　　曹爽正在城外和曹芳祭拜高平陵，忽闻城内有变，大惊失色。不久，鲁芝、辛敞、桓泡等人赶来，曹爽细问城内的情况，他们说："司马懿已经派兵封锁了洛阳城，皇太后已经被控制，太尉蒋济、司徒高柔等人都是司马懿的帮凶。"曹爽听了怒气填胸，险些晕倒。

　　这时，桓范进言说："洛阳是回不去了，此地离许都不远，大将军可移驾许都，召集天下的军队，勤王讨逆。"幕僚鲁芝也说："天子和我们在一起，各地的将领一定会纷起响应的，就等大将军振臂一呼了，我等愿誓死追随。"曹爽没有说话，他转过头去，对众人说："一旦举兵，曹魏就会爆发内战，你们容我再考虑一下。"桓范扯住曹爽的衣袖，大声说："形势危急，回去只有死路一条，你还考虑什么，赶紧起兵讨伐司马懿吧！"

　　曹爽仍然犹豫不决，桓范着急地对曹羲说："这件事摆明了只能这样应对，真不知道你们读书是干什么用的！如今的形势，像你们这样门第的人想要求得贫贱平安的日子还有可能吗？而且普通百姓有一人被劫作人质，人们尚且希望他能存活，何况你们与天子在一起，挟天子令天下，谁敢不从？"曹羲听了沉默不语。桓范又对曹爽说："你的中领军别营近在城南，洛阳典农的治所也在城外，你可以随意召唤调遣他们。去许都不过两天两夜的路程，许都的武器库也足以武装军队，我们需要忧虑的只有粮食问题，但大司农的印章在我身上，可以签发征调。"曹羲听了反对道："我们的家人都在洛阳城内，如果举兵，家里的人肯定要遭殃了。"桓范怒斥曹羲："顾不了那么多了，如果不放手一搏，我们这些人都会被灭族的。"曹爽听他们争吵,心里很烦,于是离开众人,走进自己的营帐。

是否要起兵与司马懿对抗?如果起兵,胜算有多少?各地将领有多少人会响应自己?曹爽的信心严重不足,他虽然当了十年的大将军,但在军界的资历还是很浅。唯一一次出兵伐蜀,他铩羽而归,丢尽了脸面。

司马懿牢牢地控制住洛阳后,领兵屯于洛水浮桥,派人上奏章给皇帝曹芳陈述曹爽之罪,奏章中说:

"我过去从辽东回来时,先帝诏令陛下、秦王和我一起到御床跟前,拉着我的手臂,深为后事忧虑。我说:'太祖、高祖也曾把后事嘱托给我,这是陛下您亲眼见到的,没有什么可忧虑烦恼的。万一发生什么不如意的事情,我当誓死执行您的诏令。'

"如今大将军曹爽,背弃先帝遗命,败坏扰乱国家制度;在朝内超越本分自比君主,在外则专横跋扈独揽大权;破坏军营编制,把持禁卫部队;在各个重要官职安置亲信,皇宫的值宿卫士也都换成他的人,这些人相互勾结,恣意妄为日甚一日。

"曹爽又派宦官黄门张当担任都监,侦察陛下的情况,挑拨陛下和太后的关系,伤害骨肉之情,天下动荡不安,人人心怀畏惧。在这种形势下,陛下也只是暂时寄居天子之位,岂能长治久安?这绝不是先帝诏令陛下和我到御床前谈话的本意。

"我虽老朽不堪,怎敢忘记以前所说的话?太尉蒋济等人也都认为曹爽有篡夺君位之心,他们兄弟不宜掌管部队担任皇家侍卫,我把这些意见上奏皇太后,皇太后命我按照奏章所言施行。我已擅自做主告诫主管人及黄门令说:'免去曹爽、曹羲、曹训的官职兵权,以侯爵的身份退职归家,不得逗留而延滞陛下车驾。如敢于延滞车驾,就以军法处置。'我还擅自做主勉力支撑病体,率兵驻扎在洛水浮桥,侦察非常情况。"

曹爽得到司马懿的奏章后,没有通报曹芳,他一时不知道该怎么应对，就让曹芳留宿于伊水之南，并下令构筑防卫工事，调遣数千名屯田兵士进行护卫。

当天晚上，曹爽让侍中许允①、尚书陈泰②连夜去见司马懿打探消息。司马懿对陈泰说："你见了曹爽，劝他不要起兵，我可以保证，只罢免他的官职，不会伤及他的性命。"陈泰回去对曹爽说："太傅向我保证，此次政变，只为削除大将军的官职，没有别的意思。大将军本人及家人的安全可以无忧。请大将军卸甲回城！"曹爽默然不语。

接着，司马懿又派曹爽的亲信、殿中校尉尹大目去对他说，朝廷只是免他的官职。当天晚上，曹爽帐内灯火通明，所有人都没有睡觉。

黎明时分，蒋济派人送来一封信，信中说："太傅指洛水为誓，只去大将军兵权，绝不会加害大将军，请大将军速速回城。"曹爽看完信后，心中动摇，对于陈泰和蒋济的保证产生了几分信任。

桓范和鲁芝等人则从晚上一直劝到五更，催促道："大将军，快做决断吧，晚了就来不及了。"

曹爽却拔剑出鞘，掷之于地，对众人说："我不起兵，甘愿回洛阳，听候朝廷处置。"

桓范等人大怒，指着曹爽的鼻子大骂道："你父亲曹真当年何等英雄，没想到你竟然如此不堪，我们也要跟着你遭受灭族之祸了。"

此时曹芳正在自己的营帐内徘徊，曹爽入奏说："请陛下免去臣的大将军之职，臣不想看到国家内乱，请陛下回城之后，在司马懿面前替臣说情。"

曹芳呆呆地看着眼前失魂落魄的曹爽，自己已经十七岁了，站起来

---

① 许允（？—254）：字士宗，高阳（今河北高阳）人，三国时期曹魏官员、名士，官至中领军。因李丰等谋诛司马师以及建议曹芳夺司马昭之兵、讨伐司马师等事，被司马师流放到乐浪，途中去世。

② 陈泰（？—260）：字玄伯，颍川许昌（今河南许昌东）人，三国时期曹魏名将、司空陈群之子。袭封颍阴侯，历任游击将军、并州刺史、尚书等职，在地方颇有政绩。高平陵之变后为回避朝廷内部斗争，主动请求外出到雍州任职，后又入朝任尚书右仆射。曾随司马昭两度抵御东吴进攻，改授左仆射。

和曹爽的个头一样高。"你真的要卸掉兵权？"曹芳一脸讶异地问道。曹爽垂头丧气地说："是的，臣什么都不要了，后半生只想做一个富家翁。"曹芳只得准奏。

在洛水浮桥，志得意满的司马懿与如同丧家之犬的曹爽碰面了。司马懿站在原地不动，曹爽主动上前，对司马懿说："太傅，希望你能够信守诺言。"司马懿安抚道："你可以回家了，我会派兵去保护你的。"其实，司马懿之所以没有马上逮捕曹爽，是因为他还需要经过司法程序。

这时，曹芳驾到，司马懿慌忙上前跪倒于地，奏报说："皇上受惊了，臣受太后密诏，废掉大将军曹爽的兵权，没有别的意思。"曹芳下马扶起司马懿，抚慰说："老太傅，别的就不用说了，请太傅不要杀曹爽，毕竟他也是先帝临终前的顾命之臣。"随后，曹芳乘马回城，司马懿也率领军队跟着回了洛阳城。

司马懿这次兵变前后持续不到三天，就如同疾风扫落叶一样扳倒了曹爽。

四、正始冤案

曹爽刚刚卸掉兵权，回到府中，司马懿就派八百兵士将他的住宅团团围住。这八百兵士就是司马懿豢养的死士。

曹爽被软禁了两天，心中十分郁闷。司马懿究竟意欲何为？他决定试探一下，于是给司马懿写了一封信，说自己家里的粮食快吃完了，请司马懿送一些过来。司马懿看了曹爽的信，笑着说："给他送几车粮食过去。"曹爽见司马懿真的派人送来粮食，十分高兴，误以为司马懿不会置自己于死地。

司马懿重掌大权后，任命卢毓为司隶校尉、钟毓为廷尉，将曹爽的案子交给廷尉审理。卢毓和钟毓都是曹爽的政敌，受过曹爽的排挤和打压。司马懿授意他们说："二位大人，我们这次必须置曹爽于死地，可先从宦官张当入手，给曹爽安上一个造反的罪名。"

司隶校尉的职责就是弹劾京官，卢毓准备就绪后，上表弹劾宦官张当，说他和曹爽互通贿赂。张当是皇宫内的太监首领，也是曹爽在宫内的亲信。司马懿下令彻查此事。于是，廷尉首领钟毓下令将太监张当捉拿下狱，严加拷问。

张当最终被屈打成招，写下了供状，供状上说曹爽、何晏等人计划三月造反，废曹芳自立。其实这些都是子虚乌有的事情，纯属欲加之罪。

钟毓将案情上报司马懿，下令将曹爽、何晏、丁谧、桓范、李胜等人全部逮捕。

曹爽的府邸里死气沉沉的，上至曹爽，下至仆人，没有一个脸上带着笑容的。廷尉的官兵破门而入，宣布逮捕曹爽，曹爽忙对自己的夫人说："你快去找司马懿，他答应不会伤害我的。"他的夫人却说："早知今日，你当初就不该回来。"曹爽仰天长叹。

廷尉大牢里，钟毓亲自提审曹爽："曹爽，张当告你谋反，你可知罪？"

"哼，我看将来要造反的人是司马懿吧，你不过是司马懿的一条狗，有什么资格来审我。我要见司马老贼。"

"曹爽啊曹爽，你聪明一世，糊涂一时。实话告诉你，我们不需要你招供，也不需要你承认，你这个乱臣贼子是当定了。"

就这样，钟毓没有再审曹爽，也没有审何晏等人，直接判曹爽等人犯谋反罪，诛三族。三族之内的所有人，无论老幼妇孺一概处死。

蒋济和陈泰听说司马懿要杀曹爽，急忙跑到司马懿府中为曹爽求情："太傅，当初你让我们劝曹爽回来的时候，是怎么答应我们的？你怎么可以出尔反尔？"

"二位大人，不是我非要杀曹爽，国家有法度，曹爽谋反罪名成立，不杀不行呀！"

蒋济和陈泰大声责骂司马懿不讲信义，司马懿自知理亏，于是缄默不言。蒋济和陈泰愤怒地拂袖而去。

不一会儿，司马孚也来了，对司马懿说："二哥，听说你要灭曹爽全族，你不能这么干呀。"

司马懿解释说："三弟，你想过没有，曹爽现在才四十岁，你我还能活几年？我们死了之后，一旦曹爽东山再起，我们的孩子们怎么办？"

司马孚摇头叹息道："话虽如此，但这终究是一起冤案，曹爽并没有谋反的企图。"

但司马懿决心已下，不容再变了。

这天，处决犯人的洛阳东市，戒备森严，曹爽、何晏、桓范、曹羲、曹训、李胜、丁谧等人及其家人，共数千人被押上刑场。监刑官是钟毓和司马师、司马昭，钟毓神色冷峻，司马师和司马昭则面露喜色。

"司马师、司马昭，回去告诉你们的老爹司马懿，我曹爽就算是做了厉鬼，也不会放过他的。"曹爽喊话司马兄弟，他被反绑着，背上插着一块牌子，牌子上写着"反贼曹爽"四个字。

司马昭闻言大怒，拍案而起，司马师忙安抚他说："都是要死的人了，让人家多说几句又何妨。"

犯人中，桓范大骂曹爽："你这个无知匹夫，当初要是听我的话，起兵与司马懿争锋，也不至于落到这般田地。"

曹爽听了羞愧不已，何晏、丁谧、李胜、曹羲、曹训等人也都沉默不语。

午时三刻，监斩官钟毓将手中的令牌扔出："斩！"顷刻间，手起刀落，观刑的百姓们皆掩面而走。

处决了曹爽之后，司马懿出榜安民，表示曹爽案已经了结，从犯一律赦免。政变当天逃出洛阳去投奔曹爽的辛敞和鲁芝都被免于处罚。

在曹爽的众多亲信中，只有夏侯玄奉命镇守雍凉，幸免于难。事发后，司马懿以朝廷的名义召夏侯玄回京。夏侯玄准备回去时，他的叔叔夏侯霸也在雍凉军中，劝他说："曹爽不听桓范等人的劝告，回洛阳后被处死，你现在回去也难逃一死，不如我们叔侄二人去投奔蜀汉。"夏侯玄不同意，他说："就算回去被杀，我也绝不去投奔敌国。"他毅然回到洛阳，司马懿削去他雍凉都督的兵权，委任他为太仆。太仆是九卿之一，也是个闲职。

夏侯玄离职后，雍州刺史郭淮继任雍凉都督。身在军中的夏侯霸感觉自己处境堪忧，于是带领亲随数人投奔蜀汉而去。到了成都，刘禅接见了夏侯霸，并亲切地对他说："我们两家本是亲戚，今天总算聚到一起了。"

原来，蜀汉名将张飞的老婆夏侯氏是夏侯霸的堂妹，夏侯氏和张飞的女儿又嫁给刘禅，做了皇后，还生了皇子。这样算来，夏侯霸和刘禅自然有着亲戚关系。至于夏侯霸的父亲夏侯渊当年战死汉中，那是两国交战，各为其主，算不上有什么冤仇。

何晏虽然也被灭族，但他的妻子是曹操的女儿金乡公主，可以免死。金乡公主连同他们的儿子都被法外开恩。看在几代曹家先祖的份上，司马懿不得不答应。

正始十年（249 年）四月，曹芳下诏改元，改年号为嘉平。在司马懿的大力推荐下，卢毓由司隶校尉晋升吏部尚书，钟毓仍然担任廷尉，长期执掌曹魏的司法大权。太尉蒋济诛灭曹爽有功，司马懿请封蒋济为都乡侯，但蒋济坚决推辞，他对司马懿说："曹爽一事，全是你一人独断，与我无关。"蒋济是想与司马懿撇清关系。因为他早年与曹爽的父亲曹真关系很好，所以对扳倒曹爽并不热心，更不希望置曹爽于死地。

第九章　功成身死

在高平陵政变中，司马懿诛杀了曹爽及其部分骨干分子，但并没有将曹爽集团一网打尽，所以曹魏政坛仍然暗流涌动，曹爽的一些余党伺机而动。扬州都督王凌是最早企图颠覆司马懿的大臣，他镇守扬州多年，根基深厚，计划拥立楚王曹彪为帝，兴兵讨伐司马懿。没想到消息走漏，司马懿先发制人，亲自率军平叛，王凌措手不及，束手就擒，被司马懿处死。这时，司马懿也走到了人生的最后阶段，不久病死于洛阳。正所谓虎父无犬子，他的两个儿子顺利接掌了曹魏的军政大权，权势比起司马懿有增无减。

一、暗流涌动

高平陵政变后，司马懿开始布局天下。在三大藩镇统帅中，雍凉都督郭淮、荆州都督王昶都是他的亲信故旧，只有扬州都督王凌特立独行，没有明确的政治立场，成为一个隐患。于是，司马懿上表朝廷，加封王凌为司空，免去其扬州都督的兵权。升任司空后，王凌依旧住在扬州。

"舅舅，司马老贼刚刚杀了大将军曹爽，紧接着就罢了您的兵权。是可忍孰不可忍！"说话的人是王凌的外甥、兖州（治所在今山东巨野县东南）刺史令狐愚，他是曹爽一手提拔的官员，深感曹爽对自己有知遇之恩。

王凌摇头叹息道："司马懿现在权倾天下，我们斗不过他呀！"

令狐愚仍不死心，提议道："光凭我们的力量肯定是不够的，荆州都督王昶和您是同族兄弟，可以把他争取过来。"

王凌捋了一把胡须说："是的，王昶和我都出身于太原王氏，与汉末的司徒王允是一家。当年王允设计诛杀了董卓，董卓的部将李傕和郭汜又杀了王允，王允的族人也一同遇害。当时我和王昶都不在长安，所以幸免于难。但王昶现在和司马懿走得很近，他出任荆州都督就是司马懿举荐的，恐怕他不会和我们合作。"

令狐愚又说："舅舅，当今皇上在司马懿手中，我们如果起事，名不正言不顺。不如我们另立一个皇帝，与司马懿分庭抗礼。"

王凌有些惊讶："什么？另立皇帝，立谁？"

令狐愚早已想好了人选："楚王曹彪①。"

王凌点点头说："曹彪是太祖的儿子，已经五十多岁了，倒是个不错的人选。"

令狐愚说："过几天，我会去楚王的封地见曹彪，看他愿不愿意当这个皇帝。"

秘密会谈结束后，令狐愚乔装打扮潜回兖州。这次去扬州见王凌，他是一个人偷偷去的。事关重大，他必须掩人耳目。

楚王曹彪的封地就在淮南，九月，令狐愚秘密抵达淮南，见到曹彪便放声大哭。曹彪惊异地问道："令狐大人一见我的面，就哭什么？"

令狐愚抹了两把眼泪，激愤地说："高平陵政变，大将军曹爽遇害，当今皇上年幼，不能主政，曹魏的江山社稷即将落入司马氏之手。我身为臣子，岂能不痛断肝肠？"

曹彪听完也不断地摇头叹息，无奈地说："我们这些藩王本应起到匡扶社稷的作用，可惜我们一点军事实力也没有，只能徒叹奈何了。"

令狐愚也不拐弯抹角，直奔主题："我和司空王凌愿意拥戴您为皇

---

① 曹彪（195—251）：字朱虎，三国时期曹魏皇族，曹操之子，先后被封为寿春侯、汝阳公、弋阳王、吴王、楚王。后因与王凌密谋废帝事败，被赐死，时年五十七岁。

帝，剪除司马懿。"

"这……如果二位真有此意，我曹彪万死不辞。"对于皇帝宝座，曹彪也很心动。

"好，那就这么定了。具体计划我们随后再议。"说完，令狐愚拜辞而去。

计划在紧锣密鼓地进行着，可惜没过多久令狐愚就生病了，而且是不治之症，到十一月就病死了。令狐愚有一个幕僚叫杨康，是令狐愚的心腹，他也知道令狐愚的密谋。令狐愚死后，他很快改变主意，决定把这桩惊天大案报给司马懿，以此换取高官厚禄。于是，杨康跑到洛阳，找到司马懿，向他详细说明了情况。司马懿知道后十分震惊，重赏了杨康。

随后，司马懿与高柔商议对策。高柔说："罪魁祸首只有令狐愚、王凌和曹彪三个人，现在令狐愚已死，我们以迅雷不及掩耳之势将另外两人拿下便是。"司马懿沉思良久才说："朝廷内外还有很多亲曹爽的势力，既然王凌和曹彪想挑头，那我们就放长线钓大鱼，将所有参与此事的人一网打尽。"高柔说："太傅的意思是欲擒故纵？"司马懿笑着点点头。

令狐愚死后，兖州刺史一职空缺，司马懿推荐黄华出任。临行前，司马懿嘱咐黄华，让他和王凌搞好关系，打入王凌的阵营，见机行事。而王凌因为令狐愚去世，孤掌难鸣，就搁置了拥立楚王曹彪的事情。

二、变起淮南

就在江北暗流涌动的同时，东吴的政治风波也走向了高潮。

前面讲到鲁王孙霸和太子孙和争位，大臣举国中分。正始八年（247年），丞相步骘病死，大臣们纷纷上表，请封朱据①为丞相。朱据

---

① 朱据（194—250）：字子范，吴郡吴县（今江苏苏州）人，三国时期东吴将领，前将军、青州牧朱桓从弟，孙权女婿。其仪表堂堂，体格健壮，善于论辩诘难，曾任建义校尉、左将军、骠骑将军。

是太子党成员，陆逊、步骘等人相继去世后，他成为东吴资望最高的人物。孙权对朱据颇为忌惮，他让朱据暂时代理丞相职务，却迟迟不下发诏令。

不久，孙权颁布诏令，将太子孙和幽禁。朱据上表为孙和鸣不平，他说："太子并无失德之处，皇上为什么要软禁他，这样做对国家不好。"孙权大怒，下令将朱据罢官，和朱据一起嚷嚷的人一律处死。在政敌的挑唆下，孙权又下诏给朱据，令他自裁。朱据无奈，只得自杀。

善于见风转舵的东吴大将军诸葛恪见此情景，感觉自己再支持太子，实在是太危险了。于是，他将长子诸葛绰派到鲁王孙霸麾下做了幕僚，意在向鲁王孙霸靠拢。

数年来，借太子党争一事，东吴的几个重臣相继被孙权剪除。现在到了该摊牌的时候了，孙权毅然下令："废掉孙和的太子之位，长期幽禁。鲁王孙霸结党营私，赐死。"

一天，孙权单独召见诸葛恪，对他说："听说你的儿子和鲁王走得很近，鲁王已经伏诛，你自己看着办吧。"诸葛恪大惊失色，孙权这是在暗示自己。回家后，他亲自用毒酒毒杀了自己的儿子诸葛绰。孙权对诸葛恪的做法很满意，便不再纠缠此事，继续重用诸葛恪。

又过了一段时间，孙权立最小的儿子孙亮为太子。当时孙亮才八岁，孙亮的母亲潘夫人被立为皇后。但孙亮当上太子没多久，潘皇后就被几个宫女合谋刺杀了。很多史学家认为，潘皇后很可能是被孙权谋杀的，因为他害怕潘皇后会成为汉朝的吕后。晚年的孙权极其残忍，大开杀戒，不但杀了很多大臣，而且对自己的家庭成员也刻薄寡恩。东吴朝野无不震惊。

至此，东吴的政治波澜渐渐趋于平静。

嘉平三年（251年），曹魏荆州都督王昶上书请求伐吴。他说："孙权放逐贤良大臣，内部纷争不断，可以乘机制服吴、蜀。白帝与夷陵之间的地带，黔、巫、秭归、房陵等地都在江北，民众与新城郡多有接触，可以袭取此地。"这事得到了司马懿的大力支持。随后，王昶率军攻打吴军重镇江陵，激战月余，虽然没有攻下江陵，但也重创了吴军。

边境局势日益紧张，孙权担心自己死后魏军长驱直入，于是往淮南地区增兵数万，封锁涂水（即滁河）。以三公身份驻守淮南的王凌见机会来了，立即上书朝廷，请求出兵伐吴。这样一来，他就能重新执掌扬州军权。司马懿权衡再三，驳回了王凌的请求，他在信中对王凌说："吴军只是增兵防御，并没有进攻淮南的企图，我们还是不主动挑衅为好。"

王凌见司马懿不同意，十分苦恼，看来自己再想取得扬州的兵权是不可能了。直觉告诉他，司马懿已经盯上他了，说不定哪天就会东窗事发。

拥立楚王曹彪，王凌的信念仍然十分坚定。谁可能成为自己潜在的盟友呢？兖州刺史黄华、荆州都督王昶、雍凉都督郭淮，这些人的名字一一从王凌的脑海中闪过。黄华任兖州刺史一年多来，刻意取悦王凌，逐渐赢得了王凌的信任。王昶是王凌的族弟，但两人关系生疏，不好联络。郭淮是王凌的妹夫，两人是近亲，但是，郭淮这些年来与司马懿走得很近。

王凌思来想去，决定联络离自己最近的兖州刺史黄华。他给黄华写了一封密信，信中大义凛然地说："司马懿无端诛杀大将军曹爽，独揽朝廷大权，意在谋反。我等皆是曹魏臣子，理应剿灭奸臣，匡扶社稷……"黄华接书后大喜，立即派人将王凌的书信转送洛阳，交给司马懿。司马懿一面呈送曹芳，一面点兵数万，准备亲征王凌。

王凌的儿子王广在朝廷任职，此前王凌曾写信给儿子，表明自己想要讨伐司马懿。王广大惊，回信劝父亲不要轻举妄动。他在信中说："每当要干一番大事业，都应该以人情世态为本。曹爽因骄奢淫佚而失去了百姓的信任，何晏虚浮而不能治国，丁谧、毕轨、桓范等人虽有较高的声望，但都一心追逐名利。再加上变易国家的典章制度，多次更改政策法令，他们心里想的虽然十分高远却不符合民情，百姓习惯于旧制，没有人顺从他们。所以他们虽有倾动四海的势力、威震天下的声名，一旦同日被杀之后，手下名士就散去大半，百姓们照旧安定，没有谁为他们感到悲哀，这都是因为失去民心的缘故。如今司马懿的本心虽然难以测量，事情也不可预料，但是他能提拔贤能，任用超过自己的人才，遵循先朝的政策法令，符合众人的愿望。导致曹爽恶名的那些事情，他都加以改正，终日兢兢业业，以安抚百姓为要务，而且他们父子兄弟都掌握着兵权，不会那么容易被推翻。"可惜王凌听不进去。事情败露后，司马懿将王广扣押，命他给王凌写一封劝降信。王广无奈，只得照办。司马懿故伎重施，表示会放王凌一条生路。王广在给父亲的信中说："你拥立楚王的事情已经被黄华揭露，司马懿亲率五万大军南下，军队已经开拔，数日后就会抵达淮南。司马懿让我劝你投降，他承诺可以保你一命。"

信至扬州，王凌知道现在时机不成熟，起兵没有任何胜算只得投降。他给出征途中的司马懿写了一封言辞恳切的归降信，信中写道："早前我被令狐愚蛊惑，误入歧途，不胜悔恨。今太傅亲率大军前来，我将自缚谢罪。生死荣辱，听凭太傅裁决。"司马懿看完王凌的信，丝毫不为所动，继续催军前进。

扬州的江面上风平浪静，远处，上百艘战船高挂着"司马"大旗蔽江而来。

远处的战船越来越近，王凌乘小船迎了上去。他认为既然自己已经得到了赦免，加上自己过去和司马懿又是朋友，便不再怀疑，就单独乘坐小船去迎接司马懿。但司马懿却下令让王凌所乘小船停下，自己距离小船十余丈远，与王凌相见。

司马懿的做法，使王凌意识到司马懿并不打算放过自己，他对司马懿说："您一直以竹简作书给我写信，我怎么敢不来呢？为何您却带着军队一同前来？"司马懿回答道："我认为你一定不会轻易就范，所以特意采取这种方式。"王凌说："您这么做有负于我。"司马懿回答："我的确辜负了你，但没有辜负朝廷。"

大军抵达淮南，司马懿将王凌的亲信幕僚全部拿下，悉数处决。返回洛阳途中，王凌通过贾充递话给司马懿，索要钉棺材的钉子。司马懿冷笑一声，想起了两年前的曹爽，那时曹爽抱有侥幸心理，向司马懿借粮。"把钉子给他。"司马懿对贾充说。

几十颗钉子撒落在船舱里，王凌自知必死无疑，于当晚服毒自杀，临死前大呼："我乃大魏忠臣！"

不久，王凌的几个儿子相继被杀。根据曹魏律例，王凌的妹妹，也就是郭淮的妻子也要被株连。为了免遭厄运，郭淮给司马懿写了一封言辞激烈的信，信中说："王凌造反，固然有罪。依照国家法度，我妻子也会被牵连，但我镇守边关多年，难道连一个牵连之罪也不能自赎吗？若太傅一意孤行，雍凉的十万将士绝不会答应。"

郭淮与司马懿关系向来比较融洽，对于郭淮的出言不逊，司马懿也能够理解，于是，他上书朝廷，为郭淮说情，免于牵连郭淮的夫人。事情就这样过去了。

王凌死后，楚王曹彪陷入极度恐慌之中。半个月后，朝廷按照司马懿的意思，给曹彪发来一道诏令："你只是一个藩王，不恪守臣道，妄图居尊，罪不可恕。念你是武皇帝的儿子，不忍加刑，你自裁吧！"曹彪没有别的选择，只能自杀。

曹彪死后，他的封地被削除，一些亲信幕僚也都被逮捕处死。

三、司马懿之死

平定淮南叛乱后，七十三岁的司马懿病倒了。这一次，他是真的生病了。早年他装过一次病，骗过了曹操的征辟。后来他又装过一次病，成功地哄骗了曹爽，发动高平陵政变，将曹魏的军政大权抓在手中。

这天的朝会上，大臣王肃[①]表奏说："太傅司马懿功高德重，应该

① 王肃（195—256）：字子雍，东海郡郯县（今山东临沂市郯城西南）人，三国时期曹魏著名经学家，司徒王朗之子、晋文帝司马昭岳父。在曹芳被废后持节迎接曹髦继位，又帮助司马师平定毌丘俭之乱，迁中领军，加散骑常侍。

加封为丞相，晋爵为公。"曹芳未及开言，大臣们便纷纷附和。曹芳无奈，只得准奏。

这件事，司马懿并不知情，是忠于他的大臣们自行发起的。

册封诏书抵达司马府时，司马懿正卧病在床，闻诏大惊——当年曹操功盖寰宇，包括司马懿在内的汉朝臣子逼迫献帝加封曹操为魏公。此刻，当年的情景突然浮现在司马懿脑海中，他清醒地意识到，自己现在的权势远不及当年的曹操，朝廷内外伺机反对他的也大有人在，决不能急功近利。自己已经年迈，来日无多，取代曹魏的事情还是留给后代去完成吧。于是，他上表一道，辞掉了皇帝的册封。他在辞让表文中写道："为大魏效忠是臣的本分，先帝有恩于臣，臣岂敢有非分之想。请陛下收回成命！"

司马懿不受丞相之位，曹芳便赏赐他两万户食邑，加上之前的一万户，司马懿一共有三万户食邑。这在三国时期的大臣中是很罕见的，即使是蜀汉和东吴某些实力强大的藩王，拥有的食邑也很难达到三万户。

与此同时，为了吸取楚王曹彪企图造反的教训，司马懿又上表曹芳，将曹魏所有的曹氏藩王迁居到邺城，加以控制。从此，曹氏藩王们彻底失去了自由，无法与外界联系，自然也就不会对司马懿构成任何威胁了。

夜深了，病重的司马懿躺在床上，神情恍惚，辗转难眠。

次日醒来，司马懿病势加重，自觉末日已到，便召长子司马师过来嘱托后事。

安排完后事，家人都来探望司马懿，司马懿安详地离开了人世，享年七十三岁。他死后，朝廷追封他为文宣侯。

不久，司马师迫使曹芳加封自己为大将军，录尚书事，都督中外军事；司马昭则被加封为骠骑上将军。曹魏的军政大权和平过渡到司马氏手里。

第十章　权柄的传递

在司马师控制曹魏期间，吴、蜀两国朝廷的掌权人物也经历了大换血，并且不约而同地想乘曹魏动荡之际举兵北伐，但都没有成功。而对司马师来说，更大的危险来自他的身边——小皇帝曹芳渐渐长大了，不愿再当傀儡，开始暗中策划政变。事情泄露后，司马师果断发动政变，废黜曹芳，改立高贵乡公曹髦为帝。但他的废帝之举再次激起了淮南兵变，扬州都督毌丘俭起兵勤王，司马师只得率兵亲征淮南，虽然成功剿灭了毌丘俭，但他也因眼疾复发而死于途中，临终前将权柄传给了弟弟司马昭。

一、江东诸葛氏的崛起

诸葛亮的哥哥诸葛瑾是东吴的大臣。起初，诸葛瑾只是孙权麾下的一个幕僚，后来逐渐得到孙权的提拔和重用，官运亨通，最后坐到了东吴大将军的高位，权势仅次于陆逊。

在人们的印象中，诸葛瑾只是孙权手下的一个谋士，其实，诸葛瑾文武双全，有勇有谋，在后期经常带兵出征，只是战功平平。

诸葛瑾在东吴人缘很好，无论是孙氏皇族，还是江东本土士族，抑或是外来的江北士族，都跟他关系不错。当然，相比于诸葛亮在蜀汉至高无上的地位，诸葛瑾略微逊色一些。

诸葛瑾有两个儿子，长子诸葛恪，次子诸葛融。诸葛融是个纨绔子弟，没有什么过人的才干。诸葛恪则从小就智勇兼备，才识过人。有一次，孙权设宴招待群臣，并向东吴重臣张昭敬酒，张昭却不高兴地说："喝酒不是养老之道，您这样做是不尊重我。"张昭在东吴地位尊崇，遇事孙权也要让他三分。当时九岁的诸葛恪也随父一起赴宴，他见张昭不买孙权的面子，插嘴道："昔日，姜子牙九十岁的时候还率军出征，今天张大人打仗的时候躲在后面，喝酒的时候抢在前面，陛下对您的礼遇还不够吗？"张昭闻言脸色大变。诸葛瑾赶紧打圆场说："小儿不懂事，冲撞了张大人，还望见谅！"张昭和诸葛瑾关系不错，于是一笑了之。

还有一次，孙权见诸葛瑾脸长，命人牵来一头驴，上书"诸葛子瑜"（诸葛瑾字子瑜）四个字，同僚们也拿诸葛瑾开涮，哈哈大笑。诸葛瑾微笑不语，旁边的诸葛恪稳步上前，取笔在下面添了两个字，连起来就是"诸葛子瑜之驴"。孙权大喜，下令将驴赐给诸葛瑾。

正始二年（241 年），诸葛瑾病逝。临终前，他告诫诸葛恪："你性格张扬、锋芒毕露，以后一定要懂得收敛，否则将成为取祸之道。"诸葛亮在世时，诸葛瑾在写给诸葛亮的信中便担忧地说："元逊（诸葛恪字元逊）为人刚愎自用、狂妄自大，搞不好将来会招来灭族之祸。"诸葛亮在回信中也说："元逊天授奇才，但性格疏漏，你一定要好好规劝他。"

嘉平四年（252 年），孙权病重，在最后的日子里，他忧心忡忡——太子孙亮才九岁，不能主政，必须有大臣辅政。放眼朝廷，诸葛恪众望所归，但诸葛恪性格桀骜不驯，与诸葛瑾大不相同，孙权担心自己死后，诸葛恪会成为东吴权臣。为了制衡诸葛恪，孙权又任命自己的堂弟孙峻①为武卫将军，掌握皇宫禁军；册封自己的第五子孙奋②为齐王，驻军武昌；册封第六子孙休③为琅琊王，驻军虎林（今安徽马鞍山一带）。武昌和虎林都是长江沿岸的军事重镇，孙权这样安排，是为了

---

① 孙峻（219—256）：字子远，三国时期东吴宗室、权臣，官至丞相、大将军。

② 孙奋（？—270）：字子扬，孙权第五子，初封齐王，因擅杀封国属官而被废为庶人，后改封章安侯。

③ 孙休（235—264）：即吴景帝，字子烈，孙权第六子，东吴第三位皇帝。在位期间颁布良制，嘉惠百姓，促进了东吴的繁荣。

增强皇室的力量。

不久，孙权病危，召太子太傅诸葛恪、中书令孙弘①、太常腾胤②、武卫将军孙峻、右部都吕据前来嘱托后事。孙权从昏迷中醒来，含泪说："朕以后再不能与卿等相见了，朕死之后，卿等要悉心辅佐太子。"诸葛恪等人泣拜受命。随后，孙权瞑目而逝。

在五个托孤大臣中，诸葛恪的权势最大。中书令孙弘和诸葛恪关系向来不睦，孙权刚刚去世，孙弘就找到孙峻，劝他想办法除掉诸葛恪。孙峻佯装答应，却告诉了诸葛恪。一天，诸葛恪将孙弘请到自己府中，暗设伏兵，将孙弘乱刀砍死。

孙亮登基后，诸葛恪为首辅大臣，官拜太傅，就像当年的司马懿一样，成为东吴的权臣。很快，诸葛恪就计划削去藩王的兵权，他上奏说："陛下，藩王掌兵对社稷不利，去年曹魏的楚王曹彪就险些被王凌拥立称帝。如今齐王孙奋、琅琊王孙休驻军武昌和虎林，占据军事重镇，时间长了，难免他们不会染指帝位。请陛下下诏，将孙奋迁居豫章（今江西南昌市），将孙休迁居丹阳（今安徽宣城一带），削去他们的兵权。如此，则社稷幸甚，国家幸甚！"

"准奏！"九岁的孙亮和当年曹魏八岁的曹芳一样，只能在朝堂说这两个字。

诏书颁布后，孙休一句话也没有说，乖乖迁居丹阳。孙奋则抗命不遵，诸葛恪写信恫吓孙奋说："难道你想效仿当年的孙霸吗？如果你仍然一意孤行，就别怪我不客气了。为了国家的安定，我将使用非常手段。"孙奋害怕了，只得迁居豫章。

就这样，孙权刚死不久，他的两个儿子就被夺去了兵权，诸葛恪的手段悍然，朝野上下无不悚然。

---

①　孙弘（？—252）：扬州会稽（今属浙江）人，三国时期东吴大臣，官至东吴中书令、少傅。

②　滕胤（？—256）：字承嗣，北海郡剧县（今山东昌乐县）人，三国时期东吴重臣，历任丹杨太守、吴郡太守、会稽太守、太常、卫将军。

汹涌的巢湖水冲击着巢湖大堤，湖水无法汇入长江，泛滥时，经常倒灌西北，淹没了很多曹魏边境的土地。诸葛恪执掌东吴军权后，命人在巢湖入江处修建堤坝，又在巢湖东岸筑起两座城池，由吴将全端①守东城、留略②守西城。巢湖东岸的地方叫东关（故址在今安徽含山县西南濡须山上），属于东吴地界，巢湖对面是合肥城，孙权曾多次率军攻打合肥，均以失败告终。

曹魏边关将此情况报到洛阳后，司马师急召扬州都督诸葛诞③前来，商议对策。诸葛诞快马加鞭赶到洛阳，直接去了司马府。

司马师开门见山地说："东吴修建巢湖大堤，致使湖水泛滥，淹没了我江北的大片土地，剑指我边境重镇合肥。诸葛将军，你有何良策？"

诸葛诞沉思片刻，献策道："大将军，以在下愚见，东吴皇帝孙权刚死，正好可以伐吴。可命荆州都督王昶率军进逼江陵，命豫州都督毌丘俭率军进攻武昌，牵制住长江沿线的吴军主力；我和青徐都督胡遵领军摧毁巢湖大堤，如果吴军主力前来，便与其决战。"

司马师听了，问一旁的司马昭道："你认为诸葛将军的方略如何？"

司马昭赞同道："我认为可行。"

"好，那就这么定了。"司马师拍板了。

几天后，司马师上奏朝廷，命荆州都督王昶攻江陵、豫州都督毌丘俭攻武昌、青徐都督胡遵和扬州都督诸葛诞攻巢湖大堤。司马昭为这次伐吴大军的最高统帅，节制诸路军马。

嘉平五年（253年）一月，司马昭从洛阳赶到淮南，坐镇寿春。胡遵会合诸葛诞，率军数万抵近巢湖。想要摧毁巢湖大堤，必须先攻下巢湖对岸的两座城池，当时，两座城池内各有一千兵马。此时诸葛恪正在

---

① 全端：吴郡钱唐（今浙江杭州）人，三国时期东吴名将全琮之从子。

② 留略（？—279）：《三国志·孙皓传》作刘略，会稽长山（今浙江金华）人，三国时期东吴名将留赞之长子。

③ 诸葛诞（？—258）：字公休，琅琊阳都（今山东沂南）人，三国时期曹魏将领、诸葛亮族弟，官至征东大将军。曾与司马师一同平定毌丘俭、文钦的叛乱。甘露二年（257年）起兵反对司马昭，并得到东吴的支援，次年被胡奋所斩，诛灭三族。

部署江陵和武昌的防务，还无暇顾及巢湖，他坚信魏军攻不下巢湖岸边的两座城池。

魏军议边也在思考攻城方案，胡遵提议说："攻城就必须渡过巢湖，我们应该搭建一座横跨巢湖的浮桥，方便军队行动。"

诸葛诞不无担忧地说："你想过没有，如果浮桥被吴军摧毁，渡过湖的人就没有退路了。"

胡遵分析道："东吴援军尚未赶到，巢湖的吴军只有两千人，不足为惧。"

"好吧，那就搭建浮桥。"诸葛诞同意了。

借着夜色的掩护，魏军一夜之间架好了浮桥。次日，魏军前锋统帅韩综率五千士兵渡过巢湖，猛攻吴军的东西两城。韩综是东吴名将韩当的儿子，韩当去世后，韩综在东吴受到政治迫害，不得已投奔曹魏。这次与东吴作战，司马昭让韩综充当自己的马前卒。但城池坚固，双方激战数日，魏军损失惨重。

眼看东关危急，诸葛恪忙率四万大军驰援，先锋大将丁奉率三千人先到。时值冬季，天气寒冷，魏军接连几次的攻城行动失败后，聚在营寨内生火取暖。丁奉观察敌情后，觉得有机可乘，便率军突入魏军营寨，魏军被打了个措手不及，急忙奔上浮桥，但浮桥狭窄，拥挤中多有落水而死者。不久，诸葛恪也率大军赶到，摧毁了魏军搭建的浮桥，尚未过桥的魏军将士都成了俘虏，魏军主将韩综战死。诸葛恪命人砍下韩综首级，送到孙权墓前祭奠。原来，韩综投降曹魏后，经常出兵袭扰东吴边境，孙权对他恨之入骨。

东关之役后，东吴援军抵达，魏军不可能再攻下东关。司马昭只得命诸葛诞和胡遵停止攻击，转攻为守。同时，攻打江陵的王昶和攻打武昌的毌丘俭也相继撤军。

面对残局，司马昭问自己的幕僚王仪："东关战败，责任应该由谁来负？"

王仪直言不讳地说："主帅应负全责。"

司马昭本想推诿责任，没想到王仪会这么说，不由得火冒三丈，下令将王仪处死。王仪至死骂不绝口。

大臣们纷纷要求追究战败者的责任，尤其是要追究胡遵和诸葛诞的责任。司马师权衡利弊，决定将责任都揽到自己身上，他说："战争是由我发起的，所有的责任由我一个人来负。司马昭作为三军统帅，也有不可推辞的责任，应该削除他的爵位。"大臣们见司马师这么说，也就不好再说什么了。司马师这一招很高明，他没有追责诸葛诞和胡遵等人，等于变相拉拢了这两个人。从此，胡遵成为司马家的忠实盟友。

战后，司马师略微调整了一下各州的人事任命，命石苞担任青州都督，胡遵只任徐州都督；又命诸葛诞为豫州都督、毌丘俭为扬州都督。这四位都督中，石苞和胡遵是司马师的亲信，诸葛诞和毌丘俭则是曹爽提拔的将领，司马师对他们不放心，所以将他们平调互换，以免他们在一个地方待得太久而势力过大。

东关之战后，诸葛恪在东吴的声望日隆，朝廷诏令他都督中外军事，统领东吴的中央军，同时兼领荆州牧和扬州牧。东吴只有三个州，除了南边的交州外，就是扬州和荆州了，州牧掌握着一个州的军政大权。诸葛恪一时风头无两。

二、姜维首次北伐

在曹魏和东吴崛起新的掌权者的同时，蜀汉朝廷也经历了几次高层人事变动。

诸葛亮去世后，蒋琬升任大将军、大司马、录尚书事，执掌蜀汉的军政大权。蒋琬执政后期，长期驻军汉中，期间多次派姜维率军突入雍州西部，但每次战争的规模都很小，持续时间也不长。蒋琬本人并不热衷于北伐，他这种政治理念也符合蜀汉的国情，得到了蜀汉百姓的拥戴。在他看来，诸葛亮生前的多次北伐，实属徒劳无益。蜀汉人口少、地方不大，根本和曹魏消耗不起。

蒋琬在蜀汉执政十二年，国泰民安。蒋琬去世后，费祎继任大将军、录尚书事，成为蜀汉的执政者。和蒋琬一样，费祎也是和平主义者，反对北伐，主张息兵养民，增强国力。期间，姜维多次提议北伐，但都被费祎拒绝了。他对姜维说："你我的才能都远不及诸葛丞相，丞相尚且不能恢复中原，何况是我们，何必要自取其败呢？"姜维心中不服，为此经常口出怨言。自诸葛亮和魏延死后，姜维成为蜀汉唯一热衷于北伐的将领，但是，诸葛亮去世时并没有让姜维继承自己的事业，而是选择了蒋琬和费祎。这是因为诸葛亮也明白北伐难见成效，非蜀汉的国力所能支撑。

费祎死后，姜维被任命为大将军，执掌蜀汉军权。

姜维大权在握后，踌躇满志，时刻准备北伐。一天，姜维请来降将夏侯霸，问道："司马懿去世后，司马兄弟掌握曹魏大权，有讨伐我国的意图吗？"夏侯霸说："司马师和司马昭刚刚掌权，根基不稳，短期内无暇顾及征战。但曹魏有两个大将之才，若让他们领军，实为吴蜀两国之大患。"姜维感兴趣地问道："哪两个人？"夏侯霸说："一个是司马师的幕僚，叫钟会，乃太傅钟繇之子，他喜读兵书，深明韬略，司马懿经常称赞其才能。另一个叫邓艾，他出身贫苦，素有大志，平时遇到高山大泽，喜欢窥度指画，何处可以屯兵，何处可以积粮，何处可以埋伏，同伴们经常取笑他。后来他遇到了司马懿，司马懿认为他是个人才，就让他参赞军机。钟会和邓艾将来一定会成为我朝的大患。"姜维听了，笑着说："不过如此，何足为惧！"

嘉平五年（253年）夏，姜维上表请求兴师伐魏，他说："陛下，司马懿死后，司马师和司马昭立足未稳，前不久魏吴交兵，东关一战，曹魏惨败。现在正是伐魏的大好时机，臣练兵多年，就是为了继承诸葛丞相的遗志，为陛下收复中原。请陛下下诏，准臣北伐！"

刘禅征询群臣的意见，大臣们异口同声地说："臣等认为曹魏强大，北伐劳民伤财，得不偿失。当年诸葛丞相五次北伐都没有成功，现在北伐更没有任何胜算。"

姜维反驳道："陛下，诸位同僚，我们北伐不一定非要攻入中原，如果能将雍凉二州拿下，也可以扩大疆土。"

"大将军所言极是，朕准你北伐，希望你早日攻下雍凉二州。"刘禅批准了姜维的北伐计划。

于是，时隔多年之后，姜维兵出西平，以大将廖化为先锋、降将夏侯霸为向导官，共起兵五万，向曹魏杀去。此时镇守雍州的曹魏将领是郭淮和陈泰。郭淮是沙场老将，镇守雍州多年，时任雍州都督。陈泰是陈群的儿子，高平陵政变后，他不想留在朝廷那个是非之地，于是请命外任，司马懿便任命他为雍州刺史，与郭淮一起镇守西部边境。

两军在牛头山外遭遇，经大小数十战，未分胜负。陈泰对郭淮说："将军领兵在此与蜀军相拒，我出奇兵去取洮水，断蜀军粮道，蜀军必败。"郭淮点头表示同意。

这天，姜维和夏侯霸闷坐帐中，商议破敌之策，一个小兵飞奔入帐，禀报说："魏将陈泰领兵取了洮水，断了我军粮道。"姜维大惊，夏侯霸也惊讶地说："陈泰以前只是一个文官，没想到居然如此善于用兵。"姜维叹口气道："看来这次北伐已成泡影。"随即下令退军，命诸将领兵先行，自己断后，大军依次退入汉中。

姜维第一次北伐折兵万余，狼狈退回汉中，上表朝廷请求处分。不过，刘禅没有处罚他，仍然让他驻军汉中，伺机而动。

三、合肥攻防战

除了姜维执着地想要北伐以外，东吴太傅诸葛恪也是北伐的热衷者。嘉平五年（253年）三月，诸葛恪也上表一道，传阅大臣，申明自己不可动摇的北伐决心。他在表文中写道：

"天下大势，合久必分，分久必合。昔日，秦灭六国而成一统，汉并楚继统九州，汉末以来，鼎分三国，这种分裂的局面已经持续了很长时间，该到统一的时候了。叔父诸葛亮在世时多次北伐，也是为了国家的统一。如今曹魏虽然强大，但大权旁落司马兄弟之手，大臣离心离德，我国正可乘此机会举兵北伐，完成统一大业。荡平曹魏后，再扫灭蜀国。"

东吴大臣有一多半不同意诸葛恪北伐。他们说：

"太傅，三国之中，曹魏最强，虽有司马氏之乱，但并未伤及国体，不可贸然北伐。"

"太傅，昔日先帝多次北伐，与曹操会战淮南，未得寸土，无不大败而回。今日之曹魏比昔日更强，北伐几乎没有任何胜算，请太傅三思而后行。"

"迂腐之论，几十年前刘备寄居荆州，只占有新野一个县，尚敢与曹操正面对抗。如今我国占据江南半壁，虎视天下，怎么就不能北伐了？我意已决，你们就别再劝阻了。"诸葛恪决然说道。

不久，诸葛恪起兵二十万，违众伐魏。兵至合肥，他下令攻打。老将丁奉劝阻道："合肥是曹魏经营多年的一座坚城，城内虽然只有几千兵士，但不易攻取。我军应绕过合肥，麾军向北，在平川旷野与魏军作战。"诸葛恪很尊重丁奉，但却不同意他的意见："老将军，如果绕开合肥，合肥就会成为一颗钉子，多有不便。不如一鼓作气将其攻下，然后就可以放心地北上。"

合肥攻防战持续了三个月，守城的三千魏军兵士只剩下了一千人，城墙也多有毁坏，但城池仍岿然不动。吴军已经折兵一万多人，诸葛恪勃然大怒，亲临阵前指挥，又攻了几天，还是没有进展。

一天，诸葛恪正闷坐在帐中，忽闻合肥城守将张特送来书信，信中写道："东吴太傅大人，曹魏律法规定，守城一百日，而援兵不到，投降敌军者不罪及家属。今合肥被困九十多日，请太傅暂缓攻城，再过几天，我就开城投降。这样也可以减少我们两军的伤亡。"诸葛恪信以为真，下令暂缓攻城。老将丁奉看穿了张特的诡计，劝诸葛恪继续攻城，不要给城内的魏军喘息之机，但诸葛恪不听。

在淮南寿春，司马师的叔叔司马孚坐镇城中，连日来合肥告急，请求增援。司马孚顶住压力，对诸将说："合肥城防坚固，吴军肯定攻不破，我们再坚持几天，吴军锐气尽挫之时就是我军出战之日。"

此时，远在洛阳的司马师忧心忡忡，担心合肥有失，吴军会长驱北上，那他的地位就岌岌可危了。

果然不出丁奉所料，张特用的是缓兵之计。在吴军暂停攻城的几天时间里，张特组织抢修城墙。几天后，诸葛恪见魏军毫无出城投降的意思，大怒，再次领兵攻打。

春夏之际，淮南一带疫病流行，吴军多病，士气越来越低落。部将纷纷劝诸葛恪退兵，诸葛恪虽然很不情愿，但也只能下令撤军。司马孚听说吴军撤退，马上率寿春的魏军主力出战，对吴军穷追猛打，吴军大败，伤亡不计其数。

四、东吴政变

诸葛恪从前线撤下来后，不好意思回江东，一直待在江北的吴魏边境。十几万吴军将士有家不能回，怨声四起。东吴大臣们听说诸葛恪兵败，滞留边境不回，纷纷上表敦促诸葛恪速回。迫于各方压力，诸葛恪只好狼狈地回到吴都建邺（今南京）。回去后，他排斥异己，罢免了很多不属于自己阵营的官吏，在朝廷中激起了公愤。

之后，东吴朝野间流言四起，一说是诸葛恪想要迁都武昌，诸葛恪曾经驻守武昌多年，在那里有很深厚的根基。如果把都城迁到武昌，他就能有效地控制朝廷。还有一说是诸葛恪企图立废太子孙和为帝，取代孙亮。诸葛恪有个外甥女是孙和的妃子，在一次谈话中，诸葛恪对这个外甥女说："早晚有一天，我会让你成为东吴最尊贵的女人。"听到这些流言后，东吴群臣对诸葛恪越来越不满。

一天，武卫将军孙峻深夜入宫，对孙亮说："诸葛恪专权跋扈，企图废掉陛下立孙和为帝。他还想迁都武昌，借机控制陛下和百官。是可忍孰不可忍！请陛下下诏，臣愿为陛下除掉诸葛恪。"孙亮还小，不能主事，惊慌地说："太傅在朝中威望极高，如何除掉？"孙峻说："陛下不必担忧，若在以前，诸葛恪是朝廷众望所归，但自从他北伐失败，声望一落千丈。陛下可在宫中设宴邀请他来参加，臣自有安排。"孙亮无奈，只得依从。

几天后，太监到诸葛恪府中宣诏："皇上有旨，请太傅到宫中饮宴。"

诸葛恪对小皇帝孙亮倒没什么顾忌，满口答应下来。

东吴皇宫内，孙峻安排已定，众人依计而行。

宴会当日，诸葛恪叫备车，准备入宫。太常腾胤劝阻道："近来朝廷上下对太傅颇有微词，一些反对太傅的人也蠢蠢欲动，此行恐凶多吉少，不如别去。"诸葛恪笑着说："皇上就是一个小孩，他召见我，能有什么祸事。我堂堂朝廷首辅，岂有不敢入宫之理？"腾胤和诸葛恪是儿女亲家，见诸葛恪一意孤行，也无可奈何。

刚愎自用的诸葛恪驶进宫门，孙峻纵马来迎，他不动声色地说："太傅，大臣们都到齐了，就等您了。听说您身体有病，要不我代传一声，您就不要进去了？"

"我的病不重，可以去。"看着一向对自己十分恭顺的孙峻，诸葛恪毫不怀疑。

进到宫中，诸葛恪拜见孙亮后，坐到了自己的座位上。孙峻向诸葛恪敬酒，诸葛恪饮了几杯。酒至半酣，孙峻借口去厕所，离席而去。

诸葛恪关切地问孙亮道："陛下，你最近书读得怎么样啦？"孙亮有点哆嗦地回答："噢，读了一些治国理政的书。"

这时，门突然被撞开了，孙峻带着上百名武士冲了进来，诸葛恪一时目瞪口呆，只听孙峻大声喊道："诸葛恪图谋不轨，奉天子诏书，捉拿诸葛恪。"

诸葛恪盯着小皇帝孙亮问道："怎么回事？"

"朕什么也不知道。"孙亮说完，急忙转身进入后堂。

诸葛恪连忙拔剑而起，孙峻一声令下，武士们一拥而上，将诸葛恪乱刀砍死。

诸葛恪遇害的消息很快传了出去，他的儿子诸葛竦、诸葛建当即带着母亲逃出建邺，驾车向魏吴边界狂奔。孙峻派兵追赶，赶到长江岸边时，诸葛竦挺身与追兵搏斗，诸葛建带着母亲渡江而去。诸葛竦寡不敌众，被追兵杀死。诸葛建和母亲渡到对岸，又跑了几十里，还是被追兵赶上杀死了。

诸葛恪的弟弟诸葛融镇守南荆州重镇公安，听说哥哥被孙峻谋杀，自知难以逃脱，于是带着全家人自杀于府中。等孙峻派人赶到诸葛融家中时，诸葛融一家已死。

政变发生后，齐王孙奋误以为有利可图，在未得朝廷诏书的情况下径直前往建邺。他走到芜湖地界，接到了孙峻以朝廷名义发来的诏书，诏书上说："孙奋擅自进京，有不臣之心。念是先帝之子，赦免死罪，废为庶人。"

解决掉孙奋后，孙峻又下诏给孙和，命其自裁，罪名是与诸葛恪勾结，企图做皇帝。

继诸葛恪之后，孙峻被任命为丞相、大将军，都督中外军事，执掌东吴的军政大权。

五、曹芳的密谋

司马师掌握曹魏实权后，不像父亲司马懿对曹芳那么客气。他的无礼和霸道，让二十出头的曹芳感到十分憋屈。

嘉平六年（254年）二月的一天，在皇宫的一间密室中，中书令李丰[①]正与皇帝曹芳窃窃私语。

曹芳抱怨道："朕已经二十多岁了，但司马师还不肯还政于朕，所

---

① 李丰（？—254）：字安国，冯翊东县（今陕西大荔一带）人，三国时期曹魏大臣，卫尉李义之子，以品评人物而闻名，但因为名不副实，曹叡在位时没有受到重用。正始年间升任侍中、尚书仆射。司马懿死后拜中书令。

有军政大事都由他裁决。大臣们唯司马师马首是瞻，朕这个皇帝做得也太窝囊了。"

李丰劝慰道："陛下暂且忍耐一下，臣已经暗中联络了张缉、夏侯玄、李翼、许允等人，他们都愿意为陛下除掉司马师。"

曹芳有些担忧："司马师行事谨慎，恐怕很难有除掉他的机会。"

李丰献策道："陛下，过段时间，您以选贵人为名，召司马师进宫。臣调陵云台三千禁军埋伏在云龙门，将司马师就地斩杀。"

曹芳听了高兴地说："如此甚好，事若成，你就是中兴大魏的第一功臣。"

李丰又说："郭太后和司马师走得很近，必须严防她从中作梗。"

曹芳打包票说："李中书放心，郭太后身边有朕的眼线，若有异动，朕第一时间就会知道。"

李丰是中书省的负责人，他的儿子李韬娶了曹叡的女儿，也就是曹芳的姐姐为妻。张缉官拜光禄大夫，也是曹魏外戚，他的女儿是曹芳的皇后。有一次，张缉参加司马师举办的宴会，宴席上，大臣们谈到了东吴的诸葛恪，张缉信口说道："诸葛恪威震其主，早晚必死于非命。"话一出口，司马师哑口无言。从此，张缉和司马师结下了梁子。很明显，诸葛恪在东吴的地位就相当于司马师在曹魏的地位，两人都是权臣。夏侯玄本是曹爽一党，素来与司马师不和。李翼是李丰的弟弟，任职兖州刺史。许允任职中领军，手握一支禁军。这些人就是计划刺杀司马师的骨干力量，大多没有兵权。夏侯玄在曹魏有着崇高的声望，密谋一旦成功，他将被任命为大将军。在李丰的设想中，政变成功后，张缉将被提拔为骠骑将军，许允则荣升太尉。至于他自己，将继续担任中书省的首席职务，执掌曹魏的行政大权。

这次企图推翻司马师的政变是由李丰和曹芳牵头发起的，其参与的成员大多不知道计划的细节。可惜李丰的策划不够周密，被司马师的幕僚王羡知道了。

王羡马上去见司马师，说有密事相告。司马师屏退左右，将王羡请入后堂，问道："有什么机密事，请讲吧。"

王羡靠近司马师，轻声说："坊间传言，中书令李丰等人想刺杀你，同谋者还有夏侯玄和张缉等人。"

司马师惊疑不定，问道："消息可靠吗？"

王羡献策道："大将军可以将李丰请到府上来，故意诈他，他一定会露出马脚的。"

司马师点头道："好，那就有劳你去中书省一趟，把李丰请来。如果有此事，我叫他活不过今夜。"

于是，王羡亲奔中书省，见了李丰，上前说道："中书令大人，我奉大将军命令，邀请您去大将军府上，大将军有事要和您相商。"李丰暗忖："难道是自己的政变计划泄露了？不可能，估计是司马师要和自己商议国事。"于是，他坦然不疑，跟着王羡来到司马师府上。

府门大开着，李丰和王羡一左一右走了进去。这时，只听司马师大喝一声："给我把李丰拿下！"

府门关上了，埋伏的侍卫一拥上前，将李丰绑了起来。

李丰惊呼道："王羡、司马师，你们想干什么？"

司马师从容地走近李丰，冷笑着说："你暗中勾结夏侯玄、张缉等人，企图行刺于我。阴谋已经败露，你还有什么话要说？"

李丰一听，以为司马师真的掌握了证据，怒气冲天地骂道："司马师，你这个奸贼，欺君罔上、大逆不道，我早就想为国除害，只可惜力不能及……"

司马师闻言大怒，下令："杀！"

李丰被杀后，司马师命人将尸体运到廷尉，令钟毓接收尸体，查证此案。钟毓非常震惊，对司马师的部下说："案情未经廷尉审理，就先把堂堂的中书令大人给杀了，这件案子我没法接。"钟毓虽然是司马派系的人，但也对司马师的这种极端行为表示不满。部下回禀司马师后，司马师亲自赶到廷尉，向钟毓解释说："李丰勾结夏侯玄、张缉等人，想要行刺我，事情败露，我先发制人。非常时期，当用非常手段嘛。你马上接手这起案件，一定要把参与者一网打尽。"钟毓无奈，只得受理。

很快，夏侯玄、张缉被抓进廷尉大牢，他们均供认不讳。事发后，李丰的弟弟、兖州刺史李翼也被缉拿归案。

几天后，李翼、夏侯玄、张缉等人被处以极刑，灭三族。但事情还没完。不久，司马师任命许允为冀州都督，免掉了他的中领军职务。中领军手里只有几千人马，而冀州都督手握数万大军，许允暗自庆幸，看来司马师并没有怀疑自己。可惜好景不长，许允刚刚卸掉中领军的职务，准备去冀州赴任，朝廷里便有人弹劾他贪污受贿，司马师责令廷尉审查。罪名坐实后，许允被流放边疆。这时许允才如梦初醒，原来司马师是在戏弄自己。在去往边疆的路上，许允受到虐待，被活活饿死。

六、又一个傀儡皇帝

李丰等人遇害后，曹芳越来越掩饰不住自己对司马师的强烈不满。而司马师也对曹芳深恶痛绝，他知道，李丰等人企图发动政变，幕后主使就是曹芳。自此，司马师有了废黜曹芳之意。

一天，司马师请来司隶校尉何曾[①]商议废立之事。何曾明白司马师的意思，进言说："既然现在的皇帝不称职，您作为辅政大将军，可以效仿伊尹、霍光故事，废掉曹芳，立一位新皇帝。"伊尹是商朝权臣，霍光是汉朝权臣，二人都以臣子的身份废立过皇帝。"只是我不清楚现在废立皇帝会不会引发政局动荡。"何曾补充道。

司马师自信地说："我弟弟司马昭现在驻军许都，他麾下有数万大军，足以威慑近在咫尺的洛阳朝廷。"

---

① 何曾（199—278）：字颖考，陈郡阳夏县（今河南太康县）人，西晋开国元勋，高平陵政变后投靠司马氏，颇受重用。晋朝建立后拜太尉兼司徒，迁太宰兼侍中，封朗陵县公。

嘉平六年十月，姜维率领蜀军北伐，攻入雍州西部。司马师命司马昭驰援雍州。从许都到雍州，必经洛阳，司马师准备在此期间行废立大事。

史书记载：司马师想废立皇帝，去永宁宫找郭太后，告以废立之事。郭太后是司马家族的忠实盟友，她问司马师，废了曹芳之后，想立何人为皇帝。司马师说想立彭城王曹据为帝。曹据是曹操之子，已经五十多岁。郭太后不同意，希望立一个年纪小一点的皇帝，以便她继续垂帘听政。最后，司马师和郭太后达成一致，准备立高贵乡公曹髦为新皇帝。

几天后，司马昭率数万大军兵临洛阳城下，司马师见时机已到，命人在朝堂上宣读郭太后的诏书。诏书中写道："皇帝曹芳贪图享乐，不理政事，沉溺女色，不堪为大魏国皇帝，特命兼太尉高柔奉告曹氏宗庙，贬曹芳为齐王，遣送回藩国，永远不许回京。"

诏书宣读完毕，曹芳怒不可遏，从龙椅上一跃而起，愤然离去。司马师没有理会曹芳，佯装吃惊地对群臣说："没想到太后下了这么一个诏书，这事该怎么办呢？"群臣深明司马师之意，同声附和道："今日之事，听凭大将军处置，我们没有意见。"司马师见状，大声说道："那我们就遵从太后旨意，忍痛废黜曹芳，另择贤德者立之。"

曹芳被废后，司马师没有把他放回封地去，而是将他软禁在洛阳城西北角的金墉城。曹芳被押往金墉城途中，有两个大臣一直跟随他左右，一个是太傅司马孚，另一个是中郎范粲[①]。司马孚是司马师的叔叔，向来以大魏忠臣自居，多年来他一直外托忠臣之名，内行奸臣之事。范粲在送别曹芳之后就毅然辞官归隐，从此再也没有返回官场，直到八十四岁时于家中寿终正寝。

二十年后，曹芳病逝于金墉城，享年四十三岁。在这漫长的岁月

---

① 范粲（202—285）：字承明，陈留外黄（今河南商丘市民权县）人，三国时期曹魏忠臣，官至武威太守、太宰中郎、侍中。

中，他一度被贬，从齐王降为公，去世后被朝廷追谥为厉公。

新皇帝曹髦时年十三岁，虽然年纪尚小，但才气秀达，长得英武不凡。司马师派中护军司马望①领兵赶赴邺城，接曹髦到洛阳登基。车驾行至洛阳西门，朝廷百官伏道相迎，待之以天子之礼。曹髦面不改色，对大臣们说："我现在还是一个公侯，岂能僭越天子之礼！"言罢向众大臣还礼。左右侍从对他说："您马上就要登基称帝了，不必拘泥。"曹髦反驳道："在没有登基前，我必须恪守本分。"车驾行至止车门，曹髦依法下车步行，举止得当，前来迎接的群臣无不惊叹。

嘉平六年（254年）十月五日，曹髦在洛阳太极殿登基。司马师没有参加曹髦的登基典礼，事后，他问自己的亲信钟会和石苞②："你们觉得新皇帝怎么样？"钟会不假思索地说："才同陈思③，武类太祖。"石苞也赞叹道："简直就是武帝重生！"司马师见他们对一个十三岁的孩子有如此高的评价，大为不悦，他对二人说："皇上才十三岁，你们看走眼了吧！"钟会接口道："大将军改天见了皇上，观其言行，就知道我们所言不虚了。"司马师眉头紧锁，好不容易才从嘴里挤出几个字来："如果真是这样，那可真是社稷之福啊！"

七、毌丘俭勤王

司马师废黜曹芳，改立曹髦，扬州都督毌丘俭愤怒不已。毌丘俭与夏侯玄、李丰平素交好，他们二人被害后，毌丘俭深感不安，同时也深深感念曹叡昔日知遇之恩，所以准备起兵勤王，为曹魏政权拼死一搏。

①　司马望（205—271）：字子初，河内郡温县（今河南温县）人，三国时期曹魏将领，西晋宗室重臣，司马孚次子。西晋建立后受封义阳王，多次统率大军抵御东吴进攻，官至大司马。

②　石苞（？—273）：字仲容，渤海南皮（今河北南皮东北）人，三国曹魏及西晋的重要将领，西晋开国功臣，历任大司马、侍中、司徒等职，封乐陵郡公。

③　陈思：指曹植，曹植生前曾为陈王，去世后谥号"思"，因此又称陈思王。

司马师可能也听到了风声，于是让自己的幕僚贾充①前往淮南，试探一下毌丘俭对皇帝废立一事的态度。

当时，毌丘俭的儿子毌丘甸在洛阳任职，毌丘俭写信知会儿子，叫他相机离开洛阳。毌丘甸也支持父亲的义举，他写信给父亲说："社稷不幸，国家有难，父亲作为藩镇统帅，理应举兵剿除权奸，匡扶皇室。"有子如此，毌丘俭怅然落泪，终于下定决心。

贾充领命赶到寿春（今安徽寿县），见了毌丘俭，说道："近日，皇帝曹芳失位，京都百官纷纷劝大将军司马师自立。大将军不肯，特迎立高贵乡公曹髦为帝。不知足下怎么看这件事情？"毌丘俭闻言怒气冲冲地说："当年司马懿是怎么答应先帝的，如今他的儿子司马师胆敢自立为帝，我作为藩镇统帅，绝不坐视乱臣篡逆。"贾充听了默不作声。毌丘俭也是一时激愤，自知语失。贾充走后，他一直惴惴不安。

贾充回到洛阳后，向司马师如实禀告毌丘俭之言。司马师遂起杀毌丘俭之心，只是碍于毌丘俭领兵在外，恐激起兵变。

正元二年（255年）正月，毌丘俭、文钦对外宣称得到郭太后的勤王手诏，于寿春举兵讨伐司马师。他们将在淮南屯驻的大小将领召集到寿春城内，在城西筑坛，歃血为盟。毌丘俭和文钦在侍卫的簇拥下步上高台。

"太后有诏，众军接诏。"毌丘俭从身上抽出诏书，当然是矫诏，郭太后不可能给他下诏书。

毌丘俭顿了顿，开始宣读诏书："大将军司马师专权恣肆，擅杀中书令李丰、太常夏侯玄等朝廷忠臣，又强行废掉皇帝曹芳，目无君上，图谋不轨。特命镇东将军毌丘俭起扬州之兵讨伐司马师，匡正社稷。"毌丘俭语气慷慨，满腔义愤。

---

① 贾充（217—282）：字公闾，平阳襄陵（今山西襄汾东北）人，三国曹魏末期至西晋初期重臣，豫州刺史贾逵之子，西晋的开国元勋。曾参与镇压淮南二叛及弑杀魏帝曹髦，深得司马氏信任，与司马氏结为姻亲，地位显赫。晋朝建立后，历任车骑将军、散骑常侍、尚书仆射、司空、太尉等要职。

随后，毌丘俭请人写了讨伐司马师的檄文，发往各州郡，号召各地将领起兵响应。

檄文传到洛阳，司马师正患眼疾，他的左眼下方长了一个瘤子，疼痛难忍。"鼠辈安敢如此！"司马师拍案大骂，急命钟会、王肃等人前来商议御敌之策。

钟会和王肃到来后，司马师对他们说："据可靠情报，毌丘俭起兵六万，已经离开淮南，向洛阳杀来，前锋已经进入豫州。形势危急，我们该如何迎敌？"王肃说："叛军虽然声势浩大，但不足为忧。淮南将士的家属大多在中原，如果我们采取缓战攻心的战术，淮南军定会不战自溃，就如当年吕蒙打败关羽一样。"钟会也附和说："王大人所言极是，我军应在洛阳以南坚壁固守，同时隔绝叛军与中原家眷的联系。时间一长，叛军必然生乱，到时再乘势反击，叛军必败。"司马师点点头说："好，就这么办！只是我最近眼疾剧痛，谁可代我领兵出征？"王肃和钟会异口同声道："此次征战非同小可，不容有失。如果战败，将军多年来的努力将付诸东流，所以非大将军亲征不可。"司马师沉吟良久，决定亲自带兵出征。

计议已定，司马师率十二万大军南下豫州；又命豫州都督诸葛诞率兵进入淮南，袭击毌丘俭的老巢寿春；命汝南太守邓艾①率兵进驻豫州境内的乐嘉城，阻止毌丘俭的部队北上。

檄文送到各地将领手中后，没有一个人起兵响应。雍凉都督郭淮连檄文都没看，就直接派人将檄文送给洛阳的司马师。豫州都督诸葛诞虽有讨伐司马师之心，但他觉得毌丘俭胜算不大，所以不仅没有响应毌丘俭，反而出兵帮助司马师，致使毌丘俭渐渐陷入被动。

正元二年（255 年）二月，司马师带病出征。临行前，他将驻守许昌的司马昭召回洛阳，授以中领军一职，让他监控皇室。司马昭回洛阳

---

①　邓艾（约 197—264）：字士载，义阳棘阳（今河南新野）人，三国时期曹魏将领，文武全才，深谙兵法，多年在西边战线防备蜀汉，并率兵偷渡阴平，攻灭蜀汉。后遭钟会陷害，被司马昭杀害。

后，荆州刺史王基①接替他统率许都军队。

二月中旬，司马师兵至许昌，命王基率领许昌军为前锋，南下与毌丘俭作战。王基出身于中原小士族，早年受到曹爽提拔，后来转投司马懿。高平陵政变后，司马懿举荐他出任荆州刺史。

前几天，司马师眼睛下方的瘤子被割掉了，但手术并不成功，伤口感染了，病情越来越严重。司马师痛得彻夜难眠，隐隐感觉到自己将不久于人世。

毌丘俭率领六万大军经大小数十战，进驻豫州项城（今河南项城市）。随后，毌丘俭和文钦兵分两路，向洛阳进发。南顿（今河南项城市献顿镇）是战略要地，王基抢先一步占领了南顿。这时，邓艾也率兵两万占领了乐嘉城（今河南商水县东），淮南军北上的道路被堵死了。毌丘俭和文钦不得不正面与司马师的大军作战，但进攻受挫，毌丘俭只得退守项城，与文钦形成掎角之势。

一天夜里，文钦和两个儿子文鸯②、文虎率一支偏师在外游击，恰好与司马师的主力大军遭遇。文鸯年方十八，勇猛无敌，建议和父亲分兵劫营。在漆黑的夜色中，文鸯率一军当先杀入司马师的营寨中，文钦本想率军接应文鸯，不料却在外围被魏军挡住，两军杀至天明，文鸯兵少，不得不撤退。司马师下令追击，魏军多次追上文鸯，文鸯的军队被杀散了，唯有文鸯单枪匹马冲破魏军重围，与父亲文钦相遇。父子二人想去项城与毌丘俭会合，但是魏军已经隔断了项城与外界的联系，他们只得率残部去投奔东吴。当时东吴大将军孙峻听说曹魏内乱，领兵数万屯于扬州边界，恰好遇上前来归降的文钦父子，便收留了他们。

文钦父子败投东吴后，毌丘俭孤军困守项城，司马师驱兵大进，命

---

① 王基（190—261）：字伯舆，青州东莱曲城（今山东招远市）人，三国时期曹魏将领，文武兼备，深得司马氏器重，曾参与南征毌丘俭、文钦之乱及东征诸葛诞之叛等。官至征南将军、都督荆州诸军事，封东武侯。

② 文鸯（238—291）：字次骞，谯县（今安徽亳州市）人，魏末晋初名将，骁勇善战。西晋建立后，历任平虏护军、平西将军、护东夷校尉等职。在"八王之乱"中被诸葛诞外孙司马繇诬杀，惨遭灭族。

前锋王基率兵将项城团团围住。淮南军士气低落，毌丘俭自知守不住项城，乘夜化装逃跑，想去投奔东吴。他们一行三人逃出城，向南走了几十里，在一处河边休息时，毌丘俭被当地一个民兵用箭射死。毌丘俭的儿子和孙子则成功逃到东吴。

毌丘俭勤王之战历时一个月，最终因孤立无援而败。

后来西晋灭吴，毌丘俭在东吴的子孙得以重返中原，在晋朝为官。王基是此战最大的功臣，他力排众议，奉行速战之策，以摧枯拉朽之势击败了淮南叛军。邓艾、诸葛诞等将领也各自有功，得到了朝廷的嘉奖。

八、司马师病逝

躺在床上的司马师奄奄一息，络绎而来的捷报也无法使他振奋起来。战后，司马师委任诸葛诞为扬州都督、王基为豫州都督。

"班师回朝！"司马师说话的声音越来越微弱。大军行至许都，司马师病笃，传令停止行军，速召司马昭前来。司马昭听说哥哥病重，昼夜兼程，只用了一天时间就从洛阳赶到许都。

"我已经嘱咐过傅嘏①和钟会，他们会帮你取得辅政大权的，我们司马家的权柄不能旁落。"司马师说完，脑袋一歪去世了，终年四十八岁。

司马昭抹了几把眼泪，回头问钟会和傅嘏："大哥新逝，我如何才能顺利继承大将军之位？"钟会献策说："淮南刚刚平定，我们可以兵临洛阳，威逼皇帝授予你大将军之职。"傅嘏也说："我会想办法联络朝中大臣，向皇上施压。"

司马师病死的消息传到洛阳后，曹髦欣喜若狂，立即下诏加封司马

---

① 傅嘏（209—255）：字兰石，北地郡泥阳县（今甘肃宁县米桥乡）人，三国时期曹魏重臣。

昭为卫将军，留守许都。同时命傅嘏接过司马师的兵权，率领大军回京。

诏书到了许都，司马昭等人大惊。司马昭问傅嘏："皇上让你统率大军回京，你怎么办？"傅嘏说："我们还是按照原计划进行，我会给皇上上表一封，陈明缘由，将兵权让给你。朝中大臣大多是我们的人，一个十四岁的孩子掀不起什么浪来。"

很快，傅嘏的表文上递到洛阳，上面写道："臣傅嘏无尺寸之功，不敢接领兵权。卫将军司马昭有雄才伟略，臣已经将兵权让给他了，请陛下恩准！两日后，司马昭将率军回京。"曹髦读罢，骂道："这班乱臣贼子，竟然抗命不遵，真是岂有此理！"

两天后，司马昭率十万大军至洛阳城下。傅嘏和钟会联合其他大臣，联名举荐司马昭为大将军。众意难违，曹髦只得下诏加封司马昭为大将军，录尚书事，都督中外军事。自此，曹魏的军政大权归于司马昭。

第十一章 司马昭之心

司马师去世后，司马昭接替哥哥继续掌握曹魏政权，期间平定淮南叛乱、弑杀曹髦另立新君、攻灭蜀汉并因功被封为晋王。他去世后，长子司马炎继承王位，并最终自立为帝，建立了西晋。十几年后，司马炎发兵南征东吴，逼降吴主孙皓，使中国时隔百年后再次归于一统。

一、姜维乘丧北伐

司马师去世不久，蜀汉大将军姜维上表刘禅，想乘曹魏政局动荡之际举兵数万北伐。此时雍凉都督郭淮已经去世，陈泰接任雍凉都督，王经①担任雍州刺史。蜀军侵入雍州，陈泰派人驰报王经，命他率兵坚守狄道（今甘肃定西市临洮县），在援兵未到之前不要擅自出战。

但王经贪功心切，听说姜维兵力不多，不等陈泰兵到就擅自率军出击，结果被蜀军打得大败，退守狄道城中。姜维分兵将狄道城围住，昼夜攻打不息。

陈泰领军行至半路，听说王经兵败，狄道被围，立即上表朝廷，请派援军。司马昭派邓艾领兵两万驰援雍州。

邓艾抵达雍州后，和陈泰合兵一处，向狄道进军。王经见援军已到，打开城门率军杀出。在魏军内外夹击之下，蜀军大败，姜维退兵五

---

① 王经（？—260）：字彦纬，冀州清河郡（今河北清河县）人，三国时期曹魏大臣，官至司隶校尉、尚书。

十里下寨。

双方相持月余，陈泰命人散布流言，说魏军将绕过蜀军的防线，向纵深挺进，截断蜀军的归路。姜维信以为真，便下令撤军。蜀军陆续退入汉中，姜维亲自断后。陈泰和邓艾率领魏军掩杀，斩获颇多。

在这次边境战役中，王经作战不力，被调回朝廷，转任尚书。司马昭有意让自己的亲信出任雍凉都督，不久，陈泰也被调回朝廷，改任尚书仆射。司马孚次子司马望被任命为雍凉都督。在此之前，司马望仅担任散骑常侍。自此，司马昭将雍凉兵权揽入自家人手中。考虑到蜀军屡次北伐都是从雍州西部攻入，司马昭让邓艾出任陇右都督，领兵驻守雍州西部，防备姜维再次北伐。

雍凉都督的更换进一步夯实了司马昭的权力基础，曹髦很是郁闷。一天，曹髦和黄门侍郎钟会聊天时问道："你认为是开创汉朝的刘邦强，还是中兴汉朝的刘秀强？"钟会回答道："应该是开国皇帝刘邦更强一些。"但曹髦反驳说："你错了，朕认为中兴汉朝的刘秀更强一些。中兴绝不亚于开创，朕也要中兴大魏。"钟会闻言沉默不语。事后，钟会将这次对话密告司马昭，司马昭大怒，命人严加监视曹髦。

二、诸葛诞之乱

根据《三国志》记载，三国时期以豢养死士闻名的有三人：姜维、司马师和诸葛诞。姜维养死士是为了追求功名，司马师养死士是为了发动高平陵政变，而诸葛诞暗养死士则完全是为了自保。原来，诸葛诞见司马氏兄弟擅权，好友邓飏、夏侯玄等先后被诛杀，王凌、毌丘俭也被夷灭三族，心中十分不安，于是倾尽家财赈济百姓，笼络人心，又厚养归附者及扬州侠客几千人作为亲信。

诸葛诞屡次越权阻止行刑，将死刑犯收为己用，扬州刺史乐綝很气愤。他给司马昭写了一封信，信中写道："一年多来，诸葛诞多次越权，私自释放扬州的死刑犯，收为己用，图谋不轨。请朝廷将他调离扬州，以绝后患。"司马昭准备加封诸葛诞为司空，将他调回洛阳，夺其兵权。有人将此事密告诸葛诞，诸葛诞大怒，立即率数百死士杀入乐綝的府邸，将乐綝一家全部斩杀。

乐綝是名将乐进之子，与司马家族关系密切。杀完乐綝，诸葛诞驰书一封给洛阳的司马昭，明目张胆地叫嚣："若朝廷信任我，我还是曹魏臣子；若朝廷怀疑我，我就是东吴臣子。"毫无疑问，诸葛诞已经公然发起叛乱。

诸葛诞叛乱的消息传开后，朝野震惊，只有曹髦暗自庆幸。诸葛诞虽然没有打出勤王的旗号向洛阳进军，但他的矛头是指向司马昭的。当年毌丘俭起兵时只有六万兵马。现在，诸葛诞在淮南征募了十五万兵士，而且还联络了东吴。出于利益的考量，东吴一定会出兵干预的。

淮南军军容整肃，寿春城戒备森严。与两年前的毌丘俭不同，诸葛诞的计划是以东吴为外援，割据淮南。如果能够成功击败司马昭的讨逆大军，他将兵发中原，攻下魏都洛阳，剿灭司马昭。

此时掌握东吴军政大权的是孙峻的族弟孙綝[①]。诸葛诞的使者来到东吴，向孙綝阐明如果东吴肯出兵协助诸葛诞，诸葛诞愿意臣服东吴，并将儿子诸葛靓[②]作为人质送到东吴。孙綝爽快地答应了，他想乘曹魏内乱之机，染指淮南地区。孙綝表示他愿意出兵三万，帮助诸葛诞守备淮南。使者回到寿春回禀诸葛诞，诸葛诞大喜，立即将儿子诸葛靓送入东吴为质。

鉴于诸葛诞兵势强大，又有东吴为援，司马昭花了两个月时间，陆续从中原各州征调了二十六万兵马。为保险起见，司马昭又上书曹髦，请皇帝御驾亲征，连郭太后也一并带上。对曹髦这个傀儡皇帝，司马昭很不放心，只有带在身边，他心里才踏实。曹髦知道后气得大骂："什

---

① 孙綝（231—259）：字子通，吴郡富春（今浙江杭州富阳）人，三国时期东吴宗室、权臣。执政时嗜好杀戮，与吴帝孙亮矛盾激化，最终废黜孙亮，改立琅琊王孙休为帝。后被孙休设计捕杀，年仅二十八岁。

② 诸葛靓：字仲思，琅琊阳都（今山东沂南县）人，诸葛丰之后，诸葛诞少子。诸葛诞叛乱后入仕东吴，东吴灭亡后投降晋朝，但因父仇而终身不仕，时人称许他至孝。

么，司马昭要带朕一起出征？他这是做贼心虚！竟敢挟持朕，岂有此理！朕堂堂一国之君，竟然被他呼来唤去。"小太监见皇帝失态，赶紧上前劝阻道："陛下，小心隔墙有耳。"曹髦怒道："司马昭之心，路人皆知。"

战马嘶鸣，戈戟如林。甘露二年（247 年）六月，司马昭挟曹髦，率二十六万大军抵达豫州项城。六年前，司马懿率五万大军来到项城，将束手待毙的王凌缉拿。两年前，司马师率十二万大军来到项城，击败了毌丘俭的叛军。从司马懿到司马昭，司马家族的权势越来越大，也越来越稳固了。

大战一触即发，司马昭将曹髦留在项城，自己坐镇离寿春更近一些的丘头（位于项城东南，今河南沈丘与安徽界首之间）。为了牵制东吴的军队，司马昭命荆州都督王昶进兵江陵。豫州都督王基在上次讨伐毌丘俭中表现出色，司马昭让他担任魏军统帅，全权指挥二十六万魏军中的大多数。坐在项城的曹髦心中暗自祈祷，希望诸葛诞获胜，司马昭兵败如山倒，自己乘势中兴大魏。

王基指挥各路大军逼近寿春，诸葛诞虽然有十五万军队，但他并不打算出战，而是固守寿春城，与城外的吴军遥相呼应。此时，吴将全端、文钦等人率三万吴军已经开到寿春城外三十里处。文钦是曹魏降将，这次被孙綝派来援助寿春。

魏军从四面八方向寿春挺进，包围圈越来越小。在魏军尚未合拢之际，文钦和全端率三万吴军冲进寿春城中。诸葛诞本来储备了一年的粮草，吴军进城后，城中的粮草只能支撑半年多。巢湖上停满了东吴舰船，东吴大将军孙綝亲自统兵五万前来接应寿春。他命朱异[①]领军三万往寿春方向前进，司马昭命青州都督石苞领军数万进行阻击。战斗在外围展开，魏军把吴军打得大败而逃。吴将朱异折兵数千，退回巢湖。孙

---

① 朱异（？—257）：字季文，吴郡吴县（今江苏苏州）人，三国时期东吴将领，前将军青州牧朱桓之子，袭爵嘉兴侯。历任骑都尉、偏将军、扬武将军、镇南将军、大都督。

綝大怒，命朱异再战，结果又被石苞的军队击败。连续战败使吴军士气低落，为了激励士气，孙綝决定拿朱异开刀。他让人将朱异叫到自己的营帐，就地斩首，传示三军。不久，东吴国内的政局出现波动，孙綝无心恋战，率军回国去了。

这一年，淮南地区气候异常，自夏到秋滴雨未下，出现了百年不遇的旱灾。不下雨，淮河之水不涨，王基的围城大军就坚如磐石。诸葛诞困守寿春半年，城中的粮草濒临枯竭。一天夜里，吴将全端打开城门，投降了王基。

内无粮草，外无援兵，寿春城岌岌可危。甘露三年（258年）正月，诸葛诞会合文钦一起领兵杀出城来，企图突围到东吴去。无奈魏军防守严密，他们根本冲不出去，只得继续退守孤城。

一天，文钦对诸葛诞说："城中军队太多，粮草不济，不如将你的淮南军遣散出城，留下吴军坚守，这样还可以多守一段时间。"诸葛诞闻言大怒，对文钦说："把我的军队都遣散了，留下你的军队，你什么意思？"文钦解释说："之所以留下吴军，是为了让东吴来救援寿春。我没有别的意思。"诸葛诞怒喝道："难道你想谋害我不成？"文钦见诸葛诞不可理喻，转身想要离去，没想到诸葛诞拔剑刺入文钦后背。文钦的儿子文鸯、文虎得知父亲被害，率本部兵马出城降魏。

此时司马昭已经离开丘头，来到寿春前线，见文鸯和文虎来降，便不计前嫌，重用他们为将，在军前效力。次日，文鸯和文虎率兵攻城，大骂诸葛诞，招降城内的淮南军。诸葛诞已经困守寿春七个多月，粮草用尽，军心涣散。

甘露三年（258年）二月，司马昭下令全军攻城。城破后，诸葛诞在数百死士的护卫下突围而走。魏将胡奋[①]率人截住诸葛诞，混战中，诸葛诞被杀死。

---

① 胡奋（？—288）：字玄威，安定临泾（今甘肃镇原南）人，西晋将领、外戚，曹魏车骑将军阴密侯胡遵之子，深得司马炎信任，官至左仆射、镇军大将军。

战后，司马昭任命王基为扬州都督，陈骞[①]为豫州都督。

三、东吴易主

这一仗东吴大将军孙綝折兵数万，东吴朝野怨声四起。孙綝出征淮南期间，吴主孙亮开始亲政，逐渐将权力收回。孙綝战败回国后，极力排除异己，任命自己的四个弟弟为京城禁卫军首领，用武力威慑孙亮。

一天，孙亮秘密召见国丈全尚、将军刘丞，对他们说："朕想设计除掉孙綝。在皇宫禁卫军中，还有三个营的禁军掌握在朕手里。来日，朕将亲率三营禁军进驻朱雀桥，向孙綝摊牌。如果孙綝胆敢抗拒，朕就立即下诏解除他的兵权。"全尚和刘丞是孙亮的亲信，都表示支持孙亮的计划。

为了有效地控制孙亮，孙綝早在皇宫内遍布眼线，有密探将此事报告孙綝，孙綝抢先下手，率兵将刘丞杀死，并将全尚擒拿下狱。剪除了孙亮的羽翼后，孙綝以重兵包围皇宫，强行废孙亮为会稽王，另立孙权第六子孙休为皇帝。

吴帝孙休继位后，因孙綝有拥立之功，加封他为丞相、荆州牧。孙綝的四个弟弟也都被封侯。孙家一门五侯，显赫至极。孙休登上帝位时仅二十三岁，他表面上对孙綝恩宠有加，暗中却在布置刺杀孙綝的行动。

甘露三年（258 年）十二月，孙休在宫内举行腊八节宴会，邀请孙綝参加。宴会进行到一半，老将丁奉和将军张布率兵杀入，将惊慌失措的孙綝拿下。

当天孙綝兄弟五人全都被夷灭三族。追根溯源，孙綝的祖父是孙

---

① 陈骞（201—281）：字休渊，临淮东阳（今安徽天长）人，西晋开国功臣，历任车骑将军、侍中、大将军，官至太尉、大司马。与贾充、石苞、裴秀同为司马炎亲信，其智计让贾充等人都自愧不如。

坚的弟弟孙静，而孙坚是孙休的祖父，他们同属于江东孙氏一族。事后，孙休下令将孙綝从孙氏族谱中除名，改称其为故綝。

四、忍无可忍的曹髦

魏都洛阳的朝堂上，曹髦正襟危坐，文武百官分两班而立。权倾朝野的司马昭没来上朝，他很少上朝，所有政务都在自己府中处理。历史上有很多权臣都是在皇宫大内被刺杀的，司马昭也担心自己被刺杀，所以很少进皇宫。

"陛下，据宁陵县（今河南商丘市宁陵县）报告，那里的一口深井中惊现两条黄龙，这是国家的祥瑞之兆啊！"公卿大臣们纷纷上奏道。

曹髦面色冷峻地注视着大殿上喜笑颜开的大臣们，良久才冷笑道："这是什么祥瑞，龙代表天子，上不能飞腾在天，下不能盘踞于田，而是困于井中。你们说，这算是什么祥瑞？"听皇帝这么说，大臣们面面相觑。曹髦随即宣布退朝。

曹髦回到后宫后，心情郁闷，作《潜龙诗》一首抒发内心的愤懑。

曹髦的《潜龙诗》很快传到司马昭耳中。一天，司马昭问钟会："你曾经跟先兄说过，当今皇上有魏武帝之才，今天你还这么认为吗？"钟会不假思索地回答道："是的，皇上确实有雄才大略，只是生不逢时。"司马昭苦笑一声，不再说话。

甘露三年（258年）九月四日，司马昭通过中书省颁布了一道诏令，提出了"以孝治国"的政治理念，尊称王祥为"三老"、郑小同为"五更"。王祥和郑小同都是当时有名的孝子，曹髦在位时，他们都已年老。七十三岁的王祥已经退休。六十五岁的郑小同是曹髦的经学老师，是东汉经学巨匠郑玄的孙子，在经学方面有很深的造诣。

王祥是司马昭的亲信，有一次，曹髦召王祥入宫，向他求教，王祥对曹髦说："作为帝王，您更应该心怀忠诚，顾念天下百姓，不可以做出违背天下大势的事情。"王祥这样说是在委婉地告诉曹髦，司马昭取代曹氏是大势所趋，应该顺从接受。曹髦听了王祥的话，面色阴沉，一言不发。

由于郑小同和曹髦走得很近，司马昭对他并不信任。一天，郑小同去拜见司马昭，进入司马昭的房间后，恰好司马昭上厕所去了，桌子上摆着一份机密公文。过了一会儿，司马昭回到房间，见郑小同站在自己的房间里，惊问："郑大人可曾偷眼看过我桌子上的公文？"郑小同说没有看。但因为公文涉及机密，司马昭担心郑小同回去告诉曹髦，就用毒酒将郑小同毒死在自己府中，然后对外宣称郑小同因病暴毙。

甘露五年（260年）五月七日夜，曹髦全装惯带，登上凌云台。凌云台是曹魏宫城中的一座高台，始建于魏文帝曹丕黄初二年（221年）。夏季炎热时登台，台上清凉，可以起到避暑的作用。过去凌云台常年驻守着三千禁卫军，直接归皇帝统领。司马氏掌权后，为了削弱皇室的力量，将凌云台禁军的数量降到五百人，这五百人依旧归皇帝直接指挥。曹髦凛然站在凌云台最高处，振臂高呼："士兵们，司马昭篡位窃国之心昭然若揭，你们随我杀出宫去，讨伐逆臣司马昭。事成之后，朕自有封赏！"

此时，三位王姓大臣王沈[①]、王业[②]、王经应召前来，他们平时与皇帝多有来往，曹髦非常信任他们，想在这次行动中获得他们的支持。

王沈和王业感觉势头不对，问道："陛下这是要干什么？"

曹髦大义凛然地说："朕想让你们随朕一起杀进大将军府，诛杀逆臣司马昭。"

"陛下，不可！司马昭掌握着京城的兵权，仅凭凌云台的几百人无异于羊入虎口。"王经劝阻道。

曹髦决绝地说："箭已上弦，岂可不发！纵有一死，朕今日也要与司马昭拼个鱼死网破。"

王沈和王业见曹髦欲自寻死路，马上奔出皇宫，向司马昭报信去

---

① 王沈（？—266）：字处道，太原晋阳人，三国曹魏至西晋时期的大臣、史学家，司空王昶之侄。因告密之功封安平侯，随后任尚书、豫州刺史、镇南将军等职。西晋建立后拜骠骑将军，录尚书事。

② 王业：字长绪，山阳高平（今山东邹城）人，三国时期曹魏大臣，刘表之外孙，官至谒者仆射。

了。只有王经是个忠臣，他不想跟着曹髦做无谓的牺牲，但也不想出卖曹髦。他默默地回到尚书台，静候噩耗传来。

随着曹髦一声令下，凌云台的五百兵士紧随其后，来到郭太后居住的永宁宫。

"太后，请您下一份讨伐司马昭的诏书，朕今天就要杀向大将军府。"曹髦跪在郭太后面前请求道。

郭太后摇头说："不行，这绝对不行。你快回宫去，不要干傻事。"

曹髦猛然站起身来，怒视郭太后说："当年司马懿诛杀曹爽时，你为什么下诏书给他？司马师废曹芳时，你为什么下诏书给他？今天朕要诛杀司马昭，你为什么不肯下诏书给朕？你到底是谁家的太后，你对得起先帝吗？"

郭太后吓得浑身发抖，勉强支吾道："不是我不愿意发诏书给你，你这样做肯定有去无回，我不能让你去送死啊！"

曹髦见郭太后不从，纵马驱兵直出止车门。止车门的守将是司马昭的弟弟司马伷①。"拦住陛下！"司马伷当先立于中道，守门军士簇拥两侧。"朕乃天子，谁敢阻拦，杀无赦！"愤怒的曹髦喊声如雷。司马伷和守门军士不由自主地退后几步，曹髦率兵突破止车门，向大将军府的方向杀去。司马伷率兵跟在后面，但不敢和皇帝交战。

大将军府内气氛森肃，王沈和王业早已将曹髦的举动报告司马昭。此时，司马昭正焦躁地在府中来回踱步，中护军贾充面色凝重地站在一旁。

良久，司马昭开口道："贾充，你率兵挡住陛下。"

"怎么挡？"贾充在试探司马昭的底线。

"不计代价。"司马昭委婉地示意贾充可以杀掉曹髦。

贾充心领神会，率兵数千前去迎击，在皇宫南门外与曹髦迎头

---

① 司马伷（227—283）：字子将，河内郡温县（今河南温县）人，西晋宗室、将领，司马懿第三子。西晋建立后，任尚书右仆射、抚军将军，出外拜镇东大将军，后改封琅琊王，加开府仪同三司。曾参与西晋伐吴之战，战后因功拜大将军，增邑三千户。

相遇。

"贾充，你让开！朕是天子，挡朕者斩！"曹髦企图用皇帝的权威来震慑贾充。

"擅出皇宫者，杀无赦！"贾充没有理会曹髦，指挥军队杀了过去。

"杀！"曹髦也大喝一声，率先冲向贾充。

凌云台的五百禁卫军寡不敌众，很快就被打败了。皇宫南门外横七竖八地躺着数百具尸体，曹髦独自挥舞手中的天子剑，咆哮如雷。贾充让人将曹髦团团围住，但谁也不敢对皇帝动手。

在贾充犹豫不决时，部将成济上前问道："将军，这事该如何收场？"贾充斜眼看着成济，脑子里忽然想出一个主意："对，就让成济做个替罪羊吧。"于是，他命令成济说："大将军吩咐过了，只要死的！今天就是你立大功的机会。"成济领命，对曹髦说："陛下，臣得罪了！"然后一戟刺入曹髦腹中。

一辆马车从远处疾驰而来，停在皇帝的尸体前，原来是太尉司马孚闻讯而至。"陛下，老臣有罪啊！老臣有罪！"司马孚趴在曹髦的尸体上放声痛哭。不一会儿，被尊称为"三老"的王祥也来了。"老臣无状啊！"王祥也撕心裂肺地哭喊起来。

次日天明，群臣毕集朝堂，朝会由司马昭主持。陈泰对司马昭弑君不满，托病没来。司马昭派人去请，陈泰来后，司马昭问道："玄伯，你说说看，今日之事该如何处理？"陈泰面带怒容，愤然道："唯有将贾充斩首，方可谢罪天下。"

此时贾充也在朝堂上，司马昭目视贾充，贾充心中惶恐，生怕司马昭会卸磨杀驴。朝堂上一片死寂，过了一会儿，司马昭又问陈泰："是否还有别的办法，可以退而求其次？"陈泰恼怒道："我只知道有进，不知道有退。"他的意思是司马昭理应谢罪天下，必须杀贾充，没有别的选择。

正在僵持之际，郭太后派人送来一份诏书，司马昭命人宣读。诏书中说："皇帝曹髦性情乖戾，我屡次教导他，均遭恶语相向。昨日他带兵闯进永宁宫，想杀我，然后，他又带兵出宫，企图刺杀大将军。这样一个人，早已不堪为君。他既然已经死了，就以平民之礼安葬吧！"

这份诏书来得很及时，司马昭对群臣说："太后虽然这样说，但我还是于心不忍，建议仍用王侯之礼将皇上下葬。"群臣纷纷附和。

德高望重的陈泰再次开口道："难道陛下就这样死了吗？总得要有人负责吧？"在朝廷中，陈泰的威望仅次于司马昭。群臣虽然畏惧司马昭，但也没人敢当众驳斥陈泰。时间在空气中凝固了般，过了一会儿，司马昭突然开口说："昨晚陛下率兵杀出宫来，我严令各军不可伤害陛下。但有一人——成济违抗军令，擅自杀害陛下，罪不容诛，理应诛灭三族，以谢天下。"司马昭此言一出，贾充心中的一块石头终于落了地。

散朝后，司马昭命廷尉将成济缉拿归案，以弑君之罪斩首。

五、灭蜀之战

曹髦死了，但国家不能无主。司马昭冥思苦想，不知道该立谁为下一任皇帝。突然，他想到了一个人，于是问道："燕王曹宇有没有年纪小一点的儿子？"

左右回答道："曹宇有一个儿子叫曹奂，现年十五岁。"

司马昭满意地点点头，说："嗯，那就曹奂吧！"

甘露五年（260年）五月，司马昭迎立燕王曹宇的小儿子曹奂为皇帝。曹奂登基后，改年号为景元，是为魏元帝。曹奂是曹魏的第五任皇帝，也是最后一任皇帝。

景元二年（261年）冬季的一天，在洛阳的大将军府里，司马昭和钟会谈论天下大势。

司马昭问道："自东汉末年以来，天下分崩离析，已经快百年了。是该结束三国鼎立的局面了！你说吴蜀两国，应该先灭哪一国？"

钟会胸有成竹地答道："三国之中，蜀汉最弱。大将军要发起统一战争，应该先讨伐蜀汉，然后再攻打东吴。"

司马昭又问："满朝公卿都不同意伐蜀，只有你对伐蜀信心十足，你的信心从何而来？"

钟会分析说："近十年来，蜀汉大将军姜维九次北伐中原，穷兵黩武，蜀汉百姓怨声载道，国力也急剧下降。我听说第九次北伐失败后，姜维在蜀汉朝廷的地位岌岌可危，为了避祸，他独自领兵数万，屯田于益州西北边境的沓中（约在今甘肃舟曲县）。他名为屯田，实为远离朝廷。另外，据可靠情报，蜀汉在姜维的主持下，对汉中的防御体系作了调整，废弃了汉中盆地边缘的一些堡垒，将兵力收缩于汉中腹地。如果真是这样，我军就可以通过三条谷道长驱直入汉中。而我军的兵力占据绝对优势，蜀军必败。"

司马昭对钟会的分析深以为然，几天后，他上奏朝廷，拜钟会为关中都督，准备伐蜀事宜。关中位于散关①和潼关之间，是雍州东部最富庶的地区，因战略地位重要，重兵驻守。同一天，钟会辞去司隶校尉之职，司马昭任命他为镇西将军。

钟会的飞黄腾达令一些人忧心忡忡。史书记载：钟会出任关中都督后，司马昭的幕僚荀勖②警告司马昭说："钟会为人见利忘义、刻薄寡恩，不可让他独掌大权，否则日后必生祸患。"荀勖是钟会的远房外甥，对钟会的为人很了解。钟会的哥哥钟毓也暗中对司马昭说："我弟弟智谋过人，但心术不纯，最好还是不要重用他。"还有一次，司马昭的夫人王元姬对司马昭说："钟会经常来咱们家，我感觉此人野心极大，虽然有才华，但心术不正。"司马昭笑着对王元姬说："不仅你这样说，就连钟会的哥哥钟毓也说钟会不可靠。但你放心，我既然敢用他，就自有

---

① 散关：为周朝散国之关隘，故称散关，中国关中四关之一，位于宝鸡市南郊秦岭北麓，自古为"川陕咽喉"。

② 荀勖（？—289）：字公曾，颍川颍阴（今河南许昌市）人，三国至西晋时的音律学家、文学家、藏书家，西晋开国功臣，官至光禄大夫、尚书令。善于逢迎，被时人比作倾覆国家、搅乱时局的贰臣。

防范他的策略。"

蜀汉方面，自蒋琬和费祎去世后，朝政大权由董厥①、樊建②、诸葛瞻、姜维等人掌管，前三人掌握蜀汉行政权，姜维握有蜀汉半数兵力的军权。姜维是一个狂热的好战分子，其余三人都对他屡次北伐极其不满。诸葛瞻是诸葛亮的长子，他多次建议刘禅剥夺姜维的兵权，但碍于姜维在朝中的势力，一直未能如愿。九伐中原失败后，为了自保，姜维上表后主刘禅，托名屯田，避祸于沓中。

说到蜀汉后期的政治生态，显然无法绕开宦官黄皓。黄皓是刘禅后宫的太监总管，因其侍奉皇帝，朝中大臣们都争相与他结交。他收受贿赂，替大臣们在皇帝面前美言。他与诸葛瞻等人关系较好，经常在刘禅面前说姜维的坏话。有一次，姜维北伐失败，回到朝中后劝刘禅诛杀黄皓。刘禅很不高兴地说："黄皓只是一个谄媚小臣，又不是汉末的十常侍，杀了他有什么用，朕每天还需要他侍奉。来日朕安排你们见一面，当着朕的面，你们冰释前嫌。"刘禅这样说，姜维也无可奈何。

其实，相较于曹魏和东吴屡屡发生叛乱事件来说，蜀汉的政局在三国之中是最稳定的。这首先得益于刘禅，他为政刚柔相济，从善如流，御下有方。蜀汉一直存在着两个派系：主战派和反战派。姜维是主战派，董厥、樊建、诸葛瞻等人是反战派。多年来，刘禅一方面支持姜维北伐，另一方面又重用诸葛瞻等人，以制衡姜维的势力。自诸葛亮去世后，蜀汉就废除了丞相一职，刘禅将朝廷大权收回自己手中，因此政局一直比较平稳。

钟会出任曹魏关中都督后，姜维在沓中给刘禅写了一封信，说曹魏有可能入侵汉中，建议刘禅派兵入驻阳安和阴平（今甘肃文县西北），以备不虞。但姜维这一警示没有引起蜀汉朝廷的重视，刘禅、诸葛瞻等

① 董厥：字龚袭，义阳郡平氏县（今河南桐柏县）人，三国时期蜀汉重臣，官至尚书令、辅国大将军，与诸葛瞻、樊建一起统领朝廷事务。蜀汉灭亡后降魏，历任相国参军、散骑常侍。

② 樊建：字长元，荆州义阳郡（今河南桐柏县东）人，三国时期蜀汉大臣，官至尚书令。蜀汉灭亡后降魏，官至相国参军、散骑常侍。

人都以为姜维又在为北伐寻找借口，所以没有向汉中派出一兵一卒，也没有重新调整汉中的防御体系。

景之四年（263年）夏，曹奂在司马昭的授意下颁布伐蜀诏书，命邓艾、钟会及雍州刺史诸葛绪兵分三路向蜀汉进发。其中，邓艾领军进逼沓中，牵制姜维，使姜维不得东顾；诸葛绪进兵武都（今甘肃陇南市武都区），隔断沓中与汉中之间的通路；钟会率十二万大军直接插入汉中。三路大军齐头并进，司马昭的意图很明显，邓艾和诸葛绪的任务是牵制，东路的钟会才是主攻。一旦钟会攻下汉中，蜀汉就岌岌可危了。

司马昭的命令下达到雍州后，陇右都督邓艾很抵触，上书请求取消伐蜀计划，理由是蜀汉政通人和，不宜攻伐。实际上，他并不是不同意伐蜀，而是不满司马昭的部署，他想做伐蜀的主力。接到邓艾的上书，司马昭专门派大臣师纂赶到雍州，向邓艾陈明利害，要求他顾全大局。在师纂苦口婆心的劝说下，邓艾勉强同意伐蜀。

在洛阳大将军府里，有宾客问司马昭的幕僚刘寔[①]："足下认为钟会和邓艾此行能成功吗？"刘寔毫不犹豫地回答说："邓艾和钟会此行定能打破多年来伐蜀不克的魔咒，一举荡平巴蜀。只是，这两个人恐怕都回不来了。"宾客惊讶地追问原因，刘寔却笑而不答。

魏军频繁调动的消息传到成都，刘禅慌忙召集朝臣商议。诸葛瞻上奏说："魏军大举入寇，仅凭汉中现有的兵力是难以防御的，陛下可派左车骑将军廖化前往沓中，支援姜维。派右车骑将军张翼和辅国将军董厥率军支援汉中，臣愿领一军进驻涪城，守卫成都的门户。"刘禅大喜，按诸葛瞻所言颁布命令。

廖化、张翼、董厥三人率军驰援汉中，兵至阴平郡后，张翼和董厥东进汉中。廖化本打算西进沓中，与姜维会合，忽然听说曹魏雍州刺史诸葛绪率兵三万攻打武都。武都在阴平正北，攻下武都后，魏军就可以

---

① 刘寔（220—310）：字子真，平原郡高唐县（今山东高唐）人，三国至西晋时期重臣、学者，官至司空，迁任太保，后转任太傅。

南下阴平，打开进入蜀汉内地的门户。考虑到这一军情变化，廖化决定不再去沓中支援姜维，就地驻扎防止诸葛绪南下。

与此同时，曹魏征西将军邓艾领兵攻打姜维驻地沓中，几个回合下来，姜维兵败，主动放弃沓中，退到阴平郡，企图东进支援汉中。不料诸葛绪打败廖化，占据了阴平桥头，阻断了姜维进入汉中和成都的道路。危急关头，姜维声东击西，率兵北进孔函谷（今甘肃舟曲县东南），摆出一副要攻取雍州的架势。诸葛绪担心后方有失，急忙率军回撤。此时，姜维突然下令全军掉头，趁诸葛绪回撤之机冲过了阴平桥头。诸葛绪这一战术失误为蜀军赢得了一线生机，姜维率部通过阴平桥头后，遇到了蜀将廖化和张翼，他们告诉姜维汉中已经失守。

就在姜维与邓艾酣战于沓中期间，魏镇西将军钟会分兵三路，从骆谷、斜谷、子午谷进军汉中。魏军历次伐蜀，一般是由一条或两条谷道进军。这一次，钟会的十二万大军同时从三条谷道进军，既加快了行军速度，又避免了孤军深入的风险。谷道崎岖难行，钟会命许褚的儿子许仪①为开路先锋，逢山开路，遇水架桥。不过，三条谷道的地形太复杂了，要想在短时间内修出一条好走的路来，几乎是不可能的。

钟会骑马过桥，马蹄踩穿桥板，战马栽倒在桥上，钟会也跌下马来，只得步行过桥。钟会很恼火，便让人把许仪叫来。

过了一会儿，许仪纵马而至。钟会斥责道："我命你负责修路，你这路是怎么修的？"

许仪也是一肚子委屈，当面顶撞钟会说："时间这么仓促，让我如何将这几百年都走不通的路修好？我已经尽力了。"

钟会大怒，喝令执法队将许仪斩首，并将许仪的首级传示三军。有人替许仪求情说："许仪是虎侯许褚之后，希望将军能够宽恕。"但钟会不予理睬。许仪死得冤枉，至死骂不绝口。许仪的死引发了一部分将领

①　许仪（？—263）：谯郡谯善县（今安徽亳州市古城镇）人，三国时期曹魏将领，官至牙门将，袭牟乡侯。

的不满。

魏军在三条谷道里艰难地行进十几天后，即将走出谷口。钟会下令三军准备战斗，但他显然多虑了，与汉中连接的三个谷口一个蜀军兵士也没有。钟会纵马奔出谷口，目之所及，是一些被蜀军遗弃的防御堡垒。这些防御工事依山势地形而建，易守难攻。钟会感叹道："如果这些工事中有蜀军防守，莫说我们只有十二万人，就算有二十万人，也不一定能突破。怪不得当年曹真和曹爽伐蜀时，军队走到谷口就无法再向前推进。"

魏军走出谷口集结完毕，接着向纵深推进。不远处矗立着两座蜀汉城池——汉城（今陕西勉县东）和乐城（今陕西城固县东八里），两座城池内各有五千蜀军，其中，汉城的守将蒋斌是蒋琬之子。钟会对蜀汉两代先贤诸葛亮和蒋琬很是敬仰，他专门写信给蒋斌，问及蒋琬的坟墓位置，想去祭奠。蒋斌将父亲的墓地位置详细告知了钟会。

随后，钟会分兵两万，将汉城和乐城围了起来，但只围不打。布置妥当后，钟会亲率剩下的十万大军杀向汉中腹地，张翼和董厥率蜀军迎战，连连败阵。

关口是进入汉中腹地的最后一道屏障，由蜀将蒋舒、傅佥坚守。魏军兵临城下，蒋舒开城投降，魏军乘机杀入城中，傅佥战死，汉中陷落。

捷报传到洛阳，举朝庆贺。以司徒郑冲①为首的一批大臣纷纷上表请求加封司马昭为丞相，进爵为公。

景元四年（263年）十月，曹奂颁布册封诏书，拜司马昭为相国，进爵为晋公。这份册封诏书，曹奂已经是第四次颁布，前三次司马昭都不肯接受，感觉时机未到。这次魏军已经攻下了蜀汉三分之一的领土，胜券在握，他也就顺势接受了。

---

① 郑冲（？—274）：字文和，荥阳开封（今河南开封）人，三国曹魏末年至西晋初年大臣、儒学家，在魏历任司空、司徒、太保，封寿光侯；西晋建立后拜太傅，进爵寿光公。

汉中失守后，姜维会合廖化、张翼、董厥一起退守剑阁。剑阁是守卫益州腹地的一道天险，从大剑山到小剑山，耸入云端的悬崖峭壁延绵数十里，地势险要，易守难攻。诸葛亮在世时曾命工匠在绝壁上建造阁道，分兵驻守。

益州的初冬不甚寒冷，钟会策马直至剑阁关下。钟会抬头仰望剑阁，只见大小山峰连绵起伏，蜀军凭险驻守。他拔出宝剑向前一挥，魏军呐喊着冲向关前，关上矢石如雨，冲在前面的兵士纷纷中箭倒地。有些爬上了山坡，仰攻山腰，但很快又被击退。攻坚战持续了一个时辰，魏军死伤无数，钟会下令收兵。

剑阁关险峻无比，就算有百万大军也难以攻取。这天，钟会闷坐营中，邓艾派人送来一封信，信中写道："闻将军与姜维相持于剑阁，邓艾愿率一军出阴平小路，绕到剑阁之后，与将军前后夹击，剑阁可下，蜀军可破。"钟会看罢，笑着对身边的人说："人们都说邓艾善于用兵，如今看来也是个庸才。阴平小路崎岖难行，大战期间，蜀军岂能没有防备？如果蜀军在险要处驻兵数千，邓艾必将全军覆没。"话虽如此，钟会也希望邓艾能侥幸成功，于是派出一支偏师归邓艾指挥，以示助战之意。

雍州刺史诸葛绪兵败阴平桥头后，与邓艾合兵一处，邓艾鼓动诸葛绪一起出奇兵走阴平小路，掩袭剑阁之后。诸葛绪不同意这个冒险的计划，率本部三万人来到钟会营中。钟会责备他说："如果不是你弃守阴平桥头，姜维岂能来到剑阁，挡我进军成都之路？"说完将诸葛绪收押，装入囚车，解往洛阳。诸葛绪麾下的三万人马被钟会吞并。从职权上说，钟会、邓艾、诸葛绪三人互不统属，钟会没有权力收押诸葛绪，但他对诸葛绪手下的三万人马垂涎三尺，于是就自作主张，越权将诸葛绪法办。

时年六十六岁的邓艾率两万多人，艰难地行进在阴平郡崎岖的山路上，很多地方没有路，他们一边修路，一边行军。走走停停二十多天，他们走了数百里，再往前已经没有路了，山腰处有几处蜀军遗弃多年的寨栅——当年刘备占据川蜀，诸葛亮为了防御曹军西征，在阴平小路的末端建立了几个哨所。诸葛亮死后，这些防御设施即被遗弃。邓艾惊诧地看着这些防御工事，感叹道："如果这里有一千蜀军驻守，我军将面临绝境。"

山腰再往下已无路可走，由于山势陡峭，开凿道路也不可能。面对危境，魏军彷徨迟疑。部将田续对邓艾说："前面已经没有路了，我们撤回去吧。"邓艾闻言大怒，拔刀指着田续说："再说这种丧气话，我一刀砍了你。"田续不再吭声，心中对邓艾愤恨不已。

"诸军听令，过了这个山腰就是蜀汉的江油城，我军也就绕到了剑阁的侧背。你们随我一起滚落下去，然后我们麾兵南下，打下成都，成就万世功名。功成之日，必有重赏！"说完，他取来毛毡一条，将自己的身体包裹起来，滚下山坡。大家见主将如此，也只好硬着头皮滚落下去，有几千人丧命。

邓艾整顿兵马，商议进兵。部将师纂说："将军，现在我军已经绕到了剑阁关的背后，应该进兵攻取江油（位于今四川绵市再坎乡），与钟会正面的军队一起攻下剑阁，然后麾兵成都。"邓艾对师纂的建议不屑一顾，他说："就让钟会和姜维在剑阁相持吧，我们直接去攻打绵竹。绵竹是成都的门户，如能攻下绵竹，成都唾手可得。"

此时，蜀将诸葛瞻驻守涪城（今四川绵阳市三台县花园镇涪城村），听说邓艾的军队已到江油，诸葛瞻举棋不定。部将黄崇认为应迅速进兵江油，堵截邓艾。诸葛瞻不同意，依然主张坚守涪城。但形势很快发生了变化，邓艾绕过涪城，直取绵竹。诸葛瞻大惊，急忙率军驰援。在绵竹城外，诸葛瞻多次击败邓艾，但最终还是失败了。

交战期间，邓艾写信给诸葛瞻，劝他投降，诸葛瞻不为所动。眼见败局无可挽回，诸葛瞻仰天长叹道："我内不能除黄皓，外不能制姜维，没有及时进兵江油，贻误战机，还有什么脸面活在世上？"说完拔剑自刎。诸葛瞻的长子诸葛尚也在这次战役中阵亡。

诸葛瞻还有一个小儿子叫诸葛京，晋朝开国后在雍州郿县当过县令。诸葛亮如果知道自己的孙子在司马王朝做小官，不知作何感想。

姜维正在剑阁坚守，忽闻邓艾从阴平小路绕过剑阁，在绵竹击败了诸葛瞻，正在向成都挺进，赶紧派人与成都朝廷联系，但一直没有回音，有传言说刘禅准备逃往南方或东吴。失去了后方的支持，姜维无法在剑阁坚守，只得撤退到离成都更近一点的巴西郡（郡治在今四川阆中市）。钟会听说邓艾已经兵临成都，也慌了，猛攻退守巴西郡的姜维，姜维抵挡不住，退守广汉。

景之四年（263年）十一月底，邓艾率军逼近成都下寨。此时，姜维在广汉被钟会的军队压制，成都孤立无援。刘禅召集朝臣商议战和之策。

大臣们有的主张退守南方，有的主张投靠东吴，也有的主张固守，各执一词，莫衷一是。

这时，光禄大夫谯周出班奏道："成都兵少，难以坚守。逃到南方去，吉凶未卜。投靠东吴也不可取，国家之间强弱有定势，曹魏能够吞并东吴，东吴却无法吞并曹魏。将来曹魏灭了东吴，陛下又要受一次亡国之辱，不如现在就归顺了曹魏。"

谯周的话说出了大部分朝臣的心声，朝堂上鸦雀无声。刘禅沉默良久，终于痛苦地挤出来几个字："罢了，那就开城投降吧！"

刘禅第五子、北地王刘湛无法忍受投降的屈辱，亲自动手杀死了自己的妻儿，然后提剑来到宗庙，在祖父刘备的遗像前自杀殉国。

四十多年前，刘备率荆州军进逼成都，益州牧刘璋被迫投降。今天，刘备的儿子刘禅率领六十多位蜀汉大臣，在同一个地方向曹魏大将邓艾投降。刘禅双手捧着玉玺，跪在邓艾马前，60多位大臣也齐刷刷地跪了下来。看着眼前这一幕，须发皆白的老将邓艾仰天大笑。他接受了刘禅的投降，傲慢地说："幸亏是遇到了我，要是换成别人，你们都会被斩首。"听邓艾这么说，蜀汉大臣们都吓得浑身发抖，只有刘禅镇定自若，颇具帝王风范。

邓艾率军进入成都后，大犒三军。他一边奏报朝廷，一边自作主张任命部将师纂为益州刺史，田续、邓忠等将领为各郡太守。诏命未至，他又擅自拜刘禅为骠骑将军，还向刘禅承诺将来封他为扶风王。邓艾这样做是为了笼络巴蜀人心。

此时，钟会在进军途中先后祭拜了诸葛亮和蒋琬的坟墓，显然也是想通过这种方式收服巴蜀人心。

在成都的大街上，神经紧绷多年的百姓一脸轻松。多年来，从诸葛亮到姜维，蜀汉多次北伐，劳民伤财，百姓们多有怨言，如今终于可享太平天下了。

六、野心家的对弈

刘禅率一众大臣投降时，姜维还在广汉与钟会激战，忽报刘禅有诏书至，诏书中写道："朕和朝廷已归降邓艾，你也不要再做无谓的抵抗了。"姜维看完，将诏书掷之于地，颓然地对诸将说："完了，一切都完了！我们也降了吧！"

不过，姜维没有去成都向邓艾投降，而是选择了向钟会投降。钟会听说姜维来降，十分高兴，亲自出迎，对姜维说："伯约，我仰慕你的威名久矣，真是相见恨晚啊！"

"将军，我与你相见恨早。"姜维一脸羞惭。

姜维投降后，钟会没有收缴他的兵权，依然让他统领蜀军旧部。一连几天，钟会每天都请姜维饮宴，倾诉衷肠。有一次，姜维吹捧钟会说："将军自统兵以来，算无遗策，即使是张良、韩信也不及将军。"钟会笑着说："伯约过誉了，我们二人以后就是肝胆相照的朋友了。"言语间，钟会的眼神中流露出异样的光芒。

姜维从钟会的言谈举止看出他是个野心极大的人，心想如果钟会对司马昭有异心，刚刚灭亡的蜀汉必然会发生动荡，或许自己还可以东山再起。想到这里，姜维笑了，他也是一个雄心勃勃的人。

一个月之内，洛阳的司马昭先后收到邓艾送来的两封书信。在第一封书信中，邓艾告诉司马昭："蜀汉刚刚平定，作为出征在外的将领，我权宜行事，已任命师纂为益州刺史，加封投降后的刘禅为骠骑将军，其余将领，各领郡太守之职。务请相国照准。"接到这封信，司马昭立即回信给邓艾："你率先攻入成都，居功至伟，但凡事皆须请示朝廷，不可擅自做主。"十日后，司马昭又收到邓艾发来的第二封信："蜀汉虽亡，但东吴还在，天下未宁。我决定在成都驻兵五万，打造战船，伺机攻伐东吴。古人云，将领出征在外，只要对国家有利的事情，就可以专权。所谓进不求名、退不避罪，我虽然没有古人的气节，但也不会因为避嫌守节而做有损于国家的事情。"司马昭看完这封信大怒，对旁边的贾充说："邓艾恃功自专，狂傲无礼，有谋反的迹象。"贾充献策说："主公可修书一封给钟会，让他率兵进成都，收押邓艾。"司马昭点头。

在广汉，钟会收到司马昭发来的书信，信中命令钟会收押邓艾。钟会领命，他找来监军卫瓘，命卫瓘率本部一千人去成都收押邓艾。卫瓘乘夜潜入成都，暗中联络邓艾手下的将领，说朝廷怀疑邓艾谋反，命他收押邓艾，邓艾手下的将领如有抵抗者，诛灭三族。次日天明，邓艾手下的大部分将领都到卫瓘营中自首。稳住邓艾的部下后，卫瓘率兵突入成都大殿，将还在睡梦中的邓艾父子抓获。

钟会偕姜维进入成都，士兵将五花大绑的邓艾推到钟会面前，钟会鞭指邓艾说："你偷渡阴平，侥幸成功。若非我与姜维相持于剑阁，你能攻下成都吗？今天，你反形毕露，晋公命我逮捕你，你还有何话可说？"邓艾怒道："若非我将姜维牵制于沓中，你又如何能攻下汉中？说我谋反，见到司马昭，我自会申辩。"姜维向来仇视邓艾，见邓艾落难，乘机奚落道："没想到你也有今日。"邓艾骂道："姜维匹夫，你不过是老夫手下败将而已。你以为你投降了钟会，就能安然无事了吗？"钟会命人将邓艾装进囚车，解往洛阳。

邓艾被抓后，所有在蜀的魏军都纳入钟会麾下，总数将近二十万人。由姜维统领的数万蜀汉降兵也归钟会统领。

一天，钟会和姜维聊天。姜维挑拨钟会说："将军已成万世之功，功高震主，何不效仿范蠡，驾一叶扁舟，归隐山野？"钟会闻言，不悦地对姜维说："我现在还不到四十岁，正值进取之时，岂有隐退之理？"说话间，有司马昭书信至，钟会看后大惊，对姜维说："司马昭亲率十万大军，挟持皇帝曹奂一起驾临长安。他这是什么意思？难道是怀疑我吗？"姜维感觉时机已经成熟，对钟会说："巴蜀已平，司马昭没有下达班师回朝的命令，竟然亲率重兵来到长安，显然是奔着你来的。邓艾已经就擒，下一个恐怕就轮到将军你了。"钟会大怒，拍案而起，对姜维说："我决定了，近日起兵反司马昭。伯约，你一定要帮助我。"姜维拱手道："愿为将军效犬马之劳。"

当天晚上，姜维派人给刘禅写了一封信，表明自己将力挽狂澜、复兴蜀汉社稷，请刘禅再忍耐一段时间。但刘禅没有给姜维回信，直接把信给烧了。

咸熙元年（264年）正月十六日，钟会设宴将部将全部召集到蜀汉皇宫。席间，他突然拿出一份诏书，对诸将说："郭太后有密诏在此！"诸将都惊疑不定，不知发生了什么事。钟会抑扬顿挫地宣读密诏："大将军司马昭大逆不道、弑杀先帝曹髦，诛杀忠于社稷的大臣，恶贯满盈。诏令镇西将军钟会率兵讨伐司马昭，中兴大魏。"大殿内一阵喧哗，有几个将领大叫道："不可能，这是矫诏！"姜维见钟会震慑不住魏军诸将，立即率兵包围皇宫，将所有魏军将领软禁起来。

当天晚上，姜维对钟会说："我看诸将不服，可将他们全部坑杀。"钟会当然不会同意，他暗想："如果把将领都杀了，必然会引起哗变，那我自己就成了孤家寡人了。"姜维见钟会迟疑，便退了下去。钟会把监军卫瓘唤入后堂，请卫瓘支持自己讨伐司马昭的行动。卫瓘不安地说："蜀汉已经平定，将士们都回乡心切，你这样做，是不会有人支持你的。"钟会恐吓道："事到如今，已经没有退路了。凡是反对我的，格杀勿论。"卫瓘缄默不言。

被钟会囚禁的魏将中有一人名叫胡烈[1]，当日深夜，他修书一封，委托自己原来的部属丘建送出宫去，交给自己的儿子胡渊[2]。丘建奉钟会之命监禁诸将，但他也对钟会的做法不满。胡渊是魏军的中级将领，他收到父亲的书信后，立即联络各营将领，准备杀入皇宫，解救被钟会软禁的人。宫外的魏军诸将得知钟会造反的消息，群情激愤，自发组织起来，浩浩荡荡地杀向皇宫。

钟会和姜维已经两天没有合眼了，钟会吩咐卫瓘说："宫外喧哗，可能发生兵变，你出去安抚一下。"但卫瓘出宫后，不仅没有安抚众人，反而煽动说："钟会谋反，企图率兵攻打长安和洛阳。你们一起杀进宫去，诛杀反贼钟会！"将士们纷纷响应卫瓘，欲杀进皇宫。

局面已经失控，姜维率兵防守宫门，但宫外的魏军兵士很多，宫门很快就被攻破了。他们冲入皇宫大殿，将被囚禁的将领全部释放。姜维率兵死战，死于乱军之中。钟会也在混乱中被杀死。最后，监军卫瓘出面安抚部队，成都的局势才安定下来。

钟会死后，邓艾的一部分将领为邓艾鸣不平："邓将军是冤枉的，是钟会陷害了邓将军，既然钟会已死，那么就应该释放邓将军。"他们自发组织起来，星夜兼程，追上邓艾的囚车，将邓艾释放。卫瓘慌了，担心邓艾回来寻仇，于是召来邓艾旧将田续说："去年在江油，你因畏缩不前，险些被邓艾杀死。现在决不能让邓艾再回来，你立即率兵去迎邓艾，遇上时不要多说废话，将邓艾父子及其亲信全部杀死。"田续素来和邓艾有隙，他连夜率兵追上邓艾，将邓艾父子及亲信数百人全部杀死。钟会死后，司马昭没有罪及他的家属。邓艾没有谋反而被诛杀，西晋开国后，司马炎为他平了反。在成都之乱中，监军卫瓘审时度势，巧

---

① 胡烈（220—270）：字玄武，安定临泾（今甘肃镇原东南）人，魏末晋初将领，担任秦州刺史时与当地部落失和，引发秦凉之变，为暴乱者所围，无援遇害。

② 胡渊（247—301）：字世元，安定临泾人，魏末晋初将领，曾参与灭蜀之战。后在"八王之乱"时受赵王司马伦调度，被成都王司马颖打败而投降被杀。

妙平定了叛乱，得到朝廷封赏。西晋开国后，卫瓘官运亨通，其后代也都显达于世。

七、进爵为王

咸熙元年（264年）三月二十七日，刘禅及其大臣们被遣送到魏都洛阳。在前往洛阳途中，蜀汉老将廖化、宗预①相继病逝。

在洛阳，有一天司马昭设宴招待刘禅，一班蜀汉大臣陪侍。席间，司马昭命人演奏蜀汉的音乐，蜀臣皆感伤落泪，只有刘禅一人"喜笑自若"。他日，司马昭问刘禅："安乐公，你还思念蜀地吗？"

"此间乐，不思蜀。"刘禅笑着说。

随侍刘禅的郤正知道后，指点他说："如果司马昭再问起时，你应哭着回答：'先人坟墓皆在蜀地，我无一日不怀念。'"后来，司马昭再次问他，刘禅便照着郤正教他的话回答。司马昭说："为何像是郤正的语气呢？"刘禅大惊，望着司马昭说："您的话确实没错。"左右的人听了全都哈哈大笑。

八年之后，刘禅病逝于洛阳，享年六十四岁。后世普遍认为他是昏君庸主，其实，虽然他的才能不及曹丕和曹叡，但他心胸开阔，大智若愚。他当了四十二年皇帝，其间蜀汉没有发生任何内乱。在个人生活方面，他也没有留下荒淫无道的名声。诸葛亮去世后，蜀汉的大权一直紧紧握在刘禅手中。

曹魏吞并蜀汉后，曹奂迫于群臣的压力，加封司马昭为晋王。自此，司马昭和当年的曹操一样，已经将政权牢牢掌握在自己手中，而曹奂也和当年的汉献帝一样，成了摆设，所有军国大事都在晋王府裁决。

史书记载：司马昭进爵为王的第一天，太尉王祥、司徒何曾前去拜

---

① 宗预（？—264）：字德艳，荆州南阳郡安众县（今河南南阳市）人，三国时期蜀汉官员、将领，官至镇军大将军。为人坦率耿直，多次出使东吴并深得孙权敬重，对吴蜀同盟的巩固多有贡献。

见。他们进入晋王府，见了司马昭，何曾恭恭敬敬地跪拜在司马昭面前，但王祥没有下跪，只是行了一个拱手礼。司马昭赶紧扶起何曾，然后转身对王祥说："我今天终于知道你在朝廷里德高望重的原因了。"王祥不卑不亢地说："我和何曾位居朝廷三公，如果对晋王行大礼，既有损朝廷威望，也玷污了晋王谦逊的美德。"司马昭哈哈大笑，何曾呆立在原地，有点不好意思。

司马昭一共有九个儿子，长子司马炎、次子司马攸①、三子司马兆、四子司马定国、五子司马广德、六子司马鉴、七子司马机、八子司马永祚、九子司马延祚。人们常说"司马昭之心，路人皆知"，从他给儿子们起的名字，便可以看出他的政治野心。这九个儿子有五个夭折，活下来的只有司马炎、司马攸、司马鉴和司马机。

司马昭年纪渐长后，继承人的问题也随之提上日程。相对来说，司马昭比较喜欢司马攸。早年因为司马师没有儿子，司马昭便将司马攸过继给他。司马兄弟感情深厚，司马昭经常对宾客说："天下是吾兄之天下。"当然，更重要的原因是司马昭本人也喜欢司马攸。司马攸秉性温良、才略过人，在历史上名声很好。

当然，长子司马炎也有雄才大略，只是亲和力不及司马攸。司马昭的亲信大臣贾充、石苞等人都认为应该立长不立贤，司马昭几经权衡，最后决定立长子司马炎为晋王世子。

咸熙二年（265 年）八月，曹魏最后的权臣司马昭病逝，时年五十五岁。王位由长子司马炎继承。

八、司马炎篡魏灭吴

咸熙二年（265 年）十二月，曹奂被迫将帝位禅让给晋王司马炎。

---

① 司马攸（248—283）：字大猷，河内郡温县（今河南温县）人，西晋宗室、书法家，司马昭次子，西晋建立后封齐王，历任骠骑将军、司空等要职，颇有建树。

受禅台上，司马炎凛然而立，一如当年的曹丕。受禅台下，曹奂立于班首，和群臣一起向司马炎行跪拜大礼，一如当年的汉献帝刘协。经过司马懿父子三代的经营，司马氏取代曹氏如瓜熟蒂落。

司马炎登基后，建国号为晋，史称晋武帝。司马炎追谥司马懿为宣皇帝，追谥司马师为景皇帝，追谥司马昭为文皇帝。

司马炎之所以能够篡位，代魏称帝，与他的祖父司马懿是分不开的。司马懿作为辅佐了曹魏四代的托孤辅政重臣，在七十多岁的时候野心暴露，其后两个儿子司马师、司马昭穷尽一生守住军权，终于换得了孙子司马炎成功登上帝位。所以，现在人们一说到司马一族谋朝篡位，首先想到的便是司马懿。

司马昭生前与司马炎有过一次谈话，司马昭问司马炎："你知道曹氏为什么会衰败吗？"司马炎回答说："因为魏明帝将皇位传给一个八岁的小孩子曹芳，皇帝不能理事，大权必然旁落。"司马昭说："还有呢？"司马炎说："再有就不知道了。"司马昭语重心长地说："曹氏走向没落是因为曹氏藩王衰弱无力，曹魏自开国以来，两任皇帝都将自己的兄弟们视作仇敌，极力打压。藩王是皇室强大的支撑，曹魏如果有一批强大的曹氏藩王，我们司马家便无法成就大业。你将来称帝后，一定要善待自己的兄弟，让他们帮你看家护院。"

司马炎没有忘记父亲的话，即位不久便一口气封了二十多个藩王，包括他的兄弟和叔伯们。这些藩王分为三个等级，大藩王食邑两万户，领兵五千人；次藩王食邑一万户，领兵三千人；小藩王食邑五千户，领兵五百人。司马攸和他的几位叔父被封为大藩王，另外十几位司马氏族人被封为中藩王和小藩王。

对司马炎来说，他现在还需要解决的是东吴。在司马昭病逝前一年，东吴皇帝孙休驾崩，因他的儿子年幼，大臣们迎立原东吴废太子孙和的儿子孙皓为皇帝。孙皓继位时二十三岁，刚开始他励精图治，取得了一定的成绩。但好景不长，执政小有所成后，他变得荒淫暴虐起来，执政十余年间杀忠臣三十多人。

孙皓失德，江南动摇。司马炎派羊祜^①为都督，镇守襄阳，窥视江南。孙皓任命陆逊之子陆抗^②为镇东大将军，领兵屯驻荆州，与羊祜对抗。羊祜镇守襄阳多年，深得当地军民之心。陆抗是东吴晚期名将，军事才能卓越，羊祜和他惺惺相惜，所以在他们二人镇守期间，晋吴边境没有发生过大规模的战事。后来，有人诬告陆抗在边境通敌，孙皓便解除了陆抗的兵权。陆抗离任后，羊祜上书司马炎，请求兴兵伐吴。但朝中大臣大都不赞同，所以司马炎驳回了羊祜的请求。

咸宁四年（278年）十一月，羊祜病危，司马炎亲临探视。羊祜推荐右将军杜预^③接替自己的职位。羊祜去世后，司马炎遵从羊祜的意见，拜杜预为镇南大将军，率兵镇守襄阳。杜预为人老成练达，很喜欢读《左传》，经常手不释卷，时人称其为"左传癖"。他镇守襄阳数年，多次上表请求伐吴。在最后一份请伐吴的奏章中，杜预写道："东吴皇帝孙皓残暴，老将丁奉、陆抗相继过世。长江之险，不及剑阁；孙皓之暴，过于刘禅；吴民之困，甚于巴蜀；而我国的兵力盛于往时。现在正是伐吴的大好时机，不应再阻兵相守，使天下困于征伐。"司马炎看后打算下令伐吴，但贾充等大臣仍力言不可，司马炎只好暂时搁置此事。

太康元年（280年），司马炎终于下诏伐吴，命杜预为大都督，领兵十万出江陵，安东大将军王浑^④领兵五万出横江，平南将军胡奋领兵五万出夏口（位于汉水下游入长江处），琅琊王司马伷领兵五万出涂中（今安徽滁州市区一带），龙骧将军王戎、广武将军唐彬^⑤率水军浮江东

---

①　羊祜（221—278）：字叔子，泰山南城（今山东新泰）人，魏晋时期著名战略家、政治家和文学家，博学能文，清廉正直，娶夏侯霸之女为妻。司马昭建五等爵制时，以功封为钜平子，与荀勖共掌机密。

②　陆抗（226—274）：字幼节，吴郡吴县（今江苏苏州）人，三国时期东吴名将，陆逊次子，袭江陵侯，官至大司马、荆州牧。

③　杜预（222—285）：字元凯，京兆杜陵（今陕西西安市）人，魏晋时期著名政治家、军事家和学者，司马昭高级幕僚，晋灭吴之战的统帅之一。

④　王浑（223—297）：字玄冲，太原郡晋阳县（今山西太原）人，三国曹魏至西晋初年名臣，王昶之子，官至司徒加录尚书事。

⑤　唐彬（235—294）：字儒宗，鲁国邹县（今山东邹城）人，三国曹魏至西晋时期将领，曾参与灭吴之战，功勋卓著。官至前将军、西戎校尉、雍州刺史。

下，水陆大军共三十万，均归杜预指挥。

吴主孙皓见晋军南下，急令车骑将军伍延为都督，进兵江陵；骠骑将军孙歆率兵进军夏口；丞相张悌①领兵十万，进军牛渚（今安徽马鞍山市采石镇），接应诸路军马。左将军沈莹、右将军诸葛靓与张悌同行。

但因为孙皓无道，吴军毫无斗志，晋军几乎没有遇到像样的抵抗。几个月后，晋军兵临石头城下，孙皓投降。自此，东吴灭亡，三国归于一统。

东吴投降后，孙皓被遣送到洛阳。司马炎见到孙皓，赐坐说："朕设此座等了你好长时间了。"孙皓也不卑不亢地说："我也曾于南方设此座以待陛下。"司马炎大笑。

纵观整个晋伐吴的过程，司马炎顺利完成了连曹操、刘备、孙权都没有完成的任务，结束了汉末以来近百年的分裂割据状态，使中国重归一统。

①　张悌（236—280）：字巨先，荆州襄阳郡（今湖北襄阳市）人，三国时期东吴大臣，官至丞相。晋伐吴时战败，不肯逃命，以身殉国。